HISTOIRES PIÉGÉES

Dans Le Livre de Poche :

ALFRED HITCHCOCK
présente :

HISTOIRES À NE PAS LIRE LA NUIT.
HISTOIRES À FAIRE PEUR.
HISTOIRES DIABLEMENT HABILES.
HISTOIRES À N'EN PAS REVENIR.
HISTOIRES MACABRES.
HISTOIRES ANGOISSANTES.
HISTOIRES RICHES EN SURPRISES.
HISTOIRES DE MORT ET D'HUMOUR.
HISTOIRES TROUBLANTES.
HISTOIRES NOIRES.
HISTOIRES MÉDUSANTES.
HISTOIRES QUI DÉFRISENT.
HISTOIRES À SANG POUR SANG.
HISTOIRES POUR TUER LE TEMPS.
HISTOIRES EXPLOSIVES.
HISTOIRES DÉROUTANTES.
HISTOIRES À CORPS ET À CRIMES.
HISTOIRES AVEC FLEURS ET COURONNES.
HISTOIRES À RISQUES ET PÉRILS.
HISTOIRES D'ARGENT, D'ARMES ET DE VOLEURS.
HISTOIRES DE LA CRÈME DU CRIME.
HISTOIRES DE SANG ET DE SOUS.
HISTOIRES DE TROUBLE ÉMOI.
HISTOIRES DE FAISANS À L'HALLALI.
HISTOIRES PLEINES DE DOMMAGES ET D'INTÉRÊT.

ALFRED HITCHCOCK

présente :

Histoires piégées

LE LIVRE DE POCHE

SIMPLE CURIOSITÉ

par FRED ALLWOOD

Je sais bien que tous les voisins nous trouvent indiscrets, mais ce n'est pas vrai. Curieux, peut-être, mais n'est-ce pas naturel que d'éprouver de la curiosité à l'égard de ce qui se passe autour de vous ? Je reconnais que ma femme a l'habitude de regarder par la fenêtre, mais c'est parce qu'elle aime la nature. Je vous accorde que, chaque fois qu'elle y regarde, il semble toujours se passer quelque chose, mais on ne saurait vraiment l'en blâmer.

A mon avis, les voisins n'étaient pas en droit de nous traiter comme ils l'ont fait toutes ces années passées. On aurait dit qu'en Angleterre, la guerre n'était pas encore terminée. Tout a commencé avec l'affaire Hargreaves, vers la fin de la guerre. Nous habitions alors notre maison depuis quelques années et nous étions, je crois, sinon très aimés, du moins respectés dans le quartier.

Les Hargreaves étaient nos plus proches voisins. Ils ne nous aimaient pas et je dois avouer que c'était réciproque. Ils se donnaient beaucoup de mal pour répandre sur nous des rumeurs désobligeantes et, comme Hargreaves était de ce genre d'hommes qui attirent aisément la sympathie, on était tout disposé à croire les mensonges qu'il racontait à notre sujet. Lui et son horrible catin d'épouse disaient dans tout le voisinage que ma femme passait le plus clair de son temps derrière ses fenêtres, à fourrer son nez dans les affaires d'autrui ; quand elle devait abandonner son poste, comme ils disaient, je la remplaçais, pour être sûr de ne rien manquer. Ils m'accusaient même de me servir de jumelles pour regarder chez les autres. Répandre de telles calomnies est tout bonnement répugnant. Dieu merci, pour les jumelles, ma femme était au courant. Je les avais extirpées d'une vieille malle quand on avait commencé les exercices de défense passive : elles faisaient partie de l'équipement indispensable. Les rares fois où je m'en servais devant une fenêtre, c'était quand je voulais les régler convenablement.

Je n'adressais jamais la parole à Hargreaves, sauf quand je jetais un coup d'œil par-dessus la clôture du jardin et qu'il me voyait. Je parlais alors de la pluie et du beau temps, mais ça n'avait pas l'air de lui plaire. Nous n'éprouvions certes aucun désir de nous lier avec eux. Toujours en train de se disputer. Et, l'un comme l'autre, ils buvaient trop. On s'en rendait compte au nombre de bouteilles vides qui sortaient de la maison — beaucoup plus qu'on n'en livrait, de sorte qu'il devait en apporter pas mal lui-même. Il y avait toujours un tas de paquets dans sa voiture, dont beaucoup contenaient des bouteilles. Là-dessus, pas besoin de croire ma femme sur parole. Je les ai vues moi-même.

Il était plus ou moins comptable en ville mais, à mesure que la guerre se prolongeait, il devint évident qu'il donnait en plein dans le marché noir.

Il lui arrivait de rapporter chez lui, au week-end, pas moins de trois douzaines d'œufs et, sur le compteur de sa voiture, le kilométrage prouvait, sans l'ombre d'un doute, qu'il se procurait quelque part des tickets d'essence. Sa femme était visiblement une pas-grand-chose. Lui ne valait guère mieux. A la lumière de ce qui s'est passé, on peut même dire qu'il était encore pire que tout ce qu'on pouvait imaginer.

Quand le blitz commença et qu'il devint impossible de dormir, il n'était pas rare de les entendre se disputer la nuit entière. Tout en buvant, naturellement. Ils employaient le langage le plus grossier et sans cesse s'accusaient mutuellement d'infidélité. Évidemment, ça ne nous regardait pas, mais il suffisait de les regarder pour savoir qu'ils avaient raison tous les deux.

Nous n'avons certainement pas été surpris quand elle a fait sa valise et l'a quitté. C'était quelques semaines après qu'une bombe fût tombée au bout de la rue. Elle se mit à le harceler pour qu'il creuse un abri. A ce moment-là, je me suis presque mis à le plaindre : quand elle s'y mettait, elle pouvait être franchement empoisonnante. Il alla acheter d'un seul coup tout ce qu'il fallait. D'autres, naturellement, n'arrivaient pas à se procurer le nécessaire mais, je vous l'ai dit, il avait des relations de marché noir. La seule chose qu'il ne put trouver, ce fut la main-d'œuvre et il fut obligé de se mettre lui-même à l'ouvrage. Je crois qu'il était content de se retrouver dans le jardin et d'échapper ainsi à sa langue de vipère. Chaque week-end, il travaillait à son abri. Il y travaillait même le soir, quand il faisait assez clair. Il semblait décidé à en avoir fini le plus vite possible et, de toute évidence, ce ne serait pas un abri ordinaire. Il n'avait que quarante-cinq centimètres de moins que notre serre.

Quoi qu'il en soit, jamais ils ne s'en servirent.

Ainsi que je le disais, elle fit sa valise et le quitta. Ça se passa après l'un des pires bombardements et ils avaient employé la plus grande partie de la nuit à se disputer. Nous avons entendu la femme dire qu'elle partait et il a répondu qu'elle pouvait bien aller au diable et qu'il espérait ne jamais la revoir ou, sinon, il lui réglerait son compte.

Ce furent ses propres paroles. Je les ai entendues tout comme ma femme : j'étais debout à côté d'elle, à écarter les basses branches du mimosa sous lequel nous cherchions notre chat. Le lendemain matin, un taxi vint la chercher à onze heures dix. Hargreaves était parti travailler à l'heure habituelle et il rentra dans sa voiture à cinq heures trois-quarts. Ma femme le vit entrer directement au garage, ce qui signifiait habituellement qu'il ne ressortirait pas de la soirée. Il se changea et, à six heures, il travaillait à son abri.

Il y travailla tous les soirs, le reste de la semaine, sauf le vendredi : ce soir-là, il était onze heures passées quand il rentra et il avait certainement beaucoup bu, car il égratigna son aile gauche sur la porte du garage. De nouveau, pendant le week-end, il se remit à son abri, de même que toute la semaine suivante, sauf le mardi. Ce mardi-là... eh bien, comme c'est ma femme qui a fourni tous les détails à la police, autant vous donner l'histoire telle qu'elle l'a racontée, telle qu'elle a été consignée dans sa déposition :

« Il était exactement vingt-trois heures quarante-trois à notre réveil que je venais de remonter et de régler pour le lendemain matin. J'allai vers la fenêtre pour ajuster les rideaux de défense passive et, en les tirant, je vis la voiture de M. Hargreaves entrer au garage. Je fus surprise de ne pas le voir sortir aussitôt et il dut bien s'écouler une dizaine de minutes avant qu'il apparût enfin. Je n'y voyais pas suffisamment dans l'obscurité pour distinguer ce qu'il portait, mais ce devait être assez lourd, parce qu'il marchait très lentement. Il n'entra pas dans la maison mais se dirigea vers le jardin de derrière. J'appelai mon mari et nous l'observâmes par la fenêtre, tandis qu'il allait au bout du jardin, jusqu'à l'abri. Il y resta une bonne demi-heure et nous étions sur le point de descendre dans notre jardin et de jeter un coup d'œil par-dessus la clôture pour voir ce qu'il pouvait bien faire, quand il retourna vers la maison. Au bout d'un quart d'heure, nous l'entendîmes de nouveau. Il revint à l'abri ; à trois heures du matin, il y était encore. J'allais me coucher et mon mari resta debout, le signal de fin d'alerte n'ayant pas encore sonné. A six heures, il m'apporta une tasse de thé et me dit que M. Hargreaves venait tout juste de rentrer chez lui. »

La police, comme de juste, me demanda, à moi aussi, de déposer. Je leur dis que, quand ma femme était allée se coucher, j'étais descendu au fond du jardin pour essayer de savoir ce que faisait Hargreaves. Je l'entendis taper et gratter. Il paraissait travailler à la fois à l'intérieur et à l'extérieur de l'abri ; je n'osai donc risquer un coup d'œil par-dessus la clôture, de crainte qu'il ne me vît. Il était plus de cinq heures et demie et le jour commençait à poindre quand je le vis rentrer chez lui. Il portait alors des vieux vêtements qu'il mettait généralement pour travailler dans le jardin.

Telles furent nos dépositions à la police. Elles relataient simplement ce que nous avions vu et entendu ; loin de nous la pensée de suggérer qu'il faisait quelque chose de mal. La seule personne devant laquelle nous fîmes allusion à sa femme fut le laitier, et nous ne suggérâmes certes pas qu'il l'avait enterrée dans l'abri. Ma femme dit bien, en manière de plaisanterie, que ce serait l'endroit idéal pour cet usage, mais elle ne pensait pas que le laitier la prendrait au sérieux.

Ce fut cependant ce qu'il fit et tout le voisinage raconta que nous avions volontairement répandu le bruit que Hargreaves avait tué sa femme et l'avait enterrée dans l'abri. A voir la façon dont on nous traitait, vous auriez cru que c'était nous les assassins. On passait totalement sous silence le fait que Mme Hargreaves avait bel et bien disparu. Jusqu'au moment où ma femme fit valoir à la police qu'il s'était écoulé plusieurs semaines depuis le jour où elle était partie avec une simple petite valise et que ses cartes d'alimentation étaient toujours chez l'épicier : le moins qu'on pût en dire, c'est que c'était tout de même un peu bizarre.

La police mit longtemps avant de se décider à questionner Hargreaves. Quand ils s'y résolurent, il ne put que leur dire que sa femme avait fait sa valise et l'avait quitté. Son histoire était assez invraisemblable : ainsi que ma femme le signala aux policiers, si elle avait eu l'intention de le quitter pour de bon, elle aurait certainement emporté son manteau de fourrure.

Ils se livrèrent à des recherches approfondies pour essayer de retrouver sa trace mais — à moins qu'une bombe ne fût tombée sur elle, l'effaçant totalement de la surface de la terre — ils ne purent expliquer sa disparition. Nous les vîmes arriver et tourner autour de l'abri ; finalement, ils demandèrent à Hargreaves l'autorisation de le démolir. Il se contenta de hausser les épaules en leur disant de faire ce qu'ils voulaient.

Deux policiers arrivèrent avec des marteaux pneumatiques. Hargreaves manifesta son hostilité à notre endroit en invitant tout le voisinage dans son jardin pour assister à l'œuvre de destruction des policiers. Sans cesse, il désignait du doigt nos fenêtres, et nous finîmes par nous demander, avec une certaine appréhension, s'il n'essayait pas d'inciter la foule à le venger sur nous.

Après cela, tout le monde nous évita. Chacun plaignait Hargreaves, que, pourtant, la disparition de sa femme ne paraissait pas affliger outre mesure. Il se mit à passer les week-ends ailleurs que chez lui. Il emportait toujours une valise dans sa voiture et, la cinquième fois, il prit deux valises. Il se trouva que ma femme était à la fenêtre au moment où il gagna sa voiture et elle fut persuadée que la seconde valise était celle-là même que sa femme avait emportée. Si tel était le cas, Hargreaves devait donc l'avoir revue depuis son départ.

Par hasard, nous passâmes pas mal de temps dans le jardin, ce week-end-là et, comme un ou deux piquets de la clôture demandaient à être réparés, je les ôtai, afin de les mesurer pour les remplacer. C'est alors que nous remarquâmes le tas de fumier que Hargreaves avait laissé près du vieux pommier. C'était un petit tas, pas plus gros qu'une chaise de cuisine ; certes, il ne pouvait recouvrir une tombe et c'était une tombe que ma femme voulait à tout prix trouver. Nous y renonçâmes et rentrâmes chez nous.

Je m'assis à la fenêtre de devant, pour lire. Ma femme se mit à sa couture. Elle se faisait une robe qu'elle avait épinglée sur un de ses vieux mannequins. Je pense que c'est ce qui lui donna l'idée de ce qui avait dû arriver à Mme Hargreaves. Dès qu'il fit sombre, je passai dans le jardin de Hargreaves ; avec un râteau, j'écartai le fumier. Et il y avait bien un trou, qu'on avait creusé et comblé. Ça n'avait pas l'air d'une tombe ; ce n'était pas plus large qu'un tampon d'égout. Mais ma femme s'y attendait : elle avait découvert par hasard ce que Hargreaves avait fait du corps de sa femme. Il l'avait enterrée debout.

Soigneusement, nous remîmes le fumier en place

et attendîmes le retour de Hargreaves. Tout le monde nous avait si mal traités pour avoir dit à la police ce que nous avions vu et entendu que nous étions d'avis qu'il valait mieux garder nos soupçons pour nous seuls. Ce fut exactement ce que j'expliquai à Hargreaves. Nous n'éprouvions pour lui aucune sympathie mais nous n'avions pas le moindre désir de faire ou de dire quoi que ce fût qui pût lui nuire de quelque façon.

Quelques jours plus tard seulement, la bombe tomba dans notre rue et toute la façade de la maison de Hargreaves s'effondra. La maison n'était plus habitable, si bien que personne ne fut surpris de lui voir quitter le quartier. Je ne pense pas que son nom ait été prononcé depuis des années. Si vous demandiez à quiconque, dans le voisinage, où il se trouve à présent, on ne saurait vous répondre ; pas plus qu'on ne pourrait vous dire si sa femme lui est jamais revenue.

La maison est longtemps restée telle que l'avait laissée la bombe mais, il y a quelques semaines, une équipe d'ouvriers arriva. La maison est maintenant entièrement réparée. Je viens de passer la tête au-dessus de la clôture pour me présenter à nos nouveaux voisins. Lui est un banquier retiré des affaires. Un type sympathique ; très différent de Hargreaves. Il a la passion du jardinage et il vient de me raconter qu'il a l'intention d'aménager le jardin en y installant une terrasse et un bassin avec des nénuphars.

L'ancien ciment de l'abri lui sera très utile pour la terrasse. Il va abattre le vieux pommier et — à moins que je ne l'en dissuade — il aura Mme Hargreaves debout au milieu de son bassin.

Je reconnais que nous éprouverions une certaine satisfaction à voir rabattre le caquet des gens du quartier qui nous ont traités de si vilaine façon. C'est tout ce qu'ils mériteraient. Mais la récompense serait mince, par rapport à la substantielle considération que nous témoigne Hargreaves, tous les trois mois, régulièrement, depuis qu'il a quitté le quartier.

We were merely curious.
Traduction de Renée Tesnière.

DUEL A MORT

par POUL et KAREN ANDERSON

Benrud se contenta de téléphoner à Horner pour lui demander de passer prendre un verre en discutant d'une petite affaire.

Pendant une minute encore, il resta debout, la main sur le téléphone. Il était de petite taille ; il n'avait jamais été gras et ses traits étaient creusés par l'approche de la mort. Il avait du mal à respirer. Mais pour on ne sait quelle raison, peut-être à cause d'une petite excitation qui stimulait ses glandes, il ne souffrait plus. Il ne souffrait que lorsqu'il parlait, aussi restait-il le plus possible silencieux.

Si seulement il était parvenu à dormir la nuit ! Autant que sa toux, la simple idée de devoir faire opérer ses poumons le tenait éveillé et il avait quelque peine à se rappeler une journée où la lassitude ne l'avait pas accablé. Il n'y avait que quelques mois qu'il était dans cet état, mais le souvenir des années où il était en bonne santé commençait à se brouiller dans sa mémoire.

La maison était très silencieuse. Moyra avait emmené les enfants en visite chez sa mère, à une centaine de milles de là. C'est Benrud qui le lui avait suggéré : il lui avait expliqué qu'il avait beaucoup de travail et qu'il ne serait pas très agréable à vivre tant qu'il n'en aurait pas terminé.

— Tu ne devrais pas te surmener comme ça, avait dit Moyra. Tu n'es pas bien.

La lumière de la lampe effleurait les petites rides autour de ses yeux ; c'est pratiquement à ce seul indice qu'on lui donnait ses quarante ans.

— Je t'ai dit et répété, répondit Benrud, qu'il ne s'agit que d'une foutue allergie, et qu'il faudra que je prenne mon mal en patience tant qu'on n'aura pas trouvé ce que c'est. Sais-tu que je me suis entraîné à tousser sur différentes notes ? C'est en « la » que ça donne le mieux, mais ma toux sonne si bien sur toutes les notes que je crois que je vais préparer une tournée de concert.

Moyra sourit, encore inquiète, mais réconfortée par le peu de connaissances médicales dont faisait preuve son mari.

— Eh bien, dépêche-toi de trouver, dit-elle, parce que ça commence à être terriblement embêtant d'être toute seule la nuit.

— Pour moi aussi, dit-il.

Il s'était installé dans la chambre d'ami depuis qu'il savait de quoi il était atteint. En partie, comme il le lui avait dit, pour qu'il ne l'empêche pas de dormir en toussant, et, en partie, ce qu'il ne lui avait pas dit, pour qu'elle ne voie pas le sang qu'il s'était mis à cracher.

— Je persiste à croire que c'est quelque chose du laboratoire, dit-elle. Tous ces trucs que tu manipules.

Il haussa les épaules, ayant déjà prétendu avoir obtenu des résultats négatifs dans les tests d'allergie effectués sur les composés organiques qu'il manipulait quotidiennement. Ce qui était vrai, ou qui du moins l'aurait été s'il avait effectivement fait ces tests. En réalité, il ne s'était pas donné ce mal, parce qu'à l'époque où il s'apprêtait à les faire, il savait déjà ce qu'il avait.

Moyra se pencha en avant dans son fauteuil et lui

effleura la main. Comme elle bougeait, la lumière mit des reflets dans ses cheveux acajou, et ce soir-là ses yeux étaient presque verts :

— Ne peux-tu pas au moins prendre des vacances ? demanda-t-elle. Jim comprendra. Il peut s'occuper de tout, pendant que tu es en vacances, et si ta santé s'améliore, cela prouvera... (Elle perçut son très léger froncement de sourcils et s'interrompit.) ... De toute façon, ça te ferait du bien de te reposer. Jim, lui-même, la dernière fois que je l'ai vu, a insisté pour que je te persuade de prendre des vacances.

— Ce bon vieux Jim Horner, murmura Benrud.

— Écoute, pourquoi ne pas laisser les enfants chez ma mère et partir en vacances ? Elle comprendra. Rien que nous deux. Nous pourrions peut-être retourner dans ce petit village du Mexique, chéri ; même en... voyons, cela fait combien de temps, dix-huit ans...

— Bonne idée ! dit-il en regrettant de ne pas avoir la force de se montrer enthousiaste. Oui, j'ai besoin de vacances, c'est sûr. Mais il faut d'abord que je liquide cette affaire, sinon cela me tracassera tout le temps.

Moyra hocha la tête en guise d'acquiescement, car elle le connaissait bien maintenant après toutes ces années.

— C'est pour ça, reprit-il que je voudrais que tu t'en ailles maintenant, que tu me laisses faire table nette. Dès que cette affaire sera réglée, sûr et certain, je prendrai de longues vacances.

— Tu me téléphoneras à la minute où tu auras fini, c'est promis ?

— Oui.

Elle était partie sur cette promesse.

Benrud hésita un peu plus longtemps à côté du téléphone. Cette promesse, il avait bien envie de la tenir. C'était une petite faveur qu'il s'octroierait, que de téléphoner et de dire « Je t'aime » puis de raccrocher. Mais non, agir ainsi n'était pas dans son caractère. Le couteau d'Horner se trouvait près du téléphone. De l'extrémité du doigt, Benrud en effleura la large lame acérée. C'était du bon travail, fait en Suède une génération plus tôt. Des couteaux comme ceux-là étaient difficiles à trouver de nos jours.

Jim Horner s'offrait toujours ce qu'il y avait de mieux.

Benrud se rendit compte qu'il avait essayé de soupirer, mais le soupir se perdit dans le bruit de ses poumons malades. Il s'éloigna de la table qui se trouvait près du divan et traversa lentement la salle de séjour, en passant devant la bibliothèque, pour se rendre vers le bar. Il y avait de cela cinq ans, Jim et lui avaient installé un petit réfrigérateur moderne à l'intérieur du meuble en chêne de l'époque victorienne, pour n'avoir plus besoin d'aller dans la cuisine chercher des cubes de glace ou du soda frais. Benrud évoqua les grandes mains de Horner autour de son verre et les plaisanteries légères qu'il lançait à Moyra quand elle passait dans la pièce. Quand avait-il changé ? C'est au rappel des colères violentes qui l'agitaient quelquefois, comme c'est le cas pour tous les hommes, que Benrud se posait la question car il avait toujours été un homme tranquille au nez plongé dans ses bouquins. Après tout, il se pouvait que Horner, chasseur de chimères, eût toujours eu son côté calculateur. Benrud remplit deux verres de glaçons qu'il recouvrit de whisky. Il en plaça un à l'intention de Horner sur une petite table près du fauteuil Morris, et garda l'autre. Au moins, se dit-il, avons-nous tous les deux le même goût en matière d'alcool. Puis il pensa : mais pourquoi dire « au moins » ? Nous avons toujours travaillé sur le même métal, ri des mêmes plaisanteries, navigué sur le même bateau, et, j'en suis à peu près sûr, continué à aimer la même femme.

Des livres lui rappelèrent qu'il avait envie de relire quelques-uns de ses passages favoris, et pendant un moment son désir fut si fort — il aurait aussi bien pu écouter la messe en si bémol — qu'il lui fallut renoncer à son projet. Mais non, pensa-t-il, je suis trop fatigué pour pouvoir profiter de tout.

Une petite pointe de douleur lui transperça la poitrine.

La sonnette retentit. Sa maison était toute proche de l'appartement de Horner. Benrud alla ouvrir et, dans la nuit chaude, il reconnut la silhouette de son associé. Derrière elle, il y avait quelques voitures qui passaient dans l'obscurité, d'autres maisons, puis la pente qui descendait vers les villes brillantes étalées à leurs pieds, la baie et les ponts de San Francisco.

Horner salua, entra, referma la porte sur lui et Benrud se demanda s'il se considérait déjà comme propriétaire de cette maison.

— Tu as bien parlé de boire un verre ?

— Il est là, dit Benrud en lui désignant la table.

Le grand type traversa la pièce avec cette démarche athlétique qui permettait de l'identifier à cinquante mètres. Benrud craignit qu'il n'aperçut le couteau près du divan, mais Horner ne le vit pas. Je me tracasse trop, se dit Benrud, cela a toujours été mon point faible ; j'ai toujours été plus fort pour les projets que pour les réalisations bien que, de ce fait, mes plans aient moins souvent échoué que ceux de Jim. Mais il me ferait remarquer que la vie, même avec ses échecs, lui apporte plus de plaisir qu'à moi-même.

Horner s'assit. Le fauteuil gémit d'agréable façon sous son poids. D'une main, il sortit ses cigarettes de sa poche et fit craquer une allumette en papier.

— A ta santé, dit-il en levant son verre.

Benrud s'installa sur le divan. Il but son propre

whisky rapidement car, maintenant, plus que de courage, il avait besoin de consolation. Le regard de Horner s'attarda sur lui avec l'insistance d'un chasseur de gros gibier.

— Tu m'as téléphoné à quel sujet ? demanda-t-il.

— Oh... des petites choses, fit Benrud en lui montrant le couteau sur la table du téléphone. Je t'ai emprunté ceci lorsque je suis allé chez toi, l'autre jour.

— Mais, fit Horner surpris, mais, c'est un de mes objets favoris. Tu ne me l'as pas demandé.

— Désolé, je ne me sentais pas en forme. Cela m'est sorti de l'esprit.

— Tu ne vas pas bien, Harry, fit Horner pour ajouter lentement après un silence : Pourquoi ne me confies-tu pas ce que le docteur t'a dit ?

— Je t'ai expliqué...

— Allons, allons. C'est très bien d'empêcher Moyra de se faire du souci, mais je suis ton associé. Tu te rappelles ? Nous avons fondé ensemble le laboratoire de recherches métallurgiques. Ta santé me regarde, Harry.

Benrud songea aux vingt années qui s'étaient écoulées depuis qu'ils se connaissaient. Cela avait été de bonnes années pour lui et Jim. Bien qu'il ne se fût jamais tout à fait expliqué pourquoi Moyra l'avait choisi, lui, cela ne les avait pas opposés. Le laboratoire, lancé tout de suite après la guerre, prospérait ; et plus important encore, leur travail avait été comme une longue tournée de chasse réussie, avec cette camaraderie qui se scelle autour de steaks grillés sur un bec Bunsen à trois heures du matin quand une réaction longtemps attendue vient de se produire... Quelle qu'ait été la suite, il avait eu droit à cela.

— Tu pourrais te débrouiller sans moi, dit-il.

— Oui, bien sûr, maintenant, parce que tout va bien et que nous avons parmi nos employés de jeunes éléments brillants. D'accord, prends des vacances, aussi longtemps que tu en auras besoin. (Horner fit tomber la cendre de sa cigarette et le regarda en plissant les yeux.) Mais je voudrais tout de même que tu me dises ce que tu as.

— Pour être parfaitement sincère, c'est à ce sujet que je t'ai téléphoné ce soir.

Horner attendait.

— Empoisonnement au Béryllium, dit Benrud.

— Quoi ! jeta Horner en se redressant si brutalement qu'il faillit renverser le cendrier.

— Dose mortelle, fit Benrud. J'ai les poumons pleins de granulations et l'ulcération gagne plus vite que dans n'importe quel autre cas connu, d'après ce qu'on m'a dit.

— Oh non ! souffla Horner.

— Évidemment, j'ai respiré un tas de poussières de Béryllium, il y a quelques mois, dit Benrud.

Il vida son verre, se leva, se dirigea vers le bar et s'en prépara un autre. Pendant quelques secondes, on n'entendit dans la pièce que le cliquetis des verres et le glou-glou du liquide, et venant d'au-delà, de la baie resplendissante, le ronflement lointain des voitures.

— Mais... pour l'amour du ciel... mon vieux !...

— Bien sûr, le docteur veut que j'aille à l'hôpital, dit Benrud. Ça ne me dit vraiment rien. Qu'en penses-tu Jim ? Je n'ai aucune chance de guérir. Je serai là, étendu, à tousser et à dépenser des milliers de dollars.

— Pour l'amour du ciel, Harry ! fit Horner en se levant d'un bond et en restant debout, jambes écartées, comme s'il s'apprêtait à se battre, si c'est ça qui te tracasse, bon dieu, j'ai de l'argent.

— Moi aussi, répondit Benrud prudemment. Et le laboratoire est une si bonne affaire qu'il peut payer pour moi. Mais ma famille peut-elle, d'un point de vue affectif, supporter les mois, l'année ou peut-être les deux années qu'il me faudra pour mourir ? Et moi, le puis-je ?

— Harry, murmura Horner, es-tu certain de ce que tu avances ? Il arrive que les docteurs se trompent. Il arrive quelquefois...

— J'ai analysé moi aussi quelques-uns de mes crachats, dit Benrud.

Il retourna à son siège. Le manque de sommeil ne se manifestait plus maintenant que par un vague goût dans sa bouche. Son esprit était particulièrement en éveil. Jamais encore il n'avait remarqué les variations de teintes sur sa propre main, ni pris une telle conscience du contact de ses chaussures sur le tapis. Mais son dos lui faisait mal et il fut heureux de retrouver le divan.

— Assieds-toi, Jim, dit-il.

Le grand type s'assit. Ils restèrent tous deux silencieux. Horner parut prendre conscience de la cigarette qui brûlait entre ses doigts. Il jura à mi-voix et aspira profondément. Sa main disponible souleva le verre de whisky, et Benrud, à l'autre bout de la pièce, perçut le bruit qu'il fit en buvant.

— Jamais je n'ai été sentimental ou religieux, ajouta-t-il en souriant. Notre vie est le résultat d'accidents chimiques qui se sont produits voilà un billion d'années. C'est tout ce que nous savons, et nous ne sommes pas obligés de la conserver si un nouvel accident la rend inutilisable.

Horner s'humecta les lèvres :

— Le pont de Golden Gate[1] ? demanda-t-il d'une voix rauque.

Benrud haussa les épaules :

— Je trouverai un moyen approprié.

— Mais... je veux dire...

— Venons-en aux affaires maintenant, dit Ben-

1. C'est le pont de San Francisco qui détient le record des suicides.

rud. Le bla-bla-bla viendra ensuite. Bien entendu Moyra héritera de ma part, mais elle n'a aucune notion scientifique. Tu t'occuperas de ses intérêts et de ceux des enfants, n'est-ce pas ?

— Oui, souffla Horner. Grand Dieu oui, bien sûr.

— En réalité, vois-tu, dit Benrud, je suis assez disposé à te croire. Tu es toujours amoureux d'elle. Sinon pourquoi ne te serais-tu pas marié depuis tout ce temps ? Tu pourrais faire un assez bon beau-père pour les enfants.

— Voyons, attends... commença Horner. Attends. Ce n'est pas le moment de... (Il s'adossa dans le fauteuil...) Allez, soupira-t-il. Vas-y, parle, Harry.

Benrud contempla son verre en fronçant les sourcils.

— L'ennui, poursuivit-il, c'est qu'il m'est souvent arrivé jusqu'ici de me tromper sur les gens. Il se pourrait très bien que je sois en train de commettre une nouvelle erreur de jugement. Tu serais peut-être un mari formidable, mais un épouvantable beau-père. Je n'ai jamais aimé prendre de risques.

Il jeta un bref coup d'œil à Horner. Son lourd visage avait rougi et l'un de ses poings s'était refermé, mais il se retenait de parler.

— Comme tu me l'as fait remarquer, lui rappela Benrud, notre personnel est très compétent et il pourrait faire marcher le laboratoire sans toi ni moi.

Horner se redressa de nouveau.

— Où veux-tu en venir ?

Benrud sirota une petite gorgée de whisky. Quelle boisson splendide, pensa-t-il. S'ils n'avaient rien fait d'autre, les Celtes avaient au moins produit le whisky, James Stephens, et l'étude des quaternions de Hamilton. Il y avait là suffisamment de beautés à léguer au monde, à n'importe quelle race.

— Quand je me suis rendu compte du mal dont j'étais atteint, mon premier souci a été d'en rechercher la cause minutieusement. Tu t'en souviens, n'est-ce pas ? Je n'ai pas précisément reconnu que je cherchais de la poussière de Béryllium, mais j'ai fait vérifier chaque récipient, chaque respirateur, tout ce à quoi j'ai pu penser. C'était une bonne idée de toute façon. Nous avons en stock un certain nombre de matières mortelles. Je n'ai rien trouvé d'anormal.

— Alors, cela a dû être accidentel, fit Horner.

Il avait retrouvé son calme — si toutefois il l'avait jamais perdu.

— Les gens méthodiques comme moi ont rarement des accidents, déclara Benrud, mais, après tout ce temps, bien sûr, la police serait bien obligée d'accepter une telle explication.

— Quoi d'autre en ce cas ? Harry, tu sais combien je regrette une telle situation, et si tu insistes pour parler de la cause, alors qu'est-ce qui aurait pu te causer cette maladie ?

— Je me le suis demandé, dit Benrud. Puis je me suis souvenu de ce moment, il y a de cela plusieurs mois, où j'avais un de mes maux de gorge périodiques et où tu as insisté pour que j'essaie un produit qu'un pharmacien de Los Angeles était en train d'expérimenter. Tu m'as remis un atomiseur plein de ce produit. Un truc trouble. Je n'aurais pas pu remarquer de particules colloïdales.

Déjà Horner se retrouvait debout ; son verre était tombé et les cubes de glace rebondissaient sur le tapis. Il hurla :

— Bon dieu ! Qu'est-ce que tu dis ?

— Je me souviens que tu avais insisté pour que je poursuive le traitement jusqu'à ce que l'atomiseur soit vide, bien que ma gorge ait été guérie bien avant, poursuivit Benrud. Ensuite tu m'as demandé de te rendre l'atomiseur. Or que pouvait représenter pour toi ce petit truc de rien du tout ?

— Pour l'amour du ciel, s'écria Horner, tu as perdu la tête !

— Peut-être, fit Benrud, en buvant une autre gorgée. (Il prenait garde de ne pas bouger. L'athlète pouvait le réduire à l'impuissance en cas de besoin.) Pourquoi voulais-tu que je te rende cet atomineur ? Où est-il maintenant ? Qui est cet ami pharmacien et quelle est son adresse ?

— Je... Écoute, Harry, tu es malade, laisse-moi t'aider à te coucher.

— Donne-moi le nom du type et son adresse, dit Benrud en souriant légèrement. Je lui écrirai et s'il me répond, je te demanderai humblement pardon.

— Il est mort, dit Horner. Il se tenait debout, les poings pendant le long de ses flancs, et regardait son vis-à-vis dans les yeux sans cligner, Sa voix tomba à plat.

— Eh bien, donne-moi tout de même son nom et son adresse. Mort ou vivant, la chose peut être vérifiée. Après tout, Jim, il est normal que je veuille n'avoir aucun doute sur le futur protecteur de ma famille.

Horner fit claquer l'un de ses poings dans sa paume. Sa bouche s'ouvrit et dévoila ses grandes dents bien soignées. Plus que tout autre, Horner avait toujours été en admiration devant son corps d'athlète.

— Crois-moi, tu délires. (Il resta un moment debout à réfléchir.) Qu'est-ce que tu veux ? demanda-t-il brusquement.

— Les preuves à propos de ce pharmacien.

— Quel pharmacien ? Personne n'a parlé de pharmacien. Tu es malade et tu imagines des choses.

Benrud soupira. Il se sentait de nouveau très fatigué.

— Laissons tomber cette comédie. Je sais ce que c'est que d'avoir de la fièvre. Je n'en ai pas.

Horner restait debout, immobile ; quand il respirait — ce qu'il faisait sans effort, lui — sa chemise de sport se plissait. Il dit enfin en détournant la tête :

— Tu ferais aussi bien d'oublier cette histoire, Harry. C'est impossible à prouver.

— Je le sais, fit Benrud. Si je parlais, tu parviendrais à convaincre Moyra que mon cerveau est aussi pourri que mes poumons. Je ne veux pas qu'elle conserve de moi cette image-là.

Horner s'assit de nouveau. Benrud aurait eu moins de mal à poursuivre s'il avait manifesté un éclat de joie sinistre. Mais il avait le visage qu'il se composait quand ils jouaient ensemble au poker. Benrud toussa, ce qui le déchira intérieurement, et il souhaita en avoir vite fini.

— Je regrette, dit Horner d'une voix monocorde — peut-être était-il sincère.

— Moi aussi, siffla Benrud. Mais je suis homme à vouloir me venger. Ce serait très agréable de faire la preuve de ta culpabilité. En Californie, les meurtres prémédités ont droit à la chambre à gaz — merveilleusement sadique. Sans parler de tous les ennuis qui précèdent. Aussi mal que se présente l'affaire, jamais tu n'accepterais de plaider coupable ; il faudrait donc que tu supportes la procédure.

— Parce que je ne suis pas coupable, dit Horner.

— Si tu ne l'es pas, alors réponds à mes questions.

— Oh ! Oublions tout ça. Je rentre chez moi.

— Une minute, dit Benrud. Comment sais-tu que je n'ai pas empoisonné ton whisky ?

Horner resta assis, parfaitement immobile. Toute couleur quitta son visage.

— Comme je te le disais, Jim, tu es un lutteur. Et, j'en suis maintenant convaincu, une sorte d'égoïste, assez agréable, bon compagnon, mais quand les cartes sont sur table, tu piétinerais n'importe quoi pour te sauver toi-même. Donc, si tu es accusé de meurtre, tu lutteras. Tu ne plaideras pas coupable, ce qui te permettrait une condamnation moindre, et tu seras assis dans ton fauteuil, à retenir ta respiration, jusqu'à ce que tes poumons ne puissent le supporter davantage.

— M'as-tu empoisonné ? bafouilla Horner.

— C'est facile, bien entendu, de trouver des mobiles, fit Benrud tandis que la sueur luisait comme de l'huile sur le visage de Horner. L'argent, la jalousie. Tu aurais pu...

— As-tu empoisonné ce verre ? demanda Horner d'un ton de vieillard.

— Non, dit Benrud. Je ne veux pas que Moyra conserve cette image-là de moi non plus. Ni même celle d'un suicidé.

Il se leva. Horner l'imita ; il tremblait un peu, bien que ce fut une soirée d'été. Benrud ramassa le couteau avec précaution. Il importait que ses empreintes digitales n'y fussent pas imprimées car celles de Horner s'y trouvaient certainement en abondance. L'athlète esquissait un sourire :

— Espèce de crevette mourante, fit-il, espères-tu sérieusement me blesser ?

— Pas de cette façon, dit Benrud.

Il avait cherché le bon endroit où le frapper ; le couteau entra et sectionna l'artère abdominale beaucoup plus facilement qu'il ne s'y était attendu. Horner hurla et plongea à travers la pièce. Ses doigts se tachèrent de sang. Benrud le repoussa d'un coup de pied. Il tomba à la renverse en faisant basculer la petite table et le verre tombé à terre s'écrasa sous sa chaussure.

Benrud forma le chiffre 0 sur le cadran du téléphone.

— Opérateur ! fit-il en haletant. Passez-moi la police. Je suis attaqué, Jim Horner est en train de m'attaquer. Jim Horner. Harry Benrud à l'appareil et je suis...

Horner roula de nouveau sur lui. Le téléphone tomba par terre. Il faudrait un moment à la police pour retrouver l'origine de l'appel, un moment assez long pour qu'un homme affaibli eût le temps de mourir. Benrud se coucha sur le dos et laissa l'obscurité l'engloutir.

Single jeopardy.
Traduction de Nicolète et Pierre Darcis.

PASSIONNÉMENT COUPABLE

par ALEX AUSTIN

M. Cooke avait à peine fini d'étrangler sa jolie femme, que la sonnette se fit entendre.

Pendant un instant, la panique qui s'empara de lui l'empêcha de bouger. Il entendait son cœur battre avec la violence ridicule d'une locomotive en pleine vitesse. Le corps de sa femme gisait sur le lit, comme si elle n'avait fait que se retourner dans son sommeil. M. Cooke était plutôt content que les choses se fussent passées proprement ; étant donné tout ce qu'ils avaient partagé ensemble, il lui semblait qu'il devait bien ça à sa femme. Bien entendu, il était désolé que son crâne eût heurté la tête du lit, mais cela avait été tout à fait accidentel. On ne pouvait vraiment pas l'en blâmer.

La sonnette se fit entendre de nouveau — trois coups appuyés. M. Cooke se dirigea vers la porte, mais il changea rapidement d'idée et retourna vers le lit. Il se pencha au-dessus du corps de sa femme et s'apprêtait à écouter son cœur pour être bien sûr qu'elle était morte, mais la sonnette retentit une nouvelle fois au moment même où il posait l'oreille sur sa poitrine ; il se redressa avec un soupir d'irritation, sortit de la chambre à coucher et referma la porte silencieusement derrière lui, comme si sa femme n'était qu'endormie et qu'il ne voulait pas la réveiller. Bien entendu, elle était morte mais il pensait qu'il eût été sage de s'en assurer.

Dans le salon, M. Cooke retira les gants de cuir noir qu'il avait achetés spécialement pour cette occasion. Il ouvrit le tiroir à argenterie du buffet en acajou et y plaça les gants, sous le plateau de bois, les repoussant le plus loin possible vers le fond. La sonnette retentit de nouveau ; il fallait maintenant qu'il aille voir qui était là. De toute façon, se dit-il, son visiteur, quel qu'il fût, lui fournirait un excellent alibi. Sa femme sortait souvent seule pour aller au cinéma. Quant à lui, il n'aimait pas le cinéma. Bon nombre d'amis ou de voisins pouvaient certifier que sa femme se rendait au cinéma seule au moins une fois par semaine alors qu'il restait à la maison avec un livre ou une grille de mots croisés. M. Cooke avait toujours pensé que le cinéma n'avait rien à voir avec une quelconque réalité. Il donnait très souvent l'impression que l'existence que l'on vivait vraiment n'était rien d'autre qu'une terrible plaisanterie au terme de laquelle on ne riait pas. Peut-être allait-il pouvoir maintenant s'entretenir avec son visiteur ; il lui dirait que sa femme était au cinéma et que lui-même était sur le point d'aller se promener ; alors ils pourraient sortir tous les deux dans la nuit chaude et son alibi serait tout simplement parfait.

M. Cooke esquissa un sourire en arrivant devant la porte. Il l'inspecta très brièvement pour s'assurer que tout était en ordre, puis il ouvrit la porte et la surprise qui s'imprima sur son visage fut suffisamment comique pour que l'homme debout devant lui éclatât franchement de rire :

— Jérémie ! Tu ressembles à un monsieur qui vient de voir un fantôme !

Puis le visiteur passa devant lui et entra dans le salon en déposant son chapeau sur une chaise.

M. Cooke referma lentement la porte. Parmi tous les gens susceptibles de venir le voir ce soir-là en particulier, il trouvait vraiment amusant de se trouver en présence de Knapp.

— Je suis un peu soûl, ce soir, Jérémie, dit-il en s'asseyant dans le fauteuil en cuir noir que M. Cooke considérait comme son fauteuil réservé. Ce siège était la seule concession que lui avait faite sa femme quand ils avaient acheté leur nouveau mobilier, sept années plus tôt. « Je suppose qu'un homme doit avoir un vrai fauteuil d'homme », lui avait-elle dit à l'époque.

— ... Mais ça n'a aucune importance, continua Knapp. Je fête un événement et, dans un cas pareil, un homme peut se soûler autant que bon lui semble. Pas vrai, Jérémie ?

M. Cooke s'assit lentement sur le divan, face à Knapp.

— Et que fêtes-tu exactement ? lui demanda-t-il.

Sa voix était parfaitement calme, il en était sûr, car il se contrôlait parfaitement. Et, après l'épreuve qu'il venait de traverser, cela ne manquait pas de l'étonner un peu.

— Il faut aussi que je le dise à Mina, dit Knapp. En fait c'est à elle que je suis venu le dire. Je voulais qu'elle soit la première à l'apprendre. Jérémie, je sais que c'est contre tes principes qu'un homme se soûle, je le sais. Mais tu n'aurais pas un peu de whisky pour un gars en train de fêter quelque chose ? Hein ? Tu n'en aurais pas, Jérémie, mon cher bon vieil ami fidèle ?

Et il se mit à rire de bon cœur, laissant sa tête rouler en arrière sur ses épaules.

Cher ami, en vérité ! se dit M. Cooke. Dans l'autre pièce, sa femme gisait morte et voilà que Knapp —

lui entre tous — était assis dans *son* fauteuil — en train *de fêter un événement !*

— Mina est allée au cinéma, dit M. Cooke. Elle ne rentrera pas avant un certain temps.

— Au cinéma ?

Le long visage de Knapp marqua une vive déception qu'accentuait encore sa soûlographie. Il donnait l'impression de vouloir imiter un homme déçu. Mais alors, il reconsidéra la situation et, adressant un sourire charmeur à son hôte, il lui dit :

— En ce cas, je vais attendre. Et nous pourrons fêter la chose, tous les deux, Jérémie. Alors maintenant, où est-il ce whisky ?

Il se pencha légèrement en avant dans le fauteuil profond, reposa les avant-bras sur ses genoux, et laissa flotter un vague sourire sur ses lèvres.

— Je vais le chercher, dit M. Cooke en se levant du divan et en se dirigeant vers la cuisine.

— Une vraie fête ! s'écria joyeusement Knapp du salon.

A la cuisine M. Cooke sortit deux verres et plaça un cube de glace dans chacun d'eux. Il trouva la bouteille de whisky sur la seconde étagère du placard de l'office, auprès des rangées de boîtes de petits pois, de haricots verts, de carottes, et de ces minuscules pommes de terre blanches épluchées dont Mina se servait toujours, ou plutôt, s'était toujours servie jusqu'à ce jour quand elle préparait un rôti.

Il remplit son verre de ginger ale et laissa Knapp se servir tout en prenant conscience du tour qu'avaient pris ses propres pensées. Knapp était soûl maintenant. Il n'y avait qu'à laisser la bouteille auprès de Knapp et Knapp ne tarderait pas à perdre totalement conscience. M. Cooke connaissait l'effet du whisky sur Knapp. D'abord il serait euphorique, ensuite il deviendrait mélancolique et puis il s'endormirait. C'était toujours le même processus, et

Mina avait toujours trouvé des excuses à cette conduite insensée en prétendant que Knapp était un enfant heureux : « Ce n'est vraiment qu'un petit garçon », avait-elle dit.

Et il l'avait crue à ce moment-là. Il avait même trouvé amusant d'être capable de partager avec sa femme cette opinion au sujet de Knapp. Ensuite il avait compris à quel point il s'était montré stupide ! Et pendant des années ! Mais pour l'heure, il avait mis un point final à leur petit jeu. Il ne passerait plus de soirées solitaires à imaginer sa femme dans les bras d'un autre.

M. Cooke apporta donc les verres et la bouteille dans le salon. Il posa la bouteille et un verre sur la table, près du fauteuil de Knapp. Knapp sourit en voyant le whisky, tendit la main vers la bouteille et se versa très généreusement à boire. En le voyant faire, M. Cooke comprit que son plan s'exécutait à la perfection.

— C'est drôle, dit Knapp en levant son verre. Je veux dire : que tu ne boives jamais une goutte d'alcool et que, malgré cela, tu aies toujours chez toi ce qu'il y a de mieux comme whisky. C'est à cela que je reconnais un gentleman. Voilà ce que je dis.

Puis, poussant son verre vers M. Cooke, Knapp ajouta de ce ton bonhomme et indolent des gens sots :

— A cette chère Mina et à l'amour qu'elle nous a apporté à tous deux dans notre vie.

M. Cooke dût contracter tous les muscles de son corps afin de se dominer. Lentement, il leva son verre pour porter le toast.

— Cette chère, cette adorable Mina, renchérit Knapp.

Il porta le verre à ses lèvres et but longuement.

« Quel affreux toupet ! pensa M. Cooke. Assis dans *mon* fauteuil et me jetant toute l'affaire à la tête. »

Est-ce pour cela qu'il s'était soûlé ? Pour trouver le courage de lui parler ouvertement des choses ? Peut-être pour lui annoncer qu'il avait l'intention de partir avec Mina ? Est-ce donc cela qu'ils avaient projeté ? Or, il n'y a pas de doute : lorsqu'une femme mariée s'enfuit avec son amant, les gens tournent presque toujours la chose en dérision. Ç'eût été comme une cicatrice qu'il aurait été obligé de porter jusqu'à la fin de sa vie.

A certains moments, assis dans son fauteuil confortable, il avait pu voir les choses du point de vue de Knapp. Knapp venait de franchir la quarantaine. C'était un vendeur qui réussissait assez bien. Il était beau garçon, plutôt grand et bien bâti, et pouvait être charmant quand il le voulait. Il donnait toujours l'impression d'être très heureux, mais M. Cooke s'était dit que cela tenait peut-être au simple fait qu'il était vendeur, et que les vendeurs, pour réussir, doivent au moins *paraître* heureux. Un vendeur dont les yeux sont remplis de larmes ne trouverait jamais aucun client.

Mais, quel que soit le nombre de femmes qu'il mène à sa guise, un homme se lasse de vivre seul. Cela, M. Cooke le comprenait. Tôt ou tard cet homme décide de se fixer une fois pour toutes. Il se pouvait que Knapp eût finalement pris cette décision, mais il n'avait pas choisi le bon numéro, pensa M. Cooke avec satisfaction. Incontestablement, il avait jeté son dévolu sur la femme qu'il ne fallait pas, parce qu'elle était étendue là sur le lit, très morte, à peu près aussi morte qu'une personne puisse l'être.

Knapp termina son verre et s'en versa un autre. M. Cooke sirotait patiemment son ginger ale. Ça ne serait plus très long maintenant. Encore un verre ou deux. Déjà Knapp perdait quelque peu son rayonnement de type heureux. Ses joues s'empourpraient ; le stade de la mélancolie commençait.

M. Cooke se dit que ce qu'il allait faire ne serait que justice. C'était lui qui avait refermé ses doigts autour de la gorge de sa femme, mais en réalité, c'était Knapp qui l'avait assassinée. Et par conséquent, c'est Knapp qui allait payer pour ce crime. C'était à lui, Cooke, de veiller à ce que justice fût faite.

Le regard de Knapp était déjà lourd et son visage affichait maintenant à l'égard de lui-même une espèce de pitié qui dégoûtait M. Cooke.

— Tu vois, Jérémie, tu ne peux pas savoir à quel point un homme peut se sentir seul. Je veux dire lorsqu'il vit seul. Une seule pièce et aucune présence quand il rentre le soir, à la maison. (Il soupira profondément et but une autre lampée de whisky.) Oh ! bien sûr, il y a des femmes quelquefois, poursuivit-il. Un homme doit bien vivre, mais rien... Je veux dire rien de ce genre, précisa-t-il en faisant décrire à son bras un arc plus ou moins ferme pour désigner la pièce tout entière. Rien qui vous appartienne. Rien à quoi l'on puisse donner son nom. C'est « bonjour bonsoir ». Rien de plus. Oh ! si tu savais, Jérémie, comme on s'en lasse. Tu ne peux pas savoir à quel *point*. Parfois on finit par ne plus se soucier de rien de ce qu'on fait, des gens qu'on blesse... C'est que certaines des femmes que j'ai connues...

Il se tut en s'apercevant que son verre était vide. Lentement, il tendit la main vers la bouteille et remplit son verre, cette fois, presque à ras bord. Puis il replaça soigneusement la bouteille sur la table et but un peu de whisky comme s'il voulait être sûr de ne pas en renverser.

M. Cooke l'observait et attendait. Il n'attachait plus aucune importance à ce que disait Knapp. Il avait franchi le seuil de la souffrance. C'était bizarre que le Destin joue si totalement son jeu. Même si ce n'était que pour quelques minutes, Knapp venait les voir plusieurs fois par semaine. Il s'asseyait et bavardait. En fait, M. Cooke avait toujours aimé Knapp. Il avait un humour agréable et — M. Cooke l'avait toujours pensé — une certaine honnêteté. L'honnêteté de l'homme qui sait qu'il est le maître de sa vie. Knapp vendait certains des produits culinaires fabriqués par la maison pour laquelle travaillait M. Cooke. Ils avaient déjeuné ensemble plusieurs fois, puis M. Cooke l'avait ramené dîner, un soir, à la maison, car il était toujours très fier de montrer sa femme à ses amis et à ses relations d'affaires. Il y avait de cela plus de huit ans. Knapp était très vite devenu l'ami intime des Cooke. Or, ce n'était que depuis cinq mois que M. Cooke avait appris ce qui se passait réellement entre cet homme et sa femme.

Un de ces soirs où sa femme était au cinéma, il était sorti se promener. Il faisait trop lourd dans l'appartement et il n'avait pas pu aller au-delà de la première page du livre qu'il avait sorti de la bibliothèque. Ce livre traitait de la Troisième Croisade, celle qu'avait conduite si glorieusement Richard Cœur de Lion. Les lectures favorites de M. Cooke concernaient les récits de guerres, qu'elles fussent anciennes ou modernes, bien qu'il eût une certaine tendance à préférer les guerres plus romantiques, dans lesquelles les hommes, montés sur de grands et vaillants chevaux, se battaient avec des épées et des lances, chacun d'eux constituant presque une armée à lui seul. Les guerres modernes étaient un rien trop impersonnelles pour satisfaire les goûts de M. Cooke.

Sorti, donc, pour se promener par cette nuit chaude, il avait — tout à fait accidentellement — vu sa femme et Knapp sortir d'un petit bar obscur de l'Avenue Flatbush. Tous deux riaient. Mina avait passé son bras sous celui de Knapp. Et ils étaient partis ensemble dans la direction de l'appartement de Knapp.

M. Cooke n'avait pas demandé à sa femme quel film elle avait vu ni si elle s'était amusée. Il avait gardé ses renseignements pour lui-même, bien décidé qu'il était à ne lui montrer en aucune façon qu'il était au courant de sa trahison. Cela continua ainsi mois après mois. Par deux fois, M. Cooke revit sa femme avec Knapp, car chaque fois que Mina allait au cinéma, il se trouvait trop agité pour rester assis avec son livre ou sa grille de mots croisés, et il marchait des heures d'affilée, rentrant quelquefois à la maison après elle, et lui expliquant qu'il aimait se promener le soir, que c'était une détente, et que l'air pur le faisait dormir mieux. Et bien qu'il les ait vus, il était tout à fait sûr de ne pas avoir été vu.

Maintenant, Knapp à force de boire s'abrutissait ; cet abrutissement serait sa fin. M. Cooke ne pouvait s'empêcher d'être assez satisfait de lui-même en voyant la façon dont les événements se déroulaient. Il s'enorgueillissait déjà des agissements du Destin, comme s'il avait eu le pouvoir de lui dicter ses volontés. Il éprouvait un sentiment de puissance comme il n'en avait encore jamais éprouvé au cours de sa vie, et il l'appréciait pleinement.

Lorsque Knapp eut vidé un autre verre, M. Cooke commença à se demander quelle quantité exacte de whisky cet homme était capable d'ingurgiter. Jamais il ne l'avait vu boire *tant*. Tout en souriant, Knapp se reversa du whisky — jusqu'à mi-verre cette fois — puis il se tourna vers M. Cooke :

— Jérémie, mon cher ami, dit-il, je suis en train de devenir très soûl et je sais que malgré ta bonne camaraderie, tu n'aimes pas voir les gens soûls. Non... (Il secoua la tête, en fronçant le front.) Je sais que tu n'aimes pas voir les gens soûls. Mais un ami qui est très heureux... tu lui pardonneras. Je sais que tu me pardonneras, Jérémie, parce que tu es mon ami. Mina est mon amie. Je vous aime tous les deux. Vous avez apporté... (Il s'arrêta pour chercher son mot et se mit à sourire béatement en se rendant compte qu'il l'avait sur le bout de la langue.) Vous avez apporté l'amour... dans ma vie... oui. Oui, Jérémie... l'amour...

Il hocha la tête et se remit à boire. Son corps était las et flasque, comme si on en avait retiré certains os, et que sa chair se fût faite lourde, quasi morte.

C'est maintenant qu'il va parler, pensa froidement M. Cooke. Tout en l'observant, il se demandait à quel moment exactement il retomberait en arrière, endormi, tenant encore son verre à la main, car Knapp réalisait toujours ce tour merveilleux d'être capable de s'endormir profondément un verre à la main sans jamais le laisser tomber ni même le pencher au point d'en renverser le contenu.

— Tu vois, je vais me marier, Jérémie, dit finalement Knapp. C'est pour cela que je suis venu, pour l'annoncer à Mina et à toi, Knapp, le terrible vieux garçon, va se marier. (Il rit bêtement et regarda M. Cooke avec un sourire en coin ahuri.) Alors tu ne me félicites pas ? Je t'ai dit que j'allais me marier.

Non content de me le dire, pensa Cooke, il faut qu'il en fasse un jeu. Jamais il n'avait connu d'adulte qui prît un tel plaisir à faire tant de singeries. Il avait vu Knapp faire marcher le personnel du bureau pendant des semaines, et même des mois, avec telle ou telle petite blague. Il la gonflait avec soin jusqu'au moment où il la révélait et la personne qui en faisait les frais ne pouvait que rire, de peur de paraître tout à fait stupide. C'était la méthode de Knapp et elle marchait à tous les coups. Mais elle allait échouer maintenant et elle échouerait de façon absolument splendide. Cela ne faisait aucun doute, Mina et Knapp méritaient ce que lui, la supposée victime, allait faire.

— Oh ! Jérémie, murmura Knapp, tu es en colère contre moi parce que je me soûle, mais je ne veux pas que tu sois en colère. Je veux que tu sois heureux parce que tu es mon ami. Mina et toi — vous êtes mes meilleurs amis et vous avez apporté l'amour dans ma vie. (Il but une autre gorgée de whisky, puis il s'enfonça un peu plus dans le fauteuil profond.) Mais attends de la voir, Jérémie. Louise ! J'aime jusqu'à son nom ! (Il eut un petit rire et sourit aux anges.) Louise ! C'est le titre d'un opéra en français. A moins que ce ne soit en anglais ? A moins qu'il n'y ait pas du tout d'opéra qui s'appelle comme ça... Si... C'est Mina qui nous a fait connaître, dit-il en hochant la tête. Est-ce que tu le savais ?

Il rit encore en secouant la tête. M. Cooke ne connaissait aucune relation de sa femme appelée Louise. Il était sûr que c'était là une plaisanterie de plus de Knapp. Et Knapp jouait son jeu diaboliquement, comme un vrai diable qu'il était.

— C'est même Mina qui a empêché que je la laisse me quitter comme les autres, précisa Knapp. Oui. Elle a dit à Louise comment il fallait manœuvrer un terrible vieux garçon comme moi, comment elle devait l'amener à faire ce qu'il a toujours voulu faire, mais qu'il a toujours craint de demander. Jérémie, sans Mina...

A ce moment-là, il s'interrompit. Le sourire était toujours plaqué sur son visage comme un masque de cire qui commence à fondre. Il regarda le verre, puis décida de ne pas essayer de le porter jusqu'à ses lèvres et il se laissa aller en arrière dans le fauteuil. Il resta ainsi un moment, souriant à M. Cooke, et son sourire semblait dire tout ce qu'il avait essayé d'exprimer. M. Cooke se contentait d'attendre ; il se résolut finalement à boire le ginger ale qui restait dans son verre, tandis que Knapp, lentement, fermait les yeux et sombrait dans le sommeil.

M. Cooke resta tranquillement assis et observa Knapp pendant plus d'une heure. Il savait qu'une fois endormi, Knapp, à moins d'être violemment secoué, dormirait pendant tout le reste de la nuit. C'était amusant de le voir là — impuissant, fini. Il était facile de se souvenir de tant de choses maintenant ! — toutes ces choses qui, une fois groupées, prouvaient sa culpabilité. Il se souvenait de Knapp plaisantant pendant le dîner, en prétendant qu'un homme qui n'essayait pas de voler à son mari une femme aussi belle que Mina était tout simplement fou. Ce n'était qu'une plaisanterie, et ils en avaient bien ri, tous les trois. Et chaque fois que Knapp leur racontait ses exploits avec une autre femme, il trouvait quelque formule pour dire qu'on ne pouvait certainement pas la comparer à Mina. Mais cela aussi était une manière de plaisanterie. Tout n'avait été que plaisanterie. Tout n'avait été que pour rire. Mais lui, M. Cooke, serait le seul à rire au dénouement de cette fine comédie qu'ils jouaient tous ensemble.

Enfin M. Cooke se redressa et décida qu'il était temps d'en finir. Il plaça son verre sur la table, près de son fauteuil. Puis il alla vers le buffet en acajou, dans le coin de la pièce, et sortit du tiroir à argenterie, les gants noirs qu'il remit.

Il retira soigneusement le verre de la main de Knapp et le posa sur la table. Après quoi, il emporta son propre verre à la cuisine, le lava, l'essuya, le remit dans le placard, au-dessus de l'évier et il retourna au salon.

Très précautionneusement, il souleva le corps de Knapp, prenant d'abord un bras et le plaçant autour de son épaule de façon à le porter comme le font les pompiers. Il fut étonné de la facilité avec laquelle il pouvait le transporter. Il n'avait jamais essayé de porter qui que ce fût auparavant. Il était petit et en avait toujours eu conscience. Maintenant il regrettait presque que Mina ne pût pas le voir — un homme grand, un homme fort dans toute l'acception du terme.

Il porta Knapp jusqu'à la chambre à coucher dont il ouvrit la porte d'une main, puis il l'y introduisit et le plaça à plat ventre sur le lit, auprès de sa femme.

Cela fait, M. Cooke se reposa un moment. Rien ne le pressait. Il devait prendre garde de ne commettre aucune erreur.

Il souleva le corps de Knapp et le poussa afin de le faire rouler sur celui de sa femme. Ce faisant, il éprouva un élan soudain de jalousie. Pour chasser ce sentiment et poursuivant son plan, il s'empara de la main de Knapp et la plaça sur la gorge de sa femme comme il y avait placé sa propre main un peu plus tôt. Puis, de toutes ses forces, il pressa les doigts de Knapp comme s'il étranglait Mina pour la première fois et que Knapp en était le meurtrier — ce qu'il était, en réalité. Il appuya de tout son poids sur le corps et sur les mains de Knapp et le temps lui parut beaucoup plus long que lorsqu'il avait réellement étranglé Mina, alors qu'il ne faisait que mimer sa mort.

Lorsqu'il sentit ses propres mains trembler, il lâcha celles de Knapp, se leva et recula. Knapp enveloppait le corps sans vie de sa femme. M. Cooke examina la scène soigneusement, d'abord d'un côté du lit, puis de l'autre. Tout lui parut parfaitement en ordre : une querelle d'amoureux ; Knapp soûl assassinant l'objet de sa flamme et continuant de se soûler pour tout oublier : c'est ainsi que, très naturellement, l'on reconstituerait les faits.

Ayant retiré ses gants, M. Cooke retourna dans le salon pour les replacer dans le tiroir à argenterie ; il aurait tout le temps de s'en débarrasser le lendemain ou les jours suivants. Il pourrait même attendre plus longtemps que cela. La police ne songerait pas à fouiller la maison. L'affaire était trop claire. Et les gants, après tout, n'étaient que des gants d'hiver ordinaires.

M. Cooke se dirigea vers le placard de l'entrée. Il prit sa veste et l'enfila. Il réajusta sa cravate devant le miroir et remarqua, non sans fierté, qu'il paraissait calme. Il boutonna sa veste. Puis il ouvrit la porte et imprima fermement ses doigts sur le bouton extérieur afin d'être bien sûr que ses empreintes recouvriraient celles de Knapp, ce qui prouverait qu'il était entré après Knapp. Cela fait, il claqua bruyamment la porte de façon que le bruit se répandît dans tout le couloir. Il attendit un moment puis il appela d'une voix très naturelle.

— Mina, Mina ! Tu es rentrée ?

Il parcourut le salon du regard comme s'il s'attendait à la voir.

— Mina ! appela-t-il de nouveau.

Ce faisant, il se disait qu'il devait apprendre à jouer son rôle de façon convaincante et cette fois, il passa dans la cuisine, mais Mina n'y était pas. En réalité, l'absence de sa femme commençait à l'agacer et un froncement de sourcils rida son visage.

Très naturellement, il passa ensuite dans la chambre à coucher. Quand il ouvrit la porte, il éprouva la même intense panique qui s'était emparée de lui, un peu plus tôt, lorsqu'il avait entendu la sonnette retentir.

— Mina ! Mina ! cria-t-il en se précipitant vers le lit. Puis il se reprit et, brusquement, tout son corps se mit à trembler ; il sentit la sueur recouvrir ses paumes tandis que plus doucement, cette fois, plus affectueusement, il répétait :

— Mina... Mina... Mina... Non !

Lentement, il se retourna, se dirigea vers le téléphone et forma le numéro de la standardiste. Le nom de sa femme ne cessait de résonner dans son cerveau comme un cœur qui bat : « Mina... Mina... Mina... » En attendant que la téléphoniste lui répondît, il ne pouvait véritablement croire que sa femme fût morte. Le fait qu'il l'eût tuée ne traversa pas une fois son esprit, seulement le fait qu'elle était vraiment morte et c'était là ce qu'il ne parvenait pas à croire.

*
* *

Quand la police arriva, M. Cooke était toujours hébété. (Et il avait pris soin de se frotter les yeux jusqu'à ce qu'ils fussent rouges, pour donner l'impression qu'il avait pleuré.)

— Vous dites que vous êtes rentré chez vous et que vous les avez trouvés comme cela ? demanda le lieutenant.

M. Cooke était assis dans son fauteuil en cuir noir. Il se contenta de hocher la tête, sans lever les yeux vers l'homme qui avait posé la question.

Un autre inspecteur entra et M. Cooke l'entendit dire d'une voix calme :

— Ils sont morts *tous les deux*.

— Tous les deux ?

M. Cooke leva les yeux sur les deux policiers et ils remarquèrent l'expression ahurie de son regard.

— Elle a bel et bien été étranglée, dit le second inspecteur. Mais il n'y a aucune marque sur le gars. Il était soûl, ça c'est sûr, mais il n'y a aucune marque.

— Le coroner fera un rapport, dit le lieutenant. Charlie a pris toutes ses photos ?

— Nous sommes prêts à partir.

— On y va, dit le lieutenant, ajoutant à l'intention de M. Cooke : J'ai bien peur que vous ne soyez obligé de nous accompagner pour un interrogatoire.

— Un interrogatoire ? répéta M. Cooke.

— Il y a là-dedans un homme mort avec votre femme, dit le lieutenant. Nous ne savons pas comment il est mort, ni quand.

M. Cooke s'apprêtait à dire au lieutenant que Knapp n'était pas mort, qu'il n'était que soûl et endormi, qu'il ne tarderait pas à se réveiller et qu'alors ce serait une affaire nette et claire et que justice serait faite. Il suivit le lieutenant en silence.

*
* *

Le rapport du coroner déclara que Knapp était mort d'une crise cardiaque et que sa mort était intervenue au moins une heure ou deux avant que la femme n'eût été étranglée, car elle avait reçu un assez sale coup sur l'arrière du crâne...

Quand on apprit cela à M. Cooke, il parut ne pas réagir du tout à la nouvelle, et lorsqu'on lui annonça qu'il était arrêté pour le meurtre de sa femme, il se contenta de hocher la tête. Puis, levant les yeux, il dit au lieutenant :

— C'est vraiment drôle, vous savez. Voyez-vous, c'est Knapp qui l'a véritablement tuée. Oh ! j'ai bien essayé. Mais j'aurais dû m'assurer que j'y étais bien parvenu. C'est lui qui l'a tuée. Ses mains et son...

Il se tut. A quoi bon poursuivre ? A quoi bon leur dire que Knapp était véritablement, réellement coupable ?

*
* *

Près du distributeur d'eau, dans un coin de la grande salle, un des inspecteurs se tourna vers le lieutenant et dit :

— Quand un petit singe comme ça est marié

avec une poupée comme celle-là, on peut être sûr qu'il y aura des pépins, pas vrai, lieutenant ?

Le lieutenant secoua la tête et se tamponna la nuque avec un mouchoir sale.

— C'est fou ce que certains de ces gars essaient de nous faire croire. Essayer de mettre un meurtre passionnel sur le dos d'un gars raide mort ! Tu parles d'une plaisanterie.

Really and truly guilty.
Traduction de Nicolète et Pierre Darcis.

QUATRE AMIS SÛRS

par C.B. GILFORD

Loren Drake ne voulait pas mourir. Il avait trop de bonnes raisons pour vivre. C'est de cette volonté de subsister qu'il tira sa force de résistance quand la balle qui se voulait meurtrière lui déchira le côté, se logeant juste sous son cœur, étrangère, métallique et criminelle, menaçant de destruction toute la chair qui l'environnait.

Je respire encore, se disait-il. Je suis fort. J'ai du ressort. Il a essayé de me tuer parce qu'il veut me prendre ce que je possède. Il veut Sherry. Eh bien, il ne l'aura pas. Sherry ne sera pas veuve. Je vivrai.

Et, étendu sur le sol dans la pièce obscure, avant même que la souffrance ne commençât réellement, il prit sa décision. Le meilleur moyen de faire échec au meurtrier c'était de refuser de mourir.

***

Le week-end avait commencé comme tous les autres. Très tôt le samedi matin, ses quatre amis, Jim Hollis, Tony Karnes, Max Ellman, Vince Marchant, arrivèrent de la ville en voiture. Ils venaient durant les deux jours de congé s'adonner à leur passion : la construction d'un bateau.

Ils furent là, naturellement, à temps pour prendre le petit déjeuner. Mais Sherry attendait l'invasion de pied ferme. Loren la regarda avec satisfaction s'affairer aux travaux ménagers. Elle avait le même éclat que sa cuisine où miroitaient l'acier inoxydable et les panneaux de bouleau glacés.

Il aimait l'observer parce qu'il en avait mérité le privilège : il avait payé pour cela. Les cheveux blonds de Sherry brillaient dans le clair soleil matinal, bien qu'elle n'eût eu le temps de leur donner qu'un ou deux coups de brosse. Elle portait un chemisier blanc relevé et noué haut sous sa poitrine, et un pantalon également blanc dont elle avait roulé les jambes jusqu'au genou. Ses bras, sa taille, ses jambes et ses pieds étaient nus et bronzés. Les deux couleurs contrastaient de manière éclatante et agréable.

Évidemment, elle aurait pu s'habiller un tout petit peu plus, sachant que les hommes allaient venir. Cette pensée troubla un instant l'impression de sérénité et de bien-être de Loren. Mais il la repoussa aussitôt. C'était l'été, au bord de mer... après tout une femme qui possédait la silhouette de Sherry avait bien le droit d'en être fière.

Pourquoi l'avait-elle épousé ? C'était là une autre pensée qui l'inquiétait de temps à autre. Elle était aussi intelligente que jolie et elle aurait pu en épouser un autre. Il avait douze ans de plus qu'elle, aucune raison valable de gagner un prix de beauté, une plaque d'argent sous le crâne et une sérieuse claudication, souvenir d'un shrapnell sur une plage de Normandie au moment du débarquement.

Mais, du moins, l'avait-il toujours bien traitée. Il était déjà architecte avant leur mariage. Et il avait de la chance. Il passait d'importants et lucratifs marchés, tout prêt à faire encore mieux avec le temps. La situation présentait d'autres avantages. Comme celui de pouvoir mener cette existence luxueuse tout au bord de l'océan.

Loren se mit à marcher derrière sa femme et, soudain, lui entoura la poitrine de ses bras. Il était maladroit dans ces sortes de choses. Il le savait. Mais se disait-il, il compensait sa maladresse par sa sincérité.

— Sherry, murmura-t-il, je t'aime.

Et ces mots parurent puérils et sans imagination dans la bouche d'un homme comme lui, massif, velu et claudicant.

Sherry préparait le café.

— Tout de suite après ton *Dreadnaught*, dit-elle.

Dreadnaught était le nom du bateau. Loren aurait aimé lui donner celui de sa femme, évidemment. Mais il y avait cinq associés sur le projet, et deux étaient mariés. Aussi n'avait-il même pas parlé de sa préférence personnelle. Et, on ne sait trop comment, ils avaient fini par choisir pour le svelte bateau à voile le nom incongru de *Dreadnaught*[1].

— Il ne faut pas dire ça, chérie, protesta-t-il. Ce n'est pas vrai.

— Ce bateau va te coûter plus cher que moi, répliqua-t-elle.

En riant, naturellement. Mais Loren Drake était d'esprit sérieux et comprenait rarement la plaisanterie. Il n'avait encore jamais cherché à savoir de combien serait sa part de la construction, mais il se mit brusquement à la calculer. Le bruit de la voiture stoppant devant le perron l'interrompit.

Un instant plus tard les quatre arrivants s'entassaient sur le seuil de la cuisine. Ils étaient en vêtements de travail, mais chacun portait une petite valise car ils aimaient s'habiller le soir pour dîner.

En dehors de leur commun intérêt dans la

1. Nom des grands cuirassés jusqu'en 1945.

construction du bateau, ils formaient un groupe plutôt disparate. Le docteur Jim Hollis, distingué et grisonnant, était un chirurgien connu. Lourdaud et laid, Vince Marchant avait l'air d'un agent de change, — ce qu'il était. Mince, un profil d'aigle, Max Ellman oubliait, le temps de ces week-ends, l'importante charge qu'il assumait au centre d'essai de fusées sur la côte. Les cheveux coupés ras, l'air enfantin, Tony Karnes, le plus jeune de la bande, était un représentant de commerce plein d'ardeur et, les samedis et les dimanches, il reportait son enthousiasme sur les bateaux à voile.

Sherry cessa de casser des œufs dans son énorme poêle à frire et se retourna pour les accueillir. Ils s'assirent autour de la table sans y avoir été invités. C'était l'habitude. Ils s'attendaient qu'on les nourrît. Hollis et Marchant avaient tous deux une femme et pourtant ils préféraient les petits déjeuners de Sherry le samedi matin. Et après deux heures de voiture dans l'air marin, ils montraient une faim dévorante.

— Vous avez de la chance, Loren, dit Marchant quand le repas fut terminé.

— Je le sais, répondit Loren. Mais à quoi pensez-vous en particulier ?

— Je vous envie de pouvoir vivre ici, sur cette plage. Je ne pourrai pas en faire autant avant d'avoir pris ma retraite. Et, à ce moment-là, je serai trop vieux.

— Vous n'avez pas le métier qui vous conviendrait, lui dit Loren.

— Loren a de la chance de bien d'autres façons, fit à son tour remarquer Tony Karnes.

— Je vous mets au défi de m'en citer trois, répliqua Loren.

— Une seule suffit. Je veux parler de votre ravissante femme.

— Tony, objecta Sherry, vous savez très bien que chaque fois que vous venez ici, vous abandonnez une demi-douzaine de jolies blondes en pleurs aux quatre coins de la ville. Vous ne cessez de vous en vanter.

Tony lui adressa un sourire éblouissant.

— Ouais... mais il n'y en a pas une sur le tas qui sache seulement faire cuire un œuf...

Loren Drake aimait ce genre de conversation. Ces quatre hommes passaient le week-end chez lui depuis plusieurs mois. Tous, comme Marchant aimaient la mer, la brise salée, le sable chaud, l'oubli du train-train quotidien dans ce paradis relativement isolé. Ils étaient également amoureux de la navigation à voile et de la coque du *Dreadnaught* qui commençait à prendre forme. Et puis, il y avait aussi Sherry.

Loren ne serait peut-être pas allé jusqu'à s'imaginer qu'ils pouvaient s'éprendre d'elle. L'admirer, oui. Elle était gaie, spirituelle, jolie. Sa silhouette était tout aussi remarquable que sa cuisine. Mais s'éprendre d'elle ? Ce serait aller un peu fort. La présence d'une femme rend toujours plus agréable une réunion masculine.

Restait le fait que Hollis et Marchant étaient mariés. Loren se demandait souvent ce que leurs épouses pouvaient bien penser de ces week-ends et si elles ne se plaignaient pas de rester seules. Il ne s'en était jamais informé. C'était trop personnel. Les blondes amies de Tony représentaient leur unique conversation féminine. Difficile de croire qu'elles n'existaient que dans l'imagination du jeune homme. Tony était trop beau garçon. Il avait trop d'argent en poche. Elles existaient bien. Et pourtant, il les délaissait pour venir ici.

Quant à Max Ellman, il ne faisait de doute pour personne qu'il occupait un poste important au centre d'essai des missiles. Il ne manquait cependant jamais un week-end chez Loren. Était-ce parce qu'il aimait vraiment cette plage et leur bateau ? Et

Jim Hollis ? Un chirurgien n'opère-t-il donc ni le samedi ni le dimanche ? Jim Hollis, lui, ne le faisait jamais.

Et soudain, Loren Drake sourit intérieurement. Bon, se dit-il, laissons-les admirer ma femme autant qu'ils le voudront. Je ne le leur reproche pas.

Après tout, c'est plutôt agréable pour un homme d'avoir une femme qui plaît aux autres. Cela prouve qu'il a eu du goût en la choisissant. Ça lui donne même l'impression d'avoir été habile en s'appropriant une femme que les autres hommes eussent été bien contents d'accaparer eux-mêmes.

Ses amis enviaient à Loren son métier, ses moyens d'existence, sa femme. C'était toujours la même histoire. Mais il vaut bien mieux se sentir envié que d'envier soi-même.

— Alors, leur demanda-t-il lorsque les œufs, le bacon, les toasts et le café furent engloutis, vous êtes prêts pour une dure journée de labeur ?

— Loren, dit Max Ellman, je ne sais pas pourquoi vous ne finissez pas vous-même le bateau pendant la semaine, que nous puissions en profiter durant le week-end ?

— Le construire est aussi agréable que de s'en servir, répondit Loren, et je m'en voudrais de vous priver de ce plaisir-là.

Ils descendirent ensemble jusqu'au bateau et passèrent leur matinée à travailler tandis que le soleil montait au zénith et que la chaleur devenait plus intense. A midi, ils prirent un repas froid dans le patio ombragé de la villa. Sherry leur servit de délicieux sandwiches, de la salade et du thé glacé.

— Je devrais vous faire payer la pension, dit Loren en les regardant manger à grosses bouchées.

— Vous êtes abominablement riche, répliqua Jim Hollis. Je ne m'inquiète pas pour vous. Je suis seulement ennuyé pour Sherry qui passe ses week-ends à faire marcher une pension de famille comme celle-ci.

— J'aime avoir de la compagnie, assura Sherry. Même quand il s'agit d'une bande de travailleurs en sueur comme vous. Loren et moi sommes un peu seuls ici pendant la semaine.

C'est ma femme bien-aimée qui dit cela, pensa Loren Drake. Et il se rendit compte de ce que pouvait représenter pour elle la présence si fréquente de ces hommes sales autant qu'affamés. Bien qu'elle essayât de prétendre le contraire, il savait parfaitement qu'elle ne partageait pas son enthousiasme pour le bateau. Et c'était à cause de lui qu'elle jouait ainsi à l'hôtesse chaque fin de semaine. Elle avait découvert que son mari, par un curieux trait de caractère, se passionnait pour les bateaux depuis le temps de la guerre où de petites embarcations l'emmenaient à l'attaque des plages tenues par l'ennemi. Une vraiment bonne épouse n'essaie pas de contrarier un dada comme celui-là. Sherry lui passait cette fantaisie. Elle était donc bonne épouse.

Après le déjeuner, ils durent travailler torse nu. Ils avaient à cette époque-là établi la spécialité de chacun et chacun s'occupait sans se soucier des autres, comme il l'entendait. La coque du *Dreadnaught*, déjà peinte en un blanc brillant, devenait une réalité, élégante et achevée. A l'intérieur, ils terminaient à présent les amarres qui recevraient, éventuellement, le grand mât.

Il était environ trois heures, le moment le plus chaud de l'après-midi, quand Loren aperçut sa femme quitter la maison. Elle portait un bikini blanc, un peignoir de bain qui flottait dans la brise, et un chapeau de paille dont les larges bords ombraient son visage.

Loren ne cessa pas de travailler. Il se contenta de la regarder du coin de l'œil. Et il eut la vague et désagréable impression qu'un ou deux autres la regardaient aussi. Ce fut peut-être la seule fois où les relations entre Sherry et ses amis le troublèrent quelque peu. Qu'avait-elle à porter un maillot aussi petit, quasi inexistant ? Il ne tenait vraiment pas à exhiber sa femme devant d'autres hommes. Pourquoi se baignait-elle ainsi à chaque week-end ? Elle avait tout le reste de la semaine pour jouir de l'eau et du sable. Elle devait bien savoir qu'elle était assez belle pour attirer le regard de ses amis.

Et puis, tout aussitôt, il se sentit intérieurement repentant. Sherry était l'esclave de ces hommes deux jours par semaine. Elle leur faisait la cuisine, rangeait tout après leur départ. Pourquoi lui reprocherait-il quelques instants de détente alors qu'elle avait tout ce travail à cause de lui ?

Pourtant, il n'arriva pas à ignorer complètement sa présence. Bien que son esprit essayât de l'oublier, ses yeux continuèrent à la surveiller. Elle avait choisi un endroit sur la plage à environ quatre-vingts mètres du bateau — pas trop près néanmoins — et étendait une grande serviette éponge sur le sable. Puis elle retira son peignoir et son chapeau et, dans un état qui parut à Loren Drake friser la nudité, elle marcha vers le bord de l'eau et plongea dans une vague. Il fut heureux que son corps se trouvât ainsi hors de vue.

Sherry était excellente nageuse. Un instant il put la suivre tandis qu'elle s'éloignait, traversait la barre et disparaissait complètement. Puis elle revint, et, soudain, sortit de l'eau ruisselante comme une sirène rejetée sur la plage depuis les profondeurs de l'océan. Lentement, elle remonta la pente de sable et, après s'être secoué la tête comme un épagneul, s'allongea sur la serviette de bain.

Loren sentit qu'à côté de lui ses amis avaient conscience de sa présence et quelque chose passa sur eux et le bateau, chargeant l'air comme un orage magnétique. Puis, cela passa, aussi vite que l'orage, à croire que brusquement les quatre hommes se rendaient compte de ce qu'il pouvait y avoir d'inconvenant à contempler la femme de leur hôte.

Mais Loren en resta à la fois furieux et inquiet. Tout son après-midi s'en trouva gâché. Quand il vit Sherry se relever après son bain de soleil, il lui tourna le dos. Et les autres semblèrent en faire autant. Le travail continua pendant environ cinq minutes. Quand Loren leva de nouveau les yeux, Sherry était rentrée à la maison.

Un peu après cinq heures du soir, juste avant qu'il ne commençât à faire frais, les cinq hommes cessèrent de travailler. Loren refusa de se joindre à ses amis qui voulaient aller nager un peu. Il regagna sa chambre et prit une douche. Sherry était dans la cuisine à préparer le dîner. Elle portait à présent une robe jaune, à large jupe et épaules nues. La douche avait déjà fait tomber la colère de Loren, la relative modestie du vêtement calma ses appréhensions.

Il se répéta encore, et encore, qu'il était ridicule. Combien de fois ses amis n'avaient-ils pas déjà vu Sherry en costume de bain ? Ils étaient même allés plus d'une fois se baigner et s'ébattre dans l'eau avec elle. Pourquoi la chose le troublait-elle à ce point aujourd'hui ? Y avait-il quelque chose de différent ? Dans ce cas, à qui la faute ? A lui ? A Sherry ? A leurs invités ? Il ne savait pas.

Vers six heures et demie, ils se retrouvèrent tous dans le living-room. Le soleil ressemblait maintenant à un ballon rouge posé sur l'horizon à la limite même de l'océan. Le spectacle était prodigieux. Mais la soirée fraîchissait et les hommes avaient passé des vestes de tweed. Étrange contraste avec les épaules nues de Sherry, songea Loren. Puis il se força à penser à autre chose.

— Croyez-vous que nous finirons jamais ce bateau ? demandait Max Ellman.

Tandis que les uns et les autres discutaient d'une date probable, Loren s'étonna de la question. Max devenait-il impatient ? Ou mal à l'aise ? Et pourquoi ? Mais il chassa aussi cette pensée. Grand dieu, il n'allait pas se mettre à interpréter chaque parole.

— Ce serait bien ma chance, continuait Max, que dès le bateau prêt à prendre la mer, je sois muté à un millier de kilomètres d'ici.

Ils burent en bavardant de six heures et demie jusqu'à huit heures. Pas trop. Trois verres chacun. Sherry ne se joignit pas à eux et passa la plus grande partie de son temps dans la cuisine. Et quand le dîner arriva sur la table, il était parfait. Il y avait entre autres un énorme rôti de bœuf, exactement ce qu'il fallait à des hommes qui avaient travaillé dur toute la journée.

Mais, au fur et à mesure que les estomacs se remplissaient, la conversation languissait. Et, de nouveau, Loren Drake se figura sentir quelque chose. Peut-être une autre manifestation de ce curieux phénomène qui s'était produit au moment du bain de Sherry. On aurait cru qu'ils devenaient prudents vis-à-vis d'elle et de leur hôte, comme à l'affût de certaines paroles à éviter.

Ce fut peut-être parce qu'il se sentait responsable en tant qu'hôte et qu'il souhaitait faire baisser un peu la tension, que Loren alla dans son bureau et en rapporta le revolver. Ils venaient juste de finir d'aider Sherry à débarrasser la table et ils se réunissaient de nouveau dans le salon.

— Je me suis offert un nouveau jouet, leur dit-il en ouvrant sa large paume pour leur montrer. C'est un vieux Colt. Je l'ai nettoyé et remis en état. Et je me suis aussi procuré un peu de munitions.

Pour le prouver, il ouvrit le revolver et y glissa maladroitement des balles.

— Qu'est-ce que vous allez faire, Loren ? demanda Tony Karnes. Améliorer votre tir ?

— Mon mari n'a jamais réellement cessé d'être un enfant, dit Sherry. Il adore jouer avec les armes et les bateaux.

— Nous, nous avons grandi trop vite, objecta Vince Marchant. Nous n'aimons que les bateaux.

— Laissez cela, Loren, dit Max Ellman. Vous ne devriez pas jouer avec un revolver chargé.

La réflexion amusa Loren.

— Écoutez donc Max, s'exclama-t-il. Toute la semaine il joue avec des fusées et il a peur d'un tout petit revolver.

Il n'avait pas envie de céder et peut-être justement parce que Max lui demandait de laisser le revolver, il s'y refusa. Il s'assit sur le divan du salon, posa l'arme sur son genou et se mit à la caresser, à jouer avec elle.

— Si nous buvions quelque chose ? dit-il brusquement.

Il se rendait compte de son étrange comportement. D'une façon ou d'une autre, la présence de ses amis l'irritait. Peut-être se voyaient-ils trop souvent. Ou bien était-ce plutôt que ces intrus avaient, eux, trop souvent vu Sherry ? Il avait proposé de boire avec une sorte de férocité.

Personne n'accepta. Alors dédaigneux, il but seul. Un, deux, puis finalement trois verres. Pendant ce temps, ils restaient à le regarder, un peu inquiets, lui sembla-t-il. Avaient-ils peur du revolver ? Si c'était le cas, n'était-ce pas parce que l'un ou l'autre se sentait coupable ?

— Pourquoi ne buvez-vous pas avec moi, vous autres ? demanda-t-il de nouveau. Qu'est-ce qui se passe ? Vous avez peur d'oublier que je suis ici et de faire de l'œil à ma femme ? ajouta-t-il en regardant Tony Karnes, bien qu'il n'eût aucune raison pour mettre celui-ci sur la sellette.

La journée qui s'achevait n'avait en rien différé des autres. Peut-être était-ce simplement quelque chose que Loren couvait depuis longtemps et qui se révélait enfin. Et maintenant, c'était dit.

Le jeune Tony demeurait assis dans un silence embarrassé. Jim Hollis, au contraire, décida d'agir. Il se leva et mit une main sur l'épaule de Loren.

— Du calme, cow-boy, dit-il plaisamment.

— Vous êtes resté trop longtemps au soleil aujourd'hui. J'en ai fait autant, d'ailleurs. Aussi vais-je aller me coucher. Bonsoir, vous tous.

Il bâilla, tourna les talons et s'en fut en direction de la partie de la villa réservée aux invités. Les autres l'imitèrent bientôt. Tony Karnes dit entre ses dents qu'il allait sur la plage voir le bateau. Max Ellman expliqua qu'il avait apporté du travail à faire, il voulait y jeter un coup d'œil avant de dormir. Vince Marchant annonça qu'il allait faire un tour jusqu'à la pointe des rochers, ce qui l'entraînerait dans la même direction que Tony. Ayant ainsi montré clairement leur intention d'échapper à toute conversation sérieuse avec leur hôte, ils disparurent, laissant Loren seul avec sa femme. Loren ne voyait plus très clair mais il se rendait compte qu'elle était en colère. Dès qu'ils furent face à face, les premiers mots de la jeune femme confirmèrent le fait.

— Pourrais-tu me dire la raison de cette jolie sortie ?

— Tu ne crois pas, hein, que mes copains flirteraient volontiers avec toi ? répondit-il comme pour se défendre.

— Aucun ne l'a jamais fait.

— Cela ne prouve pas qu'ils n'en aient pas envie. Si tu les avais vus te regarder cet après-midi ! D'ailleurs, pourquoi t'es-tu baignée ? Tu pourrais très bien le faire quand nous ne travaillons pas au bateau. Je ne le supporterai pas plus longtemps,

Sherry. Nous allons laisser ce bateau tranquille. Voilà tout. Nous allons l'abandonner...

Le regard de Sherry passa sur lui aussi tranchant qu'un diamant, puis elle se détourna.

— Je vais ranger la cuisine, dit-elle.

Et elle aussi quitta la pièce.

Loren Drake resta avec ses pensées amères et confuses. S'imaginait-il des choses qui n'existaient pas ou bien venait-il de mettre le doigt sur quelque vérité ? Comment savoir ? Il se versa un autre verre, le but à petites gorgées régulières et forcées. La maison tout entière était maintenant silencieuse. Marchant et Karnes étaient sur la plage, Jim Hollis dormait sans doute, Max Ellman était penché sur ses *devoirs*. Loren faillit aller dans la cuisine, passer un tablier et aider Sherry. Mais il y renonça. Il aurait eu l'air de s'excuser, de revenir sur ce qu'il avait dit. Au lieu de cela, il remplit de nouveau son verre et but un peu plus.

Vingt minutes ou une demi-heure plus tard, il se leva lourdement du divan, le revolver pendant au bout de sa main droite. Une douleur lancinante dans sa mauvaise jambe lui rappela qu'il avait beaucoup travaillé ce jour-là. Un peu trop. Saloperie de bateau !

Il s'en fut en boitant vers son bureau avec l'intention d'y reposer son arme et peut-être aussi parce que c'était l'endroit de la maison où il se retirait toujours quand il avait des ennuis. Il y gardait notamment sa collection d'armes, qui le distrayait, le calmait. Des objets strictement personnels, les seules choses qu'il n'eût jamais partagées avec Sherry.

Il entra dans la pièce familière et referma la porte derrière lui avant d'allumer. Un instant, il s'appuya du dos contre cette porte, savourant sa solitude. Une pensée lui traversa alors l'esprit. S'il aimait tant cette solitude, s'il cherchait à s'isoler dans cette pièce, cela ne prouvait-il pas qu'au fond il avait une âme de célibataire ? Avait-il eu raison d'épouser Sherry ?

Mais était-ce là une idée raisonnable ou celle d'un homme ivre ? Était-il ivre ? Mais non. Il ne buvait jamais. Il lui fallait tout de même admettre qu'il ne se sentait pas trop bien. Même l'obscurité qu'il scrutait à présent lui semblait floue. Elle paraissait bouger, se remplir de formes qui flottaient devant lui.

Puis, il y en eut une, plus sombre encore que l'obscurité elle-même, et qui pourtant s'en détacha en brillant. Loren Drake ferma les yeux, repoussant à la fois le vertige et l'illusion.

Ce fut dans ce moment d'abandon que son assaillant attaqua. Un bras — un avant-bras plutôt, recouvert d'une manche de lainage — fut jeté horizontalement en travers de sa bouche, lui clouant l'occiput sur la porte.

Aussitôt l'instinct de conservation se réveilla en lui, mais son corps ne put répondre assez rapidement. Alors il mordit dans la manche de lainage, en essayant désespérément de respirer, et arriva à lever maladroitement sa main gauche afin de détourner la pression qui s'exerçait sur son visage. Mais, au même moment, il sentit qu'on lui tordait la main droite — celle qui tenait encore le revolver. Son agresseur, pensa-t-il, devait vouloir lui arracher l'arme.

Trop tard, il réalisa qu'on lui pressait le canon du revolver sur la poitrine. La détonation lui emplit les oreilles. La balle lui déchira le côté. Il se sentit tomber...

Mais il n'allait pas mourir. Le meurtrier avait manqué complètement son coup puisqu'il ne l'avait pas tué. Loren Drake était un vieil oiseau bien trop dur pour mourir d'une balle qui n'avait pas touché d'organe vital. Son corps savait ce qu'était un impact d'acier. Il y avait résisté. Il résisterait encore.

Et, en fait, ce corps contre-attaquait déjà. Il n'avait été inconscient qu'un instant. Il s'éveillait maintenant de nouveau au monde extérieur. Il commença d'entendre des bruits. Ses yeux perçurent la lumière.

Il se trouvait étendu quelque part. Sur le sol, probablement. A l'endroit même où il était tombé. On n'avait pas essayé de le bouger.

Lentement, les choses autour de lui redevinrent nettes. Deux visages se penchaient sur lui. Il vit vaguement qu'ils paraissaient anxieux. Et il reconnut Jim Hollis et Sherry.

— Ne vous inquiétez pas, Loren. Ne vous inquiétez pas, disait Jim.

Puis il entendit une autre voix — sûrement celle de Max Ellman. « Je lui avais bien dit de ne pas jouer avec un revolver chargé. Un accident est si vite arrivé ! »

Ce fut cette réflexion qui poussa Loren à sortir de sa torpeur. Il s'aperçut qu'il pouvait parler. Et chose étrange, il n'était plus ivre. Tout cet alcool qu'il avait bu devenait un stimulant, l'aidait à réfléchir.

— Pas un accident... murmura-t-il... Quelqu'un a essayé de me tuer...

Le visage de Jim Hollis s'assombrit et se pencha davantage.

— Que dites-vous là, Loren ?

— ... pas un accident... quelqu'un... a essayé... de me tuer. Et, haletant, il continua de leur décrire ce qui était arrivé.

Il y eut alors un brouhaha de conversations. Les quatre hommes étaient là, Loren s'en rendait compte. Il ne les voyait pas tous, mais il identifiait facilement leurs voix. Tony et Vince avaient dû rentrer de la plage, et Max se trouvait là aussi, naturellement. Il remarqua que Jim Hollis était en pyjama et en robe de chambre.

Ce qu'ils disaient, il s'en doutait. Ils ne le croyaient pas. Comment quelqu'un aurait-il pu essayer de tuer Loren Drake ? Et qui ? Mais Loren ne les écoutait pas. Il regardait Sherry.

Maintenant que sa vue redevenait claire, il la voyait plus distinctement. Son visage paraissait encore tourmenté et dans ses yeux brillaient des larmes. Elle éprouvait du chagrin. De la pitié, aussi. Et Loren sentit qu'elle lui tenait la main. Son étreinte était forte et rassurante.

Soupçonnait-elle qu'elle pouvait être le mobile de cette tentative de meurtre ? Certainement. Curieux que ce soit juste aujourd'hui, parmi tous les autres jours, qui en eût apporté l'occasion. Pour l'un de ces hommes, la seule façon de profiter de sa mort était de lui prendre sa femme. Il n'y en avait pas d'autre. Ils ne se faisaient concurrence sur aucun autre terrain.

— Quelqu'un a dû s'introduire ici, disait Jim Hollis. (Peut-être parce qu'il était docteur, il semblait prendre en main la suite des événements.) Mais ne vous tourmentez pas, Loren. Nous venons de téléphoner à une ambulance. Elle sera bientôt là. Vous avez été sérieusement blessé, mon pauvre vieux. On va vous emmener à l'hôpital.

Mais Loren ne pensait ni à sa blessure ni à l'hôpital. Il se sentait une confiance inébranlable dans le pouvoir de récupération de son corps.

— Rien n'a été volé ? demanda-t-il.

Et chaque fois qu'il parlait sa voix se faisait plus forte.

Jim Hollis parut déconcerté :

— Volé ? Ma foi, non, Loren...

— Alors ce n'était pas un cambriolage. L'assassin est quelqu'un d'ici.

— Quoi ?

— L'un de vous a voulu me tuer.

L'accusation produisit l'effet d'une bombe plus

forte encore que son récit de l'attaque subie. De nouveau ils parlèrent tous à la fois autour de lui. Sherry se pencha encore plus près.

— Ne te tracasse pas comme cela, chéri, dit-elle. Nous allons téléphoner à la police pour qu'ils s'occupent de cette affaire. Il ne faut penser qu'à guérir et à vivre.

— Je vivrai, affirma-t-il.

Mais Jim Hollis ne semblait pas disposé à oublier l'accusation portée par Loren en dépit de la gravité de l'état de celui-ci.

— Écoutez, Loren, commença-t-il, croyez-vous vraiment qu'un de nous, un de vos amis ici, ait voulu vous tuer ?

— Oui. Quelqu'un d'ici. Il savait que je tenais le revolver... que je le rapportais dans mon bureau. Alors il m'a attendu... voulu faire croire à l'accident... Ça aurait marché si j'étais mort sur le coup. Mais je suis bien trop résistant.

— Loren, c'est ridicule. Qui souhaiterait vous tuer ?

— N'importe lequel de vous quatre. Vous êtes tous jaloux de moi... et amoureux de ma femme. Ne le niez pas, Jim...

Jim Hollis ne le nia pas. Il regardait presque farouchement son ami qui répéta :

— Vous êtes amoureux de Sherry, Jim, n'est-ce pas ?

— Grand dieu, non !

— Que dites-vous à votre femme chaque week-end ?

— Très bien, Loren. Cela ne vous regarde pas mais je vais vous le dire si cela peut vous tranquilliser. Meg et moi ne faisons plus très bon ménage depuis quelque temps. La chose n'a rien à voir avec Sherry. Je viens simplement ici travailler au bateau et...

— Vous mentez !

— Comme vous voudrez, Loren. Je ne vais pas continuer à discuter avec vous dans l'état où vous vous trouvez.

— Je ne vous accuse pas forcément, Jim. Vince est marié aussi.

La voix de Marchant se fit haute et nerveuse.

— Mais j'aime ma femme !

— Comment lui expliquez-vous vos week-ends ?

— Elle sait que nous construisons un bateau. Elle le comprend.

Le visage de Max Ellman s'approcha de celui de Jim.

— Laissez cela pour l'instant, Loren, dit Max d'un ton qu'il voulait autoritaire. Même si l'un de nous avait essayé de vous assassiner vous n'êtes pas en forme pour nous infliger les tortures nécessaires à un aveu. La police s'en chargera pour vous.

— Max, dit Loren, si quelqu'un essayait de vous tuer, vous ne chercheriez pas à savoir ?

— Bien sûr que si. Mais nous vous demandons simplement de remettre ça à plus tard.

— Je ne peux pas attendre. Le cerveau de Loren fonctionnait à présent. Il se souvenait de tous les détails de l'attaque, mettait bout à bout de petits faits auxquels il n'avait pas encore songé. Et, brusquement l'un d'eux se précisa.

— Max, continua-t-il, la preuve... je l'ai là, dans la bouche...

— Qu'est-ce que vous dites ?

Max semblait vouloir essayer de plaisanter. Mais ses yeux étaient vifs et brillants. Son esprit analytique appréciait ce genre de choses.

— L'assassin m'a mis la manche de sa veste sur le visage, Max. Il m'est resté des bribes de laine dans la bouche. Je les sens.

— Laissez-moi m'occuper de ça, interrompit vivement Jim Hollis. Y a-t-il une pince à épiler dans cette maison ?

Il s'écoula un bref instant pendant lequel quelqu'un partit chercher la pince demandée. Ceux qui restaient semblaient nerveux. Loren était sûr qu'ils comprenaient toute l'importance de ces brins de laine. S'ils correspondaient à l'un ou l'autre des vestons, cela ne signifierait-il pas que le propriétaire de celui-ci ne pouvait être que l'auteur de l'agression ?

On apporta la pince. Jim Hollis s'en saisit et avec elle, explora les lèvres sèches de Loren Drake.

— Voilà, je crois, ce dont parle Loren, annonça-t-il après un moment.

— Nous portions tous un veston ce soir, dit alors Max Ellman. J'ai le mien sur moi. Vince et Tony aussi. Voudriez-vous me laisser aller chercher le vôtre, Jim ?

Il semblait vraiment prendre la situation au sérieux.

Durant le temps qui suivit, Loren attendit patiemment. Il n'allait pas faire d'accusation précise. Le coupable aurait pu être l'un ou l'autre d'entre eux. Tony et Vince se trouvaient soi-disant quelque part sur la plage, Jim et Max, dans la maison et dans des chambres différentes. L'un d'eux pouvait très bien s'être caché sans que personne le sût, dans le bureau pour attendre que le maître de maison y revînt avec le revolver.

— Ces fils sont terriblement fins, dit Hollis d'un coin de la pièce, et ils sont tout mouillés. Mais regardez-les à la lumière électrique. Ils paraissent nettement bleus. Peut-on trouver cette couleur de laine dans l'un de ces vestons ? Pas dans le mien, en tout cas. Aucun de nos vestons n'a de fils bleus, Loren, dit-il encore en s'adressant au blessé et ceux-ci sont d'un bleu vif. Ce n'est là, bien sûr, qu'un examen préliminaire. La police jugera. Mais Max peut confirmer mes paroles. Il ne se trouve pas un homme parmi nous qui ait — du moins ici — un veston avec une trame de laine bleue. Alors, calmez-vous, Loren.

Se calmer ! Peut-être l'aurait-il pu s'ils avaient identifié le coupable. Il en aurait pleuré de déception.

— C'est une conspiration, dit-il d'une voix pâteuse. Vous vous êtes mis d'accord.

Il entendit Jim murmurer aux autres :

— Il aurait bien besoin d'un calmant. Il peut se tuer en se mettant dans un état pareil. Je voudrais bien que cette ambulance arrive.

Sherry n'avait pas quitté Loren. Elle continuait de lui serrer la main. Il se tourna vers elle et supplia :

— Sherry, ne les laisse pas me tuer. Empêche-les... Ils sont tous de connivence. Ils sont amoureux de toi...

— Chchch, chéri, fit-elle. Ne parle pas. Jim a raison. Il ne faut pas que tu te fatigues comme cela.

Il vit de nouveau des larmes dans ses yeux. Elles roulèrent même sur ses joues tandis qu'elle essayait de les cacher.

— Empêche-les de détruire ces fils, implora-t-il de nouveau. Ils sont la preuve...

— Je t'en prie, Loren...

A ce moment-là, quelqu'un dit brusquement :

— Loren a un veston bleu.

Et le silence se fit dans la pièce.

Quand enfin une voix s'éleva, Loren l'identifia aussitôt. C'était celle de Max.

— Loren, demandait-il, où se trouve votre veston bleu vif ?

Il ne comprit pas tout de suite à quoi voulait en venir Max, mais il répondit automatiquement :

— Dans le placard de cette pièce.

Dans le lourd silence qui suivit, il entendait Max Ellman traverser la pièce carrelée et sentit même la vibration que produisait son pas pesant. Puis une porte de placard grinça, et dix secondes après, le bruit de pas reprit. Le silence devint alors aussi profond que celui d'une église, ou celui d'une tombe.

— Les fils correspondent parfaitement à l'étoffe du veston bleu de Loren, dit Max au bout d'un long moment. Jim, vous êtes bien d'accord ?

— Oui, murmura celui-ci.

— Et qu'est-ce que cela prouve ? demanda Tony Karnes.

— Que l'agresseur de Loren portait son veston.

— Au lieu du sien ?

— Sans doute.

— Mais pourquoi ?

Max tout à coup semblait irrité :

— Je l'ignore. Je ne suis pas policier. Peut-être Loren s'est-il trompé d'une façon ou d'une autre. Je ne sais pas.

Mais Loren Drake, lui, comprenait. De tous les cerveaux, le sien voyait plus nettement, plus intensément le problème. Il lui fallait une solution. Son être tout entier la réclamait. Il dit doucement :

— Quelqu'un a emprunté ce veston parce qu'il avait besoin de se faire passer pour un autre au cas où l'agression aurait échoué. Ma femme tenait à ce que je croie que c'était un homme pour le cas où j'aurais le temps de raconter mon histoire.

Il regardait à présent Sherry. Le visage de celle-ci n'avait pas changé. On y lisait encore de l'inquiétude. On y voyait des larmes. Mais Loren n'y croyait plus.

— Je le savais depuis le début, continua-t-il avec une plus forte conviction. Je savais avoir été attaqué par une femme. Mais, en moi-même, je me refusais à le croire jusqu'à ce que ce veston en apporte la preuve.

Sherry ouvrait de grands yeux.

— Mais, chéri... pourquoi aurais-je voulu te tuer ?

— Je pense en connaître aussi la raison, répondit-il. J'ai accusé à tort les quatre hommes qui sont ici et je leur fais mes excuses. Ils sont mes amis. Mes vrais amis. Ils ont pu t'admirer, mais aucun n'aurait jamais voulu me trahir. Seulement, une chose m'avait échappé... Tu pouvais très bien, toi, être tombée amoureuse de l'un d'eux. Tony Karnes, par exemple... Quand tu lui parlais de ses blondes amies, peut-être ne plaisantais-tu pas. Tu t'exhibais pour lui sur la plage. Mais Tony est un honnête garçon. Il n'aurait jamais rien tenté auprès de toi à cause de notre amitié. Alors, ce soir, j'ai joué la grande scène. Je me suis montré jaloux... mais dans la mauvaise direction. Nous pouvions nous arrêter de construire le bateau. Et Tony ne serait plus venu ici. Tu l'aurais perdu. Par contre, une fois débarrassée de moi, tu aurais eu mon argent. Tu es blonde, jolie... comme Tony aime. Tu serais devenue la veuve qui a besoin de réconfort...

— Assez, Loren, jeta-t-elle, tu n'as aucune preuve.

— Jim, dit Loren ignorant ce que venait de dire sa femme. Ecoutez-moi, Jim... J'ai mordu dans la manche, et aussi dans le bras. Sherry a une peau plus tendre que celle d'un homme. Cherchez s'il y a des marques de dents sur son bras. (C'est peu probable, se disait-il, mais si elle est coupable, elle se troublera...) Regardez son bras. Jim.

— Non !

Elle s'était brusquement relevée, cachant d'un air de défi son bras avec son autre main. Un instant passa. Le silence était absolu dans la pièce.

— C'était bien un assassinat, dit finalement Loren.

Sherry avait perdu complètement son aplomb.

— Non, commença-t-elle, puisque tu n'es pas mort...

— Mais je vais mourir, Sherry... Je vais mourir. Je le sens. Parce que je t'ai perdue et que je n'ai plus de raison de vivre.

C'était vrai. Sa volonté d'acier fléchissait, le laissant sans défense contre cette balle qui attendait tout près de son cœur. Son cerveau sombrait. Il n'entendait plus que faiblement la voix de Sherry :

— Loren ! Je ne veux pas que tu meures...

Four deadly friends.
Traduction de Simone Millot-Jacquin.

ÉDITION SPÉCIALE

par William P. McGivern

1

La première édition de *L'Appel* tombait à neuf heures du matin : à huit heures cinquante-cinq, dans la longue salle violemment éclairée, tout le monde se hâtait, talonné par l'urgence.

Lorsque le téléphone sonna, Sam Terrell ne leva pas les yeux de sa machine à écrire : il termina sa colonne avant de décrocher l'écouteur.

— J'ai quelque chose pour vous, chuchota la voix à son oreille.

— Qui est à l'appareil ?

— Peu importe, Sam. Ce qui importe, c'est que j'aie quelque chose pour vous... quelque chose qui concerne Caldwell, votre candidat épris de réformes et blanc comme neige...

Le ton de l'informateur était lourdement ironique et l'intérêt de Terrell fut immédiatement en éveil : à deux semaines des élections, tout ce qui concernait Caldwell avait la plus grande valeur.

— Je suis navré, dit Terrell, mais je vous entends très mal. Où puis-je vous rappeler ?

— Je vous téléphone d'une cabine publique, vous ne pouvez pas me rappeler. Prenez le tuyau, Sam, et tâchez de vous en arranger. Inutile de chercher qui je suis... Bon. Vous connaissez Eden Myles ? (Terrell en avait vaguement entendu parler. C'était une chanteuse. Elle était l'amie d'un petit voyou nommé Frankie Chance.) Eden Myles est au mieux avec Richard Caldwell depuis un bon mois. Les cinq ou six premières rencontres ont dû se passer sans histoire : mais un beau jour quelqu'un a reconnu la demoiselle se promenant en petite tenue dans l'appartement qu'il occupe dans un hôtel... Vous n'avez qu'à faire un petit papier là-dessus : et ça fera du bruit !

La main de Terrell chercha distraitement un paquet de cigarettes. Terrell était grand, nerveux ; quand il travaillait, il avait l'air en colère.

— Quelqu'un d'autre que vous est-il au courant de cette histoire ?

— Personne d'autre que vous et moi... Bonne chance, Sam.

— Dites-moi !... cria encore Terrell.

Mais l'inconnu avait raccroché. A son tour, Terrell reposa l'écouteur. Rich Caldwell et Eden Myles, quel drôle de couple ! Caldwell était un idéaliste ; il avait un sens moral aigu et n'était venu à la politique que par devoir, par souci du bien public. Eden Myles était une femme entretenue vivant à la petite semaine. Tour à tour chanteuse, hôtesse, modèle : chaque expérience durait fort peu de temps. De même son concubinage avec Frankie Chance n'avait pas traîné plus d'une lune...

— Ollie ? demanda Sam au petit vieux qui occupait le bureau voisin. Que penses-tu de Caldwell ? J'avais à l'appareil un type qui essayait de baver sur lui.

— Caldwell a renoncé à une carrière juridique extrêmement lucrative pour tenter de devenir maire de cette foutue ville, répondit Ollie Wheeler. Mais il a autant de jugeote politique qu'une cheftaine... Vous croyez que des caïds comme Ike Cellars, comme Ticknor vont laisser échapper l'assiette au beurre ?

— Vous n'êtes qu'un cynique...

— Dites plutôt que je sais voir un peu plus loin que le bout de mon nez.

Terrell sourit, se renversa sur le dossier de son fauteuil et alluma sa cigarette. Eden Myles et Richard Caldwell... La tension était tombée dans la salle : la première édition était en route. Les reporters, les rédacteurs traversaient lentement la longue salle, se rendant aux toilettes ou aux distributeurs d'eau glacée. De sa place, Terrell apercevait la section de rewriting et l'immense bureau vitré, celui du rédacteur en chef, Mike Karsh, qui commandait les deux branches en « L » de l'étage. Pendant huit ans, Terrell avait travaillé dans l'enfer de cette salle de rédaction : puis, un beau jour, Mike Karsh l'avait fait appeler pour lui dire qu'il lui confiait la colonne du vieux Kehoe, puisque Kehoe n'allait pas tarder à prendre sa retraite et à se retirer à la campagne pour y élever des poulets. Terrell se souvint de Karsh dans son bureau, suprêmement élégant comme toujours...

— Une petite surface de papier blanc en page trois, avait dit Karsh en le fixant brusquement de son regard pénétrant. Mais si vous multipliez cette surface par un demi-million (notre tirage actuel), vous avez à votre disposition toute l'étendue du ciel. Je pense que vous allez me faire du bon travail — je le veux ! vous connaissez déjà les difficultés de notre métier...

— Vous avez été le premier à me les apprendre, Mike...

Leurs relations demeuraient empreintes d'une confiance réciproque. Aujourd'hui encore, en jetant un coup d'œil par-dessus son épaule vers le bureau tout en vitres de Karsh, Terrell sentit qu'il conservait toujours à son chef la même admiration, un sentiment assez comparable à celui qu'éprouve un jeune garçon pour son héros favori. Terrell aurait voulu connaître l'opinion de Karsh sur ce tuyau qu'il venait de recevoir : mais, il le savait, Karsh était actuellement en conférence.

Terrell attrapa son chapeau et son manteau, prévint la standardiste qu'il s'en allait et sauta dans un taxi en donnant l'adresse de l'hôtel Vanderbilt.

***

Le Quartier Général électoral de Caldwell était installé au troisième étage dans une salle des fêtes encore parée des lampions du bal précédent. Une douzaine de jeunes étudiantes étaient assises à des tables et distribuaient généreusement des prospectus, des insignes à épingler au revers du veston et des affichettes adhésives pour les pare-brise de voitures.

Un immense agrandissement photographique de Caldwell tapissait le mur à chaque extrémité de la salle : son sourire réfléchi s'abaissait sur ses partisans bénévoles en pull-over qui s'affairaient avec un zèle et une activité qui semblaient inépuisables. Caldwell était un homme de belle allure, de quarante-cinq ou quarante-sept ans, aux traits réguliers, au menton solide, au regard doux et intelligent. Peut-être aurait-on pu choisir une meilleure photo, songea Terrell, une image moins passe-partout, quelque chose de plus personnel. Les conseillers de Caldwell étaient fort distingués, mais très certainement des amateurs. Trop peu soucieux de technique électorale. Trop complètement acquis à Caldwell pour imaginer qu'ils avaient un effort à faire s'ils voulaient l'imposer aux électeurs.

Une des jeunes filles vint à Terrell pour lui offrir un insigne, mais il l'arrêta d'un geste de la main. Il se présenta et dit qu'il désirait avoir un entretien avec Caldwell.

— M. Caldwell reçoit actuellement quelques personnes. Veuillez patienter quelques instants. Je suis sûre que M. Sarnac sera enchanté de vous rencontrer : M. Sarnac est notre attaché de presse.

Elle se précipita, sa chevelure en queue de cheval virevoltant de satisfaction.

Quelques instants après, apparut un petit homme vêtu d'un complet gris qui semblait trop grand pour lui et portant des lunettes sans monture. Il traversa la salle à toute vitesse, et fonça sur Terrell. Ils se présentèrent. Sarnac prit Terrell par le bras et l'entraîna dans son bureau.

— Que puis-je pour vous, monsieur Terrell ? Asseyez-vous, je vous prie.

Il lui désignait une chaise très prolétarienne, que Terrell ignora.

— Je ne désire qu'une chose : avoir une conversation en tête-à-tête avec M. Caldwell.

Il était évident que Sarnac avait le souci de donner toute satisfaction à ces messieurs de la presse.

— Bien sûr. C'est très facile. Il n'y a certainement aucun obstacle à ce que vous rencontriez M. Caldwell. Il est très occupé, mais soyez sûr...

— Puis-je vous demander quel est votre rôle dans cette organisation ?

Sarnac parut déconcerté par la question.

— Moi ? Eh bien... Eh bien, je suis le secrétaire de presse de M. Caldwell.

— Êtes-vous appointé par lui ?

— Non ! Je suis professeur à l'Union Collège. Je suis en congé, précisa-t-il, apparemment gêné par cet interrogatoire. Je croyais que vous désiriez parler à M. Caldwell...

— Je vais sans doute l'importuner... fit Terrell, manœuvrant délibérément pour désarçonner Sarnac. Bon. Eh bien, parlez-moi maintenant d'Eden Myles. Je sais qu'elle a une liaison avec Caldwell. Mais j'aimerais que vous m'en disiez un peu plus long.

Sarnac était épouvanté.

— Je me demande comment vous avez pu recueillir un tel ragot, un ragot aussi absurde ! En tout cas, je peux vous assurer que c'est complètement faux !

Terrell acquiesça d'un air pensif. Puis il répéta :

— Alors, dites-moi donc dans combien de temps je pourrai rencontrer Caldwell.

Sarnac eut une courte hésitation, puis répondit :

— Oui. Attendez-moi un moment, ajouta-t-il après une autre seconde de réflexion.

Il quitta le bureau. Cinq minutes après, il revenait, suivi de Caldwell. Caldwell ressemblait à sa photo officielle : mais, en chair et en os, il avait plutôt l'allure d'un caissier principal de banque, ou encore du courtier d'assurance sur la vie, expérimenté et persuasif, tel qu'on en voit sur les dépliants publicitaires.

Un peu nerveux, Sarnac présenta Terrell à Caldwell, puis s'éclipsa discrètement, comme manifestement, il en avait été convenu avec son patron.

— Monsieur Terrell, commença Caldwell, verriez-vous un inconvénient à me dire par quel canal cette information vous est parvenue ? Sarnac vient seulement de m'en prévenir et je...

— Je ne peux pas vous le dire. D'ailleurs, si cette information est inexacte, tout cela est pour vous sans importance.

Caldwell était manifestement ennuyé. Son visage était très pâle ; des gouttelettes de sueur perlaient sur sa lèvre supérieure.

— C'est une affaire très grave, continua-t-il. Puis-je vous en entretenir à titre personnel, en ayant votre promesse que rien de ce que je vous dirai ne sera publié ?

— Non. Je ne promets rien. Je ne suis pas un barman, ni un chauffeur de taxi. Je n'écoute pas les confidences par curiosité ou pour le plaisir. Je suis reporter. J'utilise tout ce qui me tombe dans le creux de l'oreille... Vous m'annoncez que vous allez me dire la vérité, mais en même temps vous me priez de ne pas la publier dans mon journal, alors ?... C'est bien ça que vous proposez, n'est-ce pas ?

— Non, ce n'est pas ce que j'ai voulu dire, protesta Caldwell. Je comprends votre point de vue. Je n'insiste pas ; ce n'est pas la peine.

Terrell eut un petit sourire.

— Voilà une solution : persuadez-moi que j'aurai une meilleure provende en attendant quelques jours. Dans ce cas, je me tais et je patiente.

— D'accord. Je suis en mesure de vous convaincre, répliqua Caldwell. (Une impression d'honnêteté, de franchise, de courage se dégageait incontestablement de lui quand il parlait.) Je vous promets de tout vous dire, de vous donner tous les détails. Vous vous rendrez compte que l'anecdote est loin d'être finie. Au contraire, tout l'intérêt de l'affaire est dans son développement à venir. Asseyez-vous, je vous prie.

Caldwell s'éclaircit la gorge, jeta un coup d'œil vers la porte située dans le dos de Terrell. Puis il poursuivit :

— Eden Myles nous a appelés au téléphone voici six semaines. Elle possédait des informations intéressantes sur la présente administration municipale, le maire Ticknor et Ike Cellars. Elle désirait nous les communiquer. Sarnac convint d'une rencontre entre elle et moi dans un petit salon de l'hôtel Armbruster. Et après celle-ci, il y eut encore cinq autres rencontres.

— L'avez-vous rencontrée en tête-à-tète ?

— Chaque fois que j'ai reçu Eden Myles, plusieurs témoins (hommes et femmes de parfaite réputation) ont assisté à l'entretien. D'ailleurs toutes les paroles prononcées au cours de ces six rencontres ont été enregistrées sur magnétophone.

— Eden Myles vous a-t-elle demandé de l'argent en rémunération de ses *tuyaux* ?

— Non. Je pense seulement qu'elle voulait assouvir une vengeance. J'ai compris qu'elle s'était brouillée avec son ami *en titre*, un dénommé Frankie Chance. Ce garçon travaille pour le compte d'Ike Cellars. Eden avait un compte à régler avec eux.

— Quel genre d'informations vous a-t-elle communiquées ? Valaient-elles quelque chose ?

— Au début, c'était sans intérêt. Mais tout dernièrement, elle nous a appris des choses assez curieuses. Par exemple qu'Ike Cellars contrôlait les bandes de racketteurs de la ville, que Ticknor avait dû ses dernières réélections à des inscriptions frauduleuses sur les registres électoraux dans les quartiers des quais, qu'il y a de nombreux cas de corruption dans les hauts postes de l'administration municipale.

Terrell se leva.

— Nous avons conclu un pacte. Cela m'étonnerait que cette fille puisse vous apporter des preuves. Mais dans l'affirmative, je marche ! Prenez au passage ce conseil tout à fait gratuit : méfiez-vous des pièges !

— Nous ne sommes pas des enfants de chœur.

La main sur la poignée de la porte, Terrell s'arrêta et se retourna. Tout cela va vous mener à quoi ? demanda-t-il d'un ton rogue.

— A ceci que je veux vivre dans une ville propre... A prendre les choses par la négative, je ne veux plus vivre sous la tyrannie du tandem Ike Cellars-Shaw Ticknor, responsable de la dégradation des mœurs de notre collectivité. Je ne veux pas que mes enfants, que les enfants de mes concitoyens grandissent dans le mépris des vertus traditionnelles, et avec l'idée que l'honnêteté et le travail ne sont jamais pris en considération par les représentants de la puissance publique.

— Vous n'attirerez pas beaucoup d'électeurs avec un programme comme celui-là, déclara Terrell. Vous agitez le drapeau du 4 Juillet, vous envisagez d'interdire l'installation de fumerie d'opium dans les écoles primaires...

Caldwell sourit.

— Mais oui... C'est ça !

2

La résidence Gray Gates où habitait Eden Myles était constituée par des immeubles neufs, très luxueux et certainement très chers.

Terrell frappa à la porte d'Eden Myles. Une fille blonde lui ouvrit. Elle était vêtue d'un short d'été, blanc, très court, et d'une chemise jaune d'un style plutôt masculin. Elle lui adressa un charmant sourire.

— Vous désirez parler à Eden, je pense. Je m'appelle Connie Blacker. Je viens d'arriver hier soir.

Elle était magnifiquement bronzée ; sa chevelure était par endroits décolorée par le soleil.

Terrell demanda :

— Eden n'est pas là ? A quelle heure doit-elle revenir ?

— Je ne sais pas. Je dormais encore quand elle est partie.

A ce moment précis, il entendit des claquements de hauts talons dans le vestibule d'entrée et Connie annonça :

— Ah ! La voilà !

Eden Myles s'arrêta un instant sur le seuil de la porte d'entrée, puis s'avança lentement dans l'appartement sans quitter Terrell des yeux.

— Bonjour, Eden ! dit-il.

— Sam ! Qu'est-ce que tu veux ? demanda-t-elle, interrogeant Connie du regard, les yeux plissés par une vague inquiétude. Qu'est-ce qu'il a à venir rôder par ici ?

Connie répondit pour se défendre :

— J'avais l'impression que vous étiez amis.

— Les journalistes sont un cran au-dessous des flics dans la hiérarchie sociale, déclara-t-elle. (Son irritation la faisait se dresser de toute sa taille devant l'encadrement de la porte, mettant ainsi en valeur sa silhouette élancée de modèle haute-couture.) En définitive, que veux-tu, Sam ?

— Pourquoi rencontres-tu Caldwell, Eden ? Voilà ce que je veux te demander.

Eden le fixa à nouveau, puis répliqua :

— Tu veux ficher le camp ? J'ai du travail à faire.

Terrell haussa les épaules.

— D'accord, Eden, si c'est comme ça que tu prends les choses... (Il la considéra pendant une ou deux secondes, puis secoua lentement la tête.) Tu es une belle femme, très élégante, adorable... Mais quand Ike Cellars se doutera de tes bavardages, tu n'en auras pas pour longtemps à te regarder dans la glace. As-tu réfléchi à cela ?

Brusquement elle apparut épuisée, écrasée : les fards et les crèmes de beauté étaient devenus d'un seul coup impuissants à masquer la terreur qui avait envahi son visage.

— Excuse-moi, dit-elle. Ne pourrais-tu pas rejouer la scène sur un autre registre ?

— On peut essayer.

Eden alla s'asseoir sur un divan profond, recouvert de drap jaune, et croisa les pieds.

— Oui, j'ai été voir Caldwell. J'avais un compte à régler avec Frankie Chance depuis que... Bon ! Inutile d'entrer dans ces détails... Je sais : c'était idiot de m'embarquer dans une histoire comme celle-là... Mais après avoir commencé, je n'ai pas eu de regrets : Caldwell est un grand bonhomme. Un type honnête, franc. Épatant. Vraiment, c'est un gars qui me plaît. C'est drôle : mais j'ai du respect pour lui, et je tiens à ce qu'il ait bonne opinion de moi. Je peux même te dire : je me moque de ce qu'Ike Cellars peut me faire. J'ai l'intention de continuer. Ike Cellars ne me fermera pas la bouche, Sam !

— Eden, dis-moi encore un mot, demanda Terrell. As-tu vraiment quelque chose de précis, de sérieux à communiquer au parti de l'opposition ? Des bavardages, des suppositions ne feront aucun mal à des gens comme Cellars ou Ticknor...

— J'ai en réserve des choses qui leur feront mal !

— Quoi ?

— J'en réserve la primeur à Caldwell. Il en fera ce qu'il voudra.

Terrell demeura quelque temps silencieux, puis il déclara :

— Je vous souhaite bonne chance à tous les deux ! Tu mérites une décoration, Eden. Je pense que tu ne l'auras jamais, mais tu la mérites.

Terrell adressa un sourire à Connie et prit congé. En quittant l'immeuble, il se sentait déprimé et de mauvaise humeur. Tout cela, c'était moche. Des révélations sensationnelles inspirées par la vengeance que relayait ensuite le sens du devoir et l'amour de la vertu. Eden agissait à la manière des héroïnes de l'écran — et avec une précipitation absurde.

Mais qui allait payer les pots cassés ?

Terrell revint au journal en taxi et déjeuna rapidement à son bureau en jetant sur le papier une première esquisse de son article du lendemain. Quand il l'eut mis en forme, il se rendit dans le box vitré de Mike Karsh pour recueillir sa première réaction au récit de l'histoire Caldwell. Karsh ne donna pas dans la version d'Eden Myles inspirée par la vengeance et toute bourgeonnante de bons sentiments : mais il exprima l'opinion que Terrell était sur une bonne piste.

***

Le soir même, Terrell téléphona à Connie Blacker pour tenter de l'inviter à dîner : ce fut en vain. Il mangea donc tout seul en vitesse et revint au journal.

A dix heures trente, le vestibule du journal était obscur : Terrell dut frapper aux lourdes portes vitrées pour se faire ouvrir par un gardien. Dix heures trente, c'était un temps mort : la prochaine édition, la spéciale de nuit, ne tombait pas avant une heure du matin.

Un effectif squelettique occupait la salle de rédaction des nouvelles locales : chacun avait sa tasse de café et les cigarettes posées en équilibre sur les cendriers brûlaient toutes seules. Les gros projecteurs placés au-dessus de l'horloge électrique faisaient un halo autour du petit groupe qui assurait la permanence à proximité du haut-parleur en ligne directe avec la Police.

Le responsable de l'équipe était Bill Mooney, un des vétérans des reporters spécialistes des nouvelles locales. Quand Sam parut, Mooney lui demanda :

— Une tasse de café, Sam ? C'est Prince qui l'a fait. Je crois bien qu'on ne le paie que pour cela...

Prince était un jeune garçon, de santé apparemment resplendissante, qui avait un diplôme de journalisme de l'Université de l'Iowa. Mooney n'avait rien contre sa jeunesse et sa bonne mine, mais il ne lui pardonnait pas son diplôme.

— Je vous apporte une tasse, monsieur Terrell, confirma aussitôt le jeune homme.

— Ne vous tracassez pas : je ne fais que passer.

Ollie Wheeler — Terrell le remarqua — était installé hors du cercle lumineux. Il avait gardé son pardessus et il avait posé les pieds sur la corbeille à papiers.

Mooney dit à Prince :

— Surveillez bien la radio. Ne laissez rien passer. Les incendies sont annoncés par une cloche et une forte odeur de feu de bois. Je m'absente un instant.

Il avait à peine disparu dans l'ombre de l'immense salle que le haut-parleur en liaison directe avec la Police se fit entendre. Une voix impersonnelle annonça que le sergent de garde pour le Seizième District se dirigeait vers un immeuble situé Manor Lane. Quelques secondes après, c'était une ambulance qui filait vers cette même adresse.

Prince déclara à la cantonade :

— C'est râlant d'être traité comme un crétin dans une sale baraque...

Terrell lui fit signe de la main :

— Tais-toi. Écoute.

Wheeler s'approcha, fronçant le sourcil. Il se pencha et posa l'oreille contre le haut-parleur.

— A-t-il dit 224, Manor Lane ?

— Je crois que oui, fit Terrell.

Dans le silence qui suivit, Prince continua :

— Mooney me juge incapable de faire un papier. Il ne se rend pas compte qu'au Collège...

— Pour l'amour de Dieu, tais-toi ! fit Wheeler. Ils viennent d'envoyer une ambulance au 224, Manor Lane : c'est le domicile de Richard Caldwell.

— Va chercher Mooney, dit Terrell à Prince. Ollie, tu ferais bien d'appeler d'abord le Seizième

District pour le cas où ils auraient déjà quelque chose à te dire.

Il attrapa l'annuaire du téléphone puis se souvint que la maison de Manor Lane n'appartenait pas à Caldwell mais à un de ses amis actuellement en Europe. Caldwell habitait la banlieue, mais il couchait chez son ami chaque fois qu'une conférence ou une réunion électorale le retenait tard en ville.

— Ollie, quel est le nom de l'ami de Caldwell — du propriétaire de la maison de Manor Lane ?

— Une minute ! fit Ollie avec un geste pour imposer le silence, déjà en ligne avec le Seizième District. Sarge, ici Ollie Wheeler de *L'Appel*. Dites-moi, qu'est-ce qui se passe ? Nous avons entendu que vous avez envoyé une ambulance au domicile de Caldwell. Écoutez, ne coupez pas... Juste un mot, Sarge : vous êtes un vieux copain. Bien sûr, je ne quitte pas. J'attends... (Il mit la main sur le parleur du téléphone et leva la tête vers Terrell.) Quel trouillard ! Dis donc : c'est une grosse histoire, Sam. Alors, qu'est-ce que tu me demandais ? Ah ! oui ! Le nom de l'ami de Caldwell qui habite Manor Lane ? J. Bellamy Sims.

— C'est ça.

Terrell feuilleta en vitesse l'annuaire, trouva le numéro et le composa immédiatement sur le cadran. Une voix lui répondit avec beaucoup de précautions.

— Qui est à l'appareil ? demanda Terrell. Je voudrais parler à Rich Caldwell.

— Ce n'est pas possible... Qui le demande ? ajouta-t-on après un silence.

— Je suis Sam Terrell de *L'Appel*. Où peut-on joindre Caldwell ?

— Eh bien, je ne peux rien vous dire. Il faudrait que vous voyez les inspecteurs de police.

Sam hurla :

— Ne coupez pas ! Êtes-vous un flic ?

— Je suis Paddy Coglan, du Seizième District.

— Ne coupez pas ! Non ! Êtes-vous seul là-bas ? Donnez-moi un tuyau, Paddy : qu'est-ce qu'il se passe ?

— Je descendais l'avenue quand j'ai vu un type qui sortait en courant de la porte de l'immeuble où habite Caldwell, dit Coglan d'une voix tendue, confidentielle. Je l'ai pris en chasse sans pouvoir le rejoindre. Alors je suis revenu à la maison de Caldwell : la porte était ouverte, l'électricité brûlait dans la première pièce. Il était... (Coglan prit sa respiration.) Voilà le capitaine, Sam : je suis obligé de couper.

Un déclic, ce fut tout.

Terrell reposa le combiné et se retourna vers Wheeler qui était encore en ligne avec le sergent de garde du Seizième.

— Merci. Merci beaucoup, Sarge, concluait de dernier en se levant. Bien sûr, bien sûr. Merci.

Il raccrocha à son tour et regarda Terrell.

— Il faut que Mooney appelle Karsh et qu'il emmène avec lui quelques rédacteurs et photographes. Il y a une fille assassinée chez Caldwell. Et Caldwell est ivre mort.

— Qui est la fille ? Eden Myles ?

— T'as gagné le gros lot, Sam ! C'est bien Eden Myles. Du moins, c'était elle. Caldwell l'a étranglée.

3

Manor Lane était un des quartiers les plus chics de la ville. Les petits hôtels particuliers, de construction ancienne, n'y avaient pas de prix.

Terrell régla son taxi et se dirigea vers l'agent de police en faction auprès de l'ambulance. Il reconnut le garçon et l'aborda.

— Bonsoir, Jimmy. Ils l'ont déjà emmenée ?

— Bonsoir, Sam. Non, pas encore. Le capitaine Stanko vient d'arriver. Avec un gars de chez vous. Les types du laboratoire anthropométrique n'ont pas fini leur travail. C'est assez moche, d'après ce que je crois.

Terrell dépassa deux voitures de police, monta le perron de l'immeuble, salua un autre agent en faction à la porte et entra. Il se dirigea immédiatement dans le salon où les techniciens en manches de chemise prenaient des mesures et des photos.

Le reporter de *L'Appel* responsable du district, était un dénommé Nelson et il avait une calvitie prononcée. Il était au téléphone, s'exprimant d'une voix couverte et chargée d'émotion. Terrell lui adressa un salut de la tête puis s'éloigna dans un coin plus calme et alluma une cigarette.

Eden Myles était étendue, bras et jambes écartés, au milieu de la pièce. Et Richard Caldwell était tassé dans un profond fauteuil, la tête tombant en avant selon une inclinaison bizarre : il respirait bruyamment et de façon désordonnée, laissant échapper de temps à autre un gémissement inarticulé du fond de sa gorge. Le capitaine Stanko, chef du Seizième District, secouait l'épaule de Caldwell de sa grosse main rougeaude, tandis que le chirurgien officiel examinait l'œil de l'homme inanimé. Un désordre complet régnait dans la pièce. Les techniciens évoluaient avec adresse et efficacité autour des sièges renversés. Terrell reconnut Paddy Coglan, le policier en uniforme qu'il avait eu au téléphone depuis la salle de rédaction de *L'Appel*. Coglan était de petite taille, bâti en force, avec un visage rond, couperosé et une chevelure grise toute crépue. Son regard sautait d'un point de la pièce à l'autre, comme s'il cherchait à se poser quelque part.

— On peut l'évacuer maintenant, annonça un des techniciens au capitaine Stanko.

Evans, l'inspecteur de la Brigade Criminelle se retourna et jeta un regard pensif sur le cadavre de la fille.

Terrell songea qu'elle n'était pas morte aussi élégamment qu'elle avait vécu. La chanteuse, le modèle haute-couture qu'elle avait été, la femme fière de sa mince silhouette, de son allure éblouissante, en était arrivée là... Elle s'était battue avec la fureur du désespoir : sa robe était déchirée pardevant, découvrant une épaule très blanche. Un de ses escarpins avait disparu ; un de ses bas, échappé de la griffe de la jarretière, avait glissé le long de la jambe.

— Emmenez-la, commanda le capitaine Stanko.

Le reporter de *L'Appel* débitait son histoire au téléphone d'une voix basse et discrète. Terrell s'approcha de lui et prêta l'oreille.

— Oui, c'est tout ce que je sais, concluait Nelson. Oui, Caldwell porte des traces de griffures sur le visage. Attendez : oui, j'essaierai d'interroger Stanko dès que ce sera possible. Oui, soyez tranquille : comptez sur moi.

— Gardez la ligne, dit Terrell. Une seule question : que sait-on de l'homme qui s'est sauvé d'ici en courant ? En avez-vous parlé au journal ?

Nelson le regarda d'un air ahuri :

— Première fois que j'entends parler de ça ! Que voulez-vous dire ? Un rôdeur ?

— Un rôdeur ?

C'était le capitaine Stanko qui les avait rejoints. Il les fixa tour à tour en répétant le mot d'une voix étonnée qui cherchait la bagarre. Le capitaine était un homme de haute stature ; son profil semblait sculpté dans un billot de bois ; son regard, irrité, soupçonneux, continuait à aller de l'un à l'autre.

— Vous avez la cervelle un peu chaude. Permettez-moi de vous donner un conseil : ne laissez pas errer votre imagination, n'allez pas vous mettre en quête de points de vue personnels. Je vous donnerai toutes explications utiles pour faire votre reportage.

Nelson raccrocha le combiné qu'il tenait encore à la main et s'empressa de déclarer :

— Je n'invente rien, capitaine : j'attends les informations que vous voudrez bien me donner.

Stanko fixa Terrell :

— Ça vous va ? Ou voulez-vous qu'on bouscule tout à votre intention particulière ?

La pièce était devenue d'un seul coup absolument silencieuse.

— Moi non plus, je n'invente rien, dit Terrell. On a vu un homme s'enfuir de cette maison en courant. Immédiatement après que la fille a appelé au secours. Ça fait partie de l'histoire, capitaine.

Stanko le dévisagea un moment sans qu'aucune expression vint animer son visage aux traits épais.

— *On* a vu ? *Qui* a vu ?

— Votre bonhomme. Celui qui faisait sa ronde. Paddy, n'avez-vous pas dit au capitaine ce que vous m'avez raconté au téléphone ? ajouta Terrell en jetant un regard au policier en uniforme.

Le visage de Coglan était devenu rouge comme une tomate :

— Que voulez-vous dire, Sam ? fit-il d'un air naïf.

Dans la pièce, le silence devint brusquement pénible et comme menaçant. Terrell sentit un frisson lui parcourir le dos. « Vont-ils tenter d'escamoter cela ? songea-t-il. Vont-ils avoir ce toupet ? » Il chercha les yeux fuyants du petit homme et répondit :

— Vous voyez bien ce que je veux dire, Paddy. Il y a moins d'un quart d'heure, vous m'avez annoncé que vous aviez vu un homme s'enfuir en courant de cette maison : vous l'avez poursuivi sans réussir à le rejoindre. Allez-vous changer tout cela maintenant ?

Le regard de l'interpellé échappa à l'emprise de celui de Terrell et alla se poser quelque part derrière le journaliste.

Coglan se borna à répondre tranquillement :

— Je vous ai dit de vous adresser aux inspecteurs, Sam. Je me souviens très bien vous l'avoir dit. Au vrai, j'ai été un peu secoué de découvrir cette fille dans cet état... Vous ne m'avez pas compris, ou bien vous avez confondu avec autre chose.

— C'est évident, il y a eu un malentendu ! décida Stanko d'une voix forte, légèrement ironique.

Terrell ne quittait pas des yeux le visage cramoisi et malheureux de Coglan.

— Encore une fois, Paddy : vous n'avez pas vu d'homme quitter cet immeuble en courant ?

C'est Stanko qui répondit :

— Il vous a déjà dit non.

Terrell eut une hésitation : il réprima un geste trop hâtif. Il connaissait Stanko de réputation — c'était un homme froid, maître de lui, un fonctionnaire scrupuleux, aveuglément soumis aux ordres. Et là, quels pouvaient être les ordres ? Faire apparaître Caldwell comme le responsable du meurtre de la fille ? Éliminer toute autre piste ?

Terrell se décida. Il reprit :

— Capitaine, je me sers de l'information que Coglan m'a fournie spontanément. Je ne sais ce qu'il a vu : mais je sais parfaitement bien ce qu'il m'a dit avoir vu. Et ça, ça paraîtra dans le journal !

— Votre journal cherche la bagarre, répliqua Stanko. Paddy a tenté de mettre les choses au point : il a mal vu ou vous ne l'avez pas compris.

— Ça aussi, ça sera mis noir sur blanc ! annonça Terrell sur un ton sarcastique. Voilà vingt ans qu'il est flic mais la seule vue d'un cadavre lui fait perdre la tête. Les lecteurs vont trouver ça très drôle !

— Sam, dit Coglan presque suppliant, il n'y a pas de raison...

— Tais-toi ! hurla Stanko. Et vous, mettez noir sur blanc ce que vous voulez mais foutez-moi le camp d'ici !

— Les deux versions seront mises sous les yeux des lecteurs, conclut Terrell. La première version de Coglan comme la seconde. Une version par édition... Quand aurons-nous le compte rendu officiel ? Quand monsieur le Maire et quand Ike Cellars auront décidé de leur façon de présenter l'histoire à l'intention du grand public ?

— Foutez le camp ! Foutez le camp avant que je vous jette dehors ! Vous venez ici pour brouiller les cartes, c'est tout ! Bon dieu, attendez un peu et je vais vous apprendre à vivre et à raisonner comme il faut ! Comptez sur moi !

Terrell répliqua, d'un ton volontairement calmé :

— Je ne cherche pas à créer le désordre : je ne cherche que la vérité. Mais ce soir la vérité paraît être baptisée désordre — sans doute pour les besoins de la cause !

Il esquissa un salut et sortit de la pièce.

***

Une fois dehors, Terrell n'avait qu'une idée : trouver un téléphone. A l'angle de la 6e Rue, il y avait un drugstore ouvert de nuit comme de jour : il entra et appela le journal. Wheeler était en train d'écrire le premier reportage sur l'affaire : Terrell lui dit tout ce qu'il savait sur l'affaire Coglan. Puis il se dirigea vers le poste de police du Seizième District.

L'atmosphère était tendue, énervée dans le vieux poste de police urbain. C'était là qu'allait se tenir l'interrogatoire préliminaire. Un magistrat était déjà en route. Caldwell était sous le coup d'une inculpation de meurtre. On l'avait déjà transféré à l'étage supérieur, dans la salle des inspecteurs, pour lui poser quelques questions supplémentaires.

Terrell jeta un regard circulaire sur la salle enfumée : « Quelle comédie ! » songea-t-il. Que pourrait faire une pauvre Justice aux yeux bandés, avançant pas à pas, poussée par un canon de mitraillette au creux des reins.

***

Richard Caldwell fut inculpé de meurtre — la liberté sous caution lui étant d'ailleurs refusée — par un magistrat nommé Seaworth qui écouta la déposition du policier Coglan sans quitter des yeux le visage du prévenu.

Le petit bonhomme de Coglan, quant à lui, récita sa leçon en fixant le bout de ses souliers. Il déclara qu'il avait entendu un cri, qu'il s'était précipité directement vers l'immeuble qui se trouva être celui qu'occupait Caldwell. La porte d'entrée était grande ouverte : il découvrit Caldwell en état d'ivresse et le cadavre de la fille étendue sur le plancher. Il ne parla pas du mystérieux inconnu qu'il aurait rencontré dans l'immeuble ou à proximité.

Après quoi, les choses furent bâclées. Le chirurgien officiel déclara seulement que Caldwell avait bu. Le technicien du laboratoire anthropométrique fit son rapport sur ses constatations. Caldwell s'abstint de toute déclaration. Son avocat renonça à un examen contradictoire. Le juge Seaworth frappa un coup de marteau et rendit son verdict.

Fin de l'acte premier, se dit Terrell en voyant Caldwell conduit par les policiers vers le bloc cellulaire. Le visage de Caldwell demeurait sans expression : il regardait droit devant lui, comme un homme qui sort d'une salle de tortures.

On entendit un cri : « Laissez-moi passer ! » —

une voix haute, furieuse — et un individu se fraya un passage à travers la foule en direction de Caldwell. Le juge Seaworth frappa à nouveau un coup de marteau mais l'homme s'ouvrit le chemin à coups d'épaule. Il expédia un violent coup de poing au visage de Caldwell et lui fendit la lèvre. Un agent de police ceintura l'agresseur par-derrière, lui immobilisant les bras. De partout les flashes éclatèrent. Terrell reconnut Frankie Chance, l'ancien ami d'Eden Myles.

Chance était grand et mince. Sa chevelure noire était ondulée et ses yeux bruns aussi doux que ceux d'un enfant. Il se débattait comme un fou entre les mains du flic énorme qui le maintenait.

— Tu l'as tuée ! hurlait-il. Tu l'as tuée parce qu'elle ne voulait pas que tu la touches, parce que tu n'es pas le quart d'un homme ! Ils vont te ficeler sur la chaise électrique et alors...

— Qu'on fasse sortir cet homme ! ordonna le juge Seaworth d'une voix puissante. C'est ici un tribunal, ce n'est pas un...

Et il bredouilla en cherchant le mot.

Terrell réussit à traverser la foule et à atteindre le téléphone public qui se trouvait dans le hall. Il appela Wheeler et lui donna une idée de ce qui se passait, sans oublier de mentionner l'attaque de Frankie Chance contre Caldwell. Quand il eut fini, Wheeler répondit :

— Intéressant, tout ça. Maintenant, je te transmets un message qui te concerne personnellement. Karsh veut te voir. Il y a un mic-mac à propos de ce rôdeur que Paddy a vu ou n'a pas vu. Le Surintendant a appelé Karsh à ce sujet, et Stanko également. Ils ont déclaré tous les deux que tu n'étais pas tout à fait dans ton assiette. Par ailleurs, Coglan ne s'est pas rendu compte des conséquences possibles de certaines de ses paroles. Williams dit qu'il a la réputation d'être un peu bizarre...

— Alors ? Qu'est-ce qui s'est passé ?

— Karsh a supprimé le paragraphe concernant le rôdeur... au dernier moment... répondit Wheeler. Et puis, il serait content de s'en entretenir avec toi.

Terrell poussa un soupir et se gratta le crâne.

— Très bien... Ainsi on supprime à Caldwell la dernière chance de s'en tirer. C'est véritablement la corde autour du cou. (Le dégoût qu'il éprouvait était perceptible dans sa voix.) Dis à Karsh que j'arrive, conclut-il tristement avant de raccrocher.

4

Karsh était assis à son bureau. Il vissa une cigarette dans son fume-cigarette habituel puis leva les yeux sur Terrell.

— Alors, c'est un guet-apens ? demanda-t-il. Grossier, maladroit, manifeste — mais efficace. Il y a une leçon à tirer de tout cela. Si vous voulez vous débarrasser d'un homme, frappez-le avec un couteau de boucher et, après, allez vous occuper de vos affaires... Assieds-toi, Sam.

— Qu'est-ce qu'on fait maintenant ?

— On va sauver la tête de Richard Caldwell. C'est une des plus belles histoires que j'aie jamais approchée. Je gagnerai ! Je gagnerai complètement... Maintenant, revenons un peu en arrière. Dis-moi très exactement ce que Coglan t'a raconté — c'est-à-dire sa première version.

Terrell fit un compte rendu très précis de ce qu'il avait entendu et vu au cours de la soirée. Puis il ajouta :

— C'est peut-être en dehors du sujet, mais pourquoi, au nom du Ciel, avez-vous rejeté ma version ?

— Parce que je ne veux pas gaspiller mes munitions sur des comparses comme Coglan et Stanko. Je veux savoir qui a payé le tueur. Je veux retrouver le tueur. Tu sais, mon gars, ça, c'est une grosse affaire ! Elle peut bouleverser l'existence de cet État. Elle peut secouer de leur confortable perchoir un millier de politiciens ou administrateurs véreux — et parmi eux des types comme Ike Cellars ou notre bien-aimé maire, ce gros lard...

A partir de ce moment, Terrell fut rassuré : Caldwell avait sa chance si le journal se battait pour lui.

— Pour une fois, Mike, nous allons combattre avec les anges ! dit-il.

— Fais pas l'innocent ! répliqua sèchement Karsh. Je veux gagner pour des raisons pratiques, égoïstes. Je ne sacrifie rien à la moralité publique... En ce qui te concerne, ton boulot est de trouver le tueur. Occupe-toi de ça et de rien d'autre. Tiens-moi au courant. Vas-y en douceur. Pas de hâte intempestive. (Du dos de la main, il fit une sorte de caresse le long du bras de Terrell.) Après tout, je me moque bien de ce qu'ils feront de Caldwell : mais ça me ferait de la peine que tu te fasses trouer la paillasse... Allons-y. Au travail !

***

Terrell sortit dans la rue et appela un taxi. Il voulait retourner à Gray Gates dans l'espoir de pouvoir parler à Connie avant tout autre.

Elle lui ouvrit la porte : il comprit immédiatement qu'elle avait tout appris : la panique était dans sa voix.

— Comment avez-vous su ? demanda-t-il calmement.

— Un ami d'Eden. (Elle se passa la langue sur les lèvres.) Un ami d'Eden m'a appelé au téléphone.

— La police est-elle venue ?

— Oui, un inspecteur. Il m'a dit qu'il voulait

savoir qui prévenir. Je lui ai donné l'adresse de la mère d'Eden. Un reporter et un photographe sont venus peu après. Ils recherchaient des photos d'Eden, des photos de moi, de l'appartement...

— A vrai dire, ce n'est pas très agréable...

— Je ne pensais à rien. Je ne pensais qu'à elle, dit-elle en marchant de long en large, et tirant nerveusement sur sa cigarette. Eden savait tant de choses, Eden travaillait si dur : et d'un seul coup, tout est fini ! Soufflé comme une chandelle... Savez-vous : elle m'a trouvé un job — grâce à elle, je chante au Mansions... Je ne peux supporter aucune pièce de cet appartement : tout est tellement vivant de sa présence — toutes ses affaires sont là, ses chaussures, ses robes...

— Faites-vous une raison... conseilla Terrell.

— Et pourtant, ce drame n'aurait pas dû me prendre tout à fait au dépourvu...

— Vraiment ? Pourquoi donc ?

Connie s'assit au bord du divan. Elle portait un pyjama et une robe de chambre bleue ; elle semblait très fatiguée, pitoyable.

— Elle craignait quelque chose. Je suis sûre qu'il y a une relation entre cette peur et son métier. Hier soir, un homme est venu ici : il voulait lui parler. Elle avait vraiment peur de lui. Elle refusait de partir avec lui : mais il a insisté...

— Qui est cet homme ?

— Vous me demandez d'enfreindre le onzième commandement. Garde tes lèvres closes.

Terrell réfléchit une seconde puis reprit :

— Tenez vos promesses si vous voulez, mais une chose est certaine : l'homme qui a tué Eden est libre, tandis qu'un innocent est sous les verrous.

— Bien entendu, vous voulez que je vous raconte tout. C'est votre métier. Vous aurez de l'avancement et le patron vous donnera une bonne tape sur l'épaule. Mais je ne vais pas me faire tordre le cou pour l'amour de vous !

Terrell s'assit à côté d'elle :

— Pour l'amour de Dieu, oubliez ma petite personne ! Un innocent risque d'être condamné à mort... et c'est pour cela que vous devez prendre un risque. De toute façon, vous serez protégée. Ayez confiance en moi : j'y veillerai personnellement.

Le téléphone se mit à sonner. Elle se dressa nerveusement, l'air coupable, traversa vivement la pièce et saisit l'appareil. Terrell alluma une cigarette : mais il surveillait attentivement les yeux de la jeune femme. De fait le discours qu'on lui tint les fit changer d'expression. « Oui, oui... » disait-elle, puis elle se bornait à écouter pendant quelques secondes. Enfin elle prononça :

— Oui. D'accord. J'ai compris.

Et elle reposa lentement le combiné. Son visage était très pâle.

— Qu'est-ce que c'est ? demanda Terrell.

— Un de mes amis.

Terrell lui prit la main.

— Vous êtes glacée, dit-il. Qu'est-ce qu'il vous a raconté ? De vous taire ? De vous tenir tranquille ?

— Quelque chose comme ça, dit-elle en libérant sa main. Mais vous, pourquoi n'allez-vous pas parler à la police ? La police est payée pour rechercher les assassins. Moi, je suis payée pour chanter dans un cabaret.

— J'ai l'impression que c'est vous qui n'allez pas tarder à avoir de l'avancement, répliqua-t-il d'un ton très calme.

Elle lui jeta un regard. Son expression demeurait méfiante et gênée.

— Ne prenez pas la peine de me filer. J'ai la frousse ; croyez-vous que j'essaie de le cacher ?

— J'aurais la frousse, moi aussi, si j'étais dans vos bottes, confirma Terrell. Je ne vous file pas. Je n'ai aucune idée préconçue. Je ne suis qu'un journaliste qui fait son travail. Si vous changez d'avis, vous pouvez toujours me joindre au journal. Veuillez vous en souvenir.

— Pas la peine, dit-elle.

— Et pourtant... Rappelez-vous Caldwell, conclut-il en se levant. Pour lui, c'est l'anéantissement de ses espoirs politiques, la perte de sa réputation, de celle de sa famille. Il risque tout, même sa vie ! Et cependant il n'est pas plus coupable que vous ou moi. Pensez à Caldwell quand vous chanterez des chansons de jeunesse devant ces vieux ivrognes au crâne chauve dans le tripot d'Ike Cellars.

— Laissez-moi tranquille à la fin, s'écria-t-elle au bord des larmes.

Il poussa un soupir, ramassa son chapeau et se dirigea vers la porte.

— Rappelez-vous que si vous avez besoin de moi, vous pouvez toujours me joindre au journal.

5

A neuf heures trente du matin, Terrell frappa à la porte d'une maison de construction ancienne dans un quartier médiocre de la ville. Une femme aux cheveux gris lui ouvrit : derrière des lunettes sans monture, son regard semblait vaguement inquiet.

— Qu'est-ce que c'est ? demanda-t-elle en essuyant ses mains sur un tablier bleu décoloré. Oui, que voulez-vous ?

— Je m'appelle Terrell, madame Coglan. Je suis Sam Terrell, reporter à *L'Appel*.

— Je suppose que vous désirez parler à mon mari. Il n'est pas là actuellement. Il est en voyage.

— Oui, je sais, fit Terrell. Je suis d'abord passé au District et le sergent McManus m'a dit que Paddy avait décidé de prendre dès maintenant une partie de son congé.

— Oui, il a voulu utiliser le congé auquel il a droit avant de prendre sa retraite, expliqua Mme Coglan. Son droit à la retraite s'ouvre dans quelques semaines.

— Il a eu bien raison, fit Terrell en lui souriant. Pas la peine d'en faire cadeau à l'administration municipale !

— C'est exactement ce que je lui ai dit.

— Vous pouvez me rendre le service que j'allais lui demander, reprit Terrell. Nous faisons, dans l'édition spéciale de dimanche prochain, un résumé de toute l'affaire Caldwell. J'ai besoin de quelque chose sur Paddy, une photo, un petit bout de biographie, vous voyez ce que je veux dire...

— Je peux vous trouver une photo de lui...

Terrell ôta poliment son chapeau et suivit la vieille femme dans la salle de séjour, une pièce meublée simplement mais parfaitement entretenue où flottait une odeur légère de cire.

— Asseyez-vous, je vous en prie... Et excusez ce désordre, je n'ai pas encore fait mon ménage dans les pièces du devant.

— De fait, quel jour votre mari est-il parti ? demanda Terrell comme par hasard.

— Hier matin, vers huit heures, si je me souviens bien. Il y a longtemps qu'il pensait à ce voyage, voyez-vous. Ce n'est pas une décision subite...

— J'en suis tout à fait convaincu, opina Terrell sérieusement.

— Il y aura sûrement des gens pour trouver curieux qu'il s'absente aussitôt après avoir témoigné contre M. Caldwell.

— On n'a pas besoin de Paddy jusqu'à l'audience du Grand Jury. Il n'y avait donc aucune raison pour qu'il renonce à son voyage. Où a-t-il été ?

— Eh bien, il est parti rendre visite à des parents

dans l'Indiana. Deux de ses sœurs habitent par là. (Mme Coglan frotta à nouveau ses mains sur le tablier.) Attendez... Je vais aller vous chercher quelques photos.

— En cas de besoin, me serait-il possible de prendre contact avec lui ? demanda Terrell. Par exemple s'il me fallait vérifier une date ou un point précis ?

— Ce serait pas facile. Il est sur la route, voyez-vous, déclara Mme Coglan en fixant un point imaginaire sur le mur derrière Terrell. Il fait l'école buissonnière, il prend son temps. Non, je ne pense pas que ce soit possible...

— Tant pis. Ça n'a pas grande importance.

— Je vais chercher les photos. Vous pourrez faire votre choix.

Elle monta l'escalier. Terrell en profita pour examiner la pièce, sûr d'être sur la bonne piste, le système nerveux en alerte. On avait ordonné à Paddy Coglan de vider les lieux. On lui avait recommandé de rester à l'écart jusqu'après les élections municipales. Son mensonge avait anéanti le dernier espoir de Caldwell et maintenant on le plaçait en sûreté loin des avocats de l'accusé et des journalistes trop curieux.

La pièce ne lui apprit rien : elle était nette et banale. Il ne voyait même pas ce qu'il pouvait en attendre — une lettre ou une carte postale, peut-être, avec l'adresse de l'expéditeur. Il examina les étagères accrochées de part et d'autre de la fausse cheminée, déplaça la douzaine de livres qui y étaient rangés. Il reprit sa place dans son fauteuil en entendant Mme Coglan redescendre l'escalier. Elle apportait une volumineuse boîte de carton que Terrell l'aida à poser sur la table à café.

— Tenez ! Voilà ! Je garde toujours tout, dit-elle. Coupures de journaux, ordres de mutation, lettres de la Caisse de Retraites... Voilà les photos : vous allez trouver ce que vous voulez dans ce tas...

— Certainement !

Il s'assit sur le sofa et commença à examiner une à une toutes les photographies de Paddy Coglan.

— C'est un homme consciencieux, je me permets de le dire ! commenta Mme Coglan, la voix douce et l'expression tendre. De temps en temps, il boit un coup. Mais, devant Dieu qui me juge, c'est sa seule faiblesse. Voyez-vous, jamais de sa vie il n'a fait un geste pour obtenir une faveur ou quoi que ce soit de ce genre. Seulement, il boit...

— Ce n'est pas un crime de prendre une petite goutte de temps à autre.

— Bien sûr que non. Mais quand on est de ronde, ce n'est pas la même chose... Le capitaine Stanko disait... Mais je vous ennuie avec mon bavardage...

— Pas du tout... Mais me permettez-vous d'utiliser votre téléphone ? J'ai à reprendre contact avec mon bureau au journal.

— Exactement comme dans la Police ! acquiesça Mme Coglan. Il faut toujours reprendre contact. Le téléphone est dans la salle à manger.

Terrell la suivit dans la salle à manger dont elle alluma le lustre. Le téléphone était posé sur une étagère.

Terrell composa le numéro des prévisions météorologiques : toutes les quinze secondes le disque lui donna la situation météorologique. Il approuvait de la tête et il prononçait d'instant en instant :

— Oui, oui... D'accord... Je note...

Mme Coglan finit par déclarer :

— Je vais dans ma cuisine... Si vous avez besoin de moi...

Et elle ferma la porte derrière elle.

Après lui avoir envoyé un sourire, il poursuivit sa pseudo-conversation téléphonique. Mais dès que le bruit des pas de la femme eut disparu, il se retourna vers un guéridon à portée de sa main. Sur un plateau de métal argenté, il y avait quelques lettres. Tenant le combiné coincé entre son maxillaire et son épaule, il les examina une par une sans perdre de temps. Il sortit du paquet une enveloppe datée par la poste de la veille, portant dans le coin supérieur gauche le nom P. Coglan et l'adresse de l'expéditeur « Riley Hôtel, Beach City, New Jersey ».

Terrell remit les lettres à leur place. Il reposa le combiné du téléphone et se mit à arpenter bruyamment la pièce. Puis il fit son choix de photos : il était prêt à prendre congé quand Mme Coglan reparut en lui demandant s'il aurait plaisir à prendre une tasse de café.

***

— Ouvrez-moi, Paddy ! demanda Terrell en frappant à la porte de la chambre d'hôtel. Je suis Sam Terrell. J'ai besoin de vous parler.

Le bouton tourna lentement et la porte s'entrouvrit de quelques centimètres. Coglan le considéra un moment : il avait l'œil vague, ses lèvres s'efforçaient de dessiner un sourire.

— Eh bien, mon vieux Sam ! prononça-t-il avec un petit rire. Je suis si fatigué que vous me feriez tomber en me poussant du doigt. J'avais besoin de repos et je suis venu tout seul me réfugier ici. (Il s'essuya la bouche avec le revers de la main.) C'est tout ce qu'il me faut : un endroit où je puisse boire un coup tranquillement sans scandaliser mes voisins.

Il puait le whisky. Il n'était pas rasé.

— Je peux entrer ?

— Bien sûr, Sam.

Coglan s'écarta et Terrell entra en ôtant courtoisement son couvre-chef.

— Vous voulez un verre, Sam ?
— Non, merci.
Coglan lui adressa un sourire.
— Comment avez-vous fait pour me rejoindre ici ?
— Vous savez pourquoi je viens ? Moi ou un autre — peu importe.
— Ouais, fit Coglan d'une voix assourdie, presque confidentielle. Ouais, fit-il encore en battant rapidement des paupières. Il fallait bien que quelqu'un finisse par venir, je suppose.
Terrell s'assit et sortit ses cigarettes :
— Vous avez menti et à cause de votre mensonge un innocent risque d'être condamné à mort. Vous ne pouvez pas vivre avec ce poids sur la conscience... Il n'y a pas assez d'alcool dans le monde pour vous abrutir au point de vous faire oublier ça.
— Ils en avaient trop contre moi, déclara Coglan. Ils m'ont trop souvent surpris avec la bouteille, au lieu de faire mon boulot. Et Stanko m'a dit : « Je te fous dehors, à moins que tu dises ça — à moins que tu nies avoir vu l'homme fuir la maison de Caldwell. » Il a dit que c'était une affaire très secrète et que je comprendrais tout plus tard. Je n'ai pas compris ce qu'il voulait, mais j'ai fait comme si je comprenais. Même vis-à-vis de moi-même. (Coglan se passa la langue sur les lèvres et s'approcha de la table.) Sans blague, vous ne voulez vraiment pas un verre ?
— Non sincèrement, Paddy. Merci. Continuez.
— Oui, je vous ai menti, j'ai menti à tout le monde, j'ai menti au juge, confirma Coglan en versant lentement et soigneusement le whisky dans son gobelet. Je vais terminer mes vingt-cinq ans de service dans deux mois : alors j'aurai ma retraite. J'ai besoin de ma retraite, Sam. Pas tellement pour moi, mais pour ma femme. Nous n'avons pas d'enfant, hélas ! mais avec ma pension je peux aller

vivre en Californie, où habite ma plus jeune sœur. Mon beau-frère et elle, ils ont une nombreuse famille, avec plusieurs très jeunes enfants. Voilà ce qu'espère ma femme, depuis quelques années. Vous savez ce que sont les femmes : ça les désaxe de ne pas avoir d'enfant. Ça les bouleverse. Ma femme n'a qu'une pensée, c'est d'aller rejoindre ces bambins... C'est pour ça que j'ai eu peur. Oh ! Pas d'être abattu. Pas d'être retardé dans mon avancement. Mais d'être privé de ma pension, d'être renvoyé sans un sou... Vous me comprenez, Sam ?

— Je vous comprends.

— Je ne suis pas un mauvais flic, déclara tranquillement Coglan. Je ne suis pas un as, non plus. Il y a une différence... Il faut avoir aussi de la chance pour réussir à prouver qu'on est un as... Avez-vous jamais réalisé cela ?

— C'est bien vrai, répondit Terrell. Mais c'est maintenant que la chance vous est offerte ! Que s'est-il exactement passé la nuit où Eden Myles a été étranglée ?

— J'ai entendu son cri, expliqua Coglan d'une voix lasse, sans illusion. Je tournais juste l'angle de Regent Square dans Manor Lane. D'un seul coup, j'ai bondi jusqu'à la porte de la maison de Caldwell : comme je l'atteignais, elle s'est ouverte brusquement et un grand type a paru sur le seuil. J'ai parfaitement eu le temps de le voir, Sam. Il a été tellement surpris de se trouver face à face avec moi qu'il est resté planté là une seconde. Il était grand, fort — une épaisse chevelure noire, un visage large, des traits durs. Un gorille, Sam. Vêtu d'un trench-coat. Pas de chapeau. Sur le front, une profonde cicatrice. Il m'a bousculé et a traversé la rue en courant, pour gagner l'ombre du mur qui entoure l'église. Vous voyez ça...

— Oui. Vous avez donc perdu sa piste. Alors vous êtes revenu chez Caldwell ?

— Exact. La porte était restée ouverte. Caldwell était effondré dans un fauteuil, immobile. Elle était étendue, morte sur le plancher, le visage tout gonflé et bleu. Aussitôt, j'ai appelé le District et j'ai eu Stanko à l'appareil. Il m'a ordonné seulement de ne pas bouger et il a raccroché. (Coglan acheva son verre et, une fois encore, se passa la langue sur les lèvres.) C'est alors que vous avez appelé et que je vous ai donné une idée de ce qui se passait. Quand Stanko est arrivé, la première chose qu'il m'a dite a été de ne pas souffler mot du grand type que j'avais vu sortir en courant de l'immeuble. C'est pourquoi j'ai commencé à mentir. Mais à force de réfléchir ici, dans cette auberge sordide, je me rends compte que je ne peux pas continuer à raconter des blagues.

Terrell considéra avec une pitié immense et muette le malheureux Coglan qui se versait une autre rasade d'alcool.

— Alors qu'est-ce que je fais, maintenant ? demanda le policier.

— Vous me donnez la version exacte, la vraie : le journal et moi, nous en tirons le maximum d'effet. Caldwell s'en sort — chacun endosse ses responsabilités... Bien entendu, les flics qui prennent leurs ordres à la mairie vont vous foutre dehors avec un coup de pied quelque part sous prétexte que vous êtes un ivrogne et un menteur. Ils vont s'arranger pour vous interdire toute autre profession que vous pourriez tenter de briguer dans notre charmante cité. Et, bien entendu, ils trouveront le moyen de vous faire sauter votre retraite.

Coglan considérait son verre vide.

— Vous y allez un peu fort, Sam.

— Nous nous avouons l'un à l'autre la vérité, dit Terrell en jetant un regard sur sa montre. Qui sait que vous êtes ici ?

— Ma femme seulement... Stanko m'a dit : « Quitte

la ville pendant dix jours, que je n'entende plus parler de toi. »

— Bon. Pour l'instant, ne bougez pas. Je vous appellerai ce soir, vers huit heures trente. Je vous dirai que faire. Tout sera parfaitement arrangé pour vous. Nous allons enregistrer sur magnétophone tout ce que vous m'avez dit : après quoi, ne vous inquiétez pas, la diffusion en sera largement assurée...

Terrell s'arrêta, jeta un regard sur Coglan et demanda :

— Êtes-vous armé ?

— Bien sûr. Je ne pars pas en voyage sans mon revolver.

— Tant mieux.

Terrell réfléchit encore une minute, puis se dirigea vers la porte en répétant :

— C'est donc bien d'accord : je vous appellerai à huit heures trente.

Coglan eut un sourire et lui tendit la main.

— D'accord, Sam. Je vous attends. D'ailleurs, je n'ai aucune envie d'aller me promener.

Terrell fut de retour au journal vers cinq heures de l'après-midi : mais Ollie lui apprit que Karsh était sorti. Terrell ne put joindre ce dernier qu'à sept heures en lui téléphonant chez lui : il lui conta sa visite à Coglan.

— Bravo, vieux frère, répondit Karsh tranquillement. Viens ici en vitesse, Sam. Nous avons notre histoire maintenant. Il faut foncer...

6

Karsh était assis dans un fauteuil de cuir devant le feu qui pétillait dans l'âtre.

— Mettons bien les choses en ordre, recommanda-t-il en jetant un coup d'œil à Terrell.

Terrell lui refit ponctuellement le récit qu'il avait recueilli de Paddy Coglan. Quand il eut terminé, Karsh consulta sa montre et dit :

— Il est huit heures quinze minutes. (Pendant quelques instants il resta silencieux, fronçant les sourcils, fixant ses mains jointes.) Paddy Coglan est une bombe prête à éclater, Sam. Quand l'explosion se produira, toute la ville sera en cendres. Il faut d'abord qu'il vienne ici... Voyons, il y a un train qui quitte Beach City vers neuf heures : il faudrait que Coglan l'attrape. Tu enregistreras son histoire au cours de la nuit et demain matin il pourra à nouveau disparaître.

— Comment allez-vous vous y prendre avec lui ?

— Franc jeu. Je vais jouer franc jeu. (Karsh se leva et regarda à nouveau sa montre.) Ne tarde pas : appelle-le maintenant. Pendant ce temps, je vais remplir deux verres.

La ligne de Beach City était encombrée, mais la standardiste promit à Terrell de le rappeler quelques minutes plus tard.

Karsh revint avec deux whisky-soda, en donna un à Terrell. A ce moment le téléphone sonna.

— Prends-le, dit Karsh.

La standardiste annonça : « J'ai votre correspondant, un instant s'il vous plaît. » Il y eut un déclic, puis une voix annonça : « Hôtel Riley, ici la Réservation ».

— Je voudrais parler à Patrick Coglan, s'il vous plaît.

— Oui, monsieur. Qui le demande, s'il vous plaît ? ajouta-t-on après un silence.

— Sam Terrell, de *L'Appel*.

— Un instant, s'il vous plaît.

Terrell entendit au loin un bruit de conversation, puis une autre voix vint en ligne.

— Terrell ? Ici, Tim Moran, de la brigade criminelle. Que voulez-vous à Coglan ?

Terrell fut parcouru d'un frisson.

— C'est pour une affaire personnelle, Tim. Qu'est-ce qu'il y a ?

— Je suis désolé de vous apprendre une telle nouvelle de cette façon brutale : mais Coglan vient de se suicider voici une demi-heure. Il était malade ou quoi ?

Terrell mit la main sur le parleur et transmit à Karsh :

— Coglan... Mort... Suicidé... Il faut que je retourne là-bas.

— Écoute d'abord ce qu'il raconte.

Terrell ôta sa main et répondit :

— J'ignore absolument s'il était malade, Tim. Dites-moi ce qui s'est passé.

— Bien sûr. Il a été trouvé mort par une domestique, vers les huit heures. Il s'est tué avec son propre revolver. A la tempe gauche. Le médecin estime que la mort remonte à deux heures environ. De l'autre côté de la rue, il y a des stands de tir — des stands de foire, vous savez : c'est pourquoi personne n'a remarqué le coup de feu.

— A-t-il laissé un papier ?

— Nous n'avons rien trouvé. Qu'aviez-vous à lui demander, Sam ? Je sais que vous êtes venu le voir ce matin.

— Je voulais faire un petit article sur lui : « Profil d'un policier comme les autres »... Quelque chose dans ce genre...

— Eh bien, dans quel état était-il quand vous l'avez vu ? Déprimé ? Préoccupé ? Ou quoi ?

— Mais non ! Il paraissait parfaitement bien. Merci, Tim. (Terrell reposa le combiné calmement et regarda Karsh.) A la tempe gauche. A sept heures et demie ou même avant. Pas de papier. Voilà la situation, Mike.

— Tu aurais dû prendre ses explications par écrit. Tu lui aurais fait faire une déclaration : il l'aurait signée devant témoins, on l'aurait fait certifier conforme. (Karsh jeta sa cigarette dans le foyer, se leva et se mit à arpenter la pièce.) Ou encore, tu aurais pu les enregistrer sur magnétophone.

— Je le saurai... pour la prochaine fois.

***

Le lendemain matin, vers neuf heures trente, Terrell pénétra dans le hall, toujours très animé, de l'hôtel Clayton. C'était un lieu de rencontre — très officieux — pour les partisans et amis d'Ike Cellars.

Terrell ne reconnut pas Cellars dans la foule, mais il remarqua un certain nombre de ses hommes çà et là, la plupart étant des individus de force peu commune. Les uns étudiaient les pronostics des courses, les autres bavardaient. L'ambiance était tout à fait spéciale — cigares, dollars, impunité... Terrell gagna le salon de coiffure et s'installa d'office dans le fauteuil de Nick Baron. Nick était un petit homme intelligent et volubile — une des meilleures sources de renseignements de Terrell. Chaque tuyau qu'il pouvait saisir au vol aboutissait dans le plus bref délai au journal, sur le bureau de Terrell : chacun d'eux était un acompte sur un remboursement dont Nick ne réussirait jamais à effectuer la totalité. Car Terrell avait efficacement contribué à sauver la fille du coiffeur qui se mourait de consomption. Il avait, grâce au journal, mis en branle toutes les banques de sang du pays et il avait réussi de la sorte à se procurer une quantité suffisante de sang du même groupe que celui de l'enfant pour la faire vivre pendant quelques mois. Dans l'intervalle, une nouvelle combinaison d'antibiotiques avait été mise au point, et l'enfant avait été définitivement mise hors de danger.

— Comment ça va, monsieur Terrell ? demanda Nick en lui entourant le cou d'une serviette. Vous avez l'air d'avoir besoin d'une lotion faciale, d'un tonifiant : je me trompe ?

— Non. Je suis plutôt à cran. Vous pourriez, de préférence, masser, avec votre mécanique, mon pauvre crâne lancinant.

Terrell avait repéré la présence de deux séides de Cellars dans la boutique : le bruit du vibrateur couvrirait sa conversation avec Nick. Ils avaient tous les deux utilisé ce procédé dans le passé. Nick mit le contact du masseur électrique, mais commença à frictionner le front de Terrell avec ses doigts.

— Je vais vous donner la description d'un individu. Vous me direz ensuite si vous l'avez vu rôder dans les parages.

— D'accord, d'accord, fit Nick, puis, élevant la voix : Je suis sûr qu'il gagnera. *Courage*, c'est le tuyau qu'on m'a donné.

— Il est grand, fort ; il a les cheveux noirs et une cicatrice au milieu du front. Un air de gorille. Voyez-vous ça ?

— Non. Je n'ai repéré aujourd'hui personne de ce genre-là.

Terrell remarqua des gouttes de sueur sur la lèvre supérieure du garçon et comprit que Nick était épouvanté.

— Ça va, dit-il. Ne vous inquiétez pas. Oubliez tout ce que je viens de dire.

— Non... Pourtant, il y a deux ou trois jours, j'ai vu un type comme ça qui discutait avec Ike. C'est tout ce que je peux vous dire. Voulez-vous que je pose la question ?

— Sûrement pas. Oubliez tout.

— J'ai tout oublié de ce que vous m'avez dit.

Terrell consulta sa montre.

— Ça va maintenant. Il faut que je m'en aille.

Il paya Nick, lui glissa *25 cents* de pourboire et

enfila son pardessus. Il se dirigeait vers la sortie quand une voix d'homme l'interpella :

— Eh, vieux Sam ! Une minute s'il vous plaît !

Il se retourna et reconnut un des hommes de Cellars, le grand Manny Knowles, qui lui souriait depuis l'autre porte donnant sur le hall. Le grand Manny était un géant à la tête de mouton, aux petits yeux de myope, avec une expression permanente d'ahurissement. Il traîna ses semelles jusqu'à Terrell et lui mit doucement la main sur le bras.

— Ike désire vous voir, Sam, dit-il. Vaut mieux pas le faire attendre. Vous savez combien cet homme est occupé.

— Oui... Même que ça me cause pas mal de tracas, répliqua Terrell. D'accord, nous allons comparaître...

Cellars se tenait au bureau de tabac ; il feuilletait un magazine. Son apparence était celle d'un homme parfaitement sain, très brun de peau, avec une magnifique chevelure blanche lustrée comme du vieil argent. Il était vêtu d'un complet de flanelle gris clair, parfaitement coupé et sûrement très cher, et d'un pardessus poil de chameau avec poches « tailleur » et revers piqués à la main. De chaque côté de lui se tenaient deux hommes à la mine décidée.

— Ravi de vous voir, mon garçon, fit Cellars avec un sourire, en lui tendant une large main amicale. Voici ce dont je veux vous parler. J'ai là quelques photos vraiment terribles du cirque — vous savez : notre grande fête enfantine. Voyez ce que je veux dire, Sam ?

— Oui, oui ; bien sûr ! opina Terrell.

Chaque année, Cellars organisait à grand renfort de publicité une fête pour les orphelins de la ville. On leur offrait un goûter formidable, une séance de cirque et on les photographiait sous toutes les coutures autour de Cellars, du maire Ticknor et de quelques hauts fonctionnaires de la municipalité.

— Cette année, on a eu un magnifique succès, déclara Cellars, très sûr de lui, se gargarisant de sa réussite. Ben, donne-moi ces photos.

Ben Noble, chargé par Cellars des relations avec la presse, remit dans la main tendue d'Ike une grosse enveloppe de papier bulle.

— Regardez-moi ça, Sam ! dit Cellars en sortant de l'enveloppe une douzaine d'épreuves sur papier glacé. Regardez-moi ce bambin avec le dompteur de lions !

— C'est épatant ! convint Terrell. C'est même émouvant.

— Ma secrétaire vous apportera tous les documents dont vous pourriez avoir besoin, dit encore Cellars.

Terrell eut un petit sourire.

— J'imagine que vous allez me donner assez de documents pour remplir ma colonne pendant les deux prochaines semaines. En tout cas, jusqu'après les élections.

— Bien sûr, répliqua Cellars en approuvant lentement de la tête. J'espère toutefois que vous ne considérerez pas que je vous impose quoi que ce soit, Sam... La seule chose : je vous invite à meubler votre colonne avec des informations inoffensives. C'est un bon conseil que je vous donne, Sam : vous ne tarderez pas à vous en rendre compte.

— Le mieux ne serait-il pas que je prenne quinze jours de congé ? demanda Sam. Ne croyez-vous pas que ce serait une bonne idée ?

— *Bonne*, c'est une expression curieuse, répliqua Cellars en le clouant du regard. Je n'emploie jamais les mots *bon* ou *mal*. Je dis *intelligent* ou *stupide*...

Un de ses gardes du corps se balançait d'un pied sur l'autre.

— Je trouve qu'il a l'air fatigué, Ike. Je crois que

son idée de prendre quinze jours de congé est très intelligente.

— Sans aucun doute, fit Cellars.

— Vous faites une belle paire ! répondit Terrell. On dirait un joueur d'orgue de Barbarie et son singe ! Pourquoi ne l'envoyez-vous pas dans le hall avec une casquette sur le crâne et une sébille à la main ?

Cellars fourra l'enveloppe de photos, d'un geste brutal, sous la veste de Terrell.

— Ne vous foutez pas de moi ! hurla-t-il. (La violence de l'homme se révéla brusquement sur son visage nu — le goût du mal dans ses yeux impitoyables, dans le pli de ses lèvres épaisses et froides.) Prenez ces photos. Et méditez dessus tous les jours. En vous souvenant de ce que je viens de vous dire !

Terrell se sentit la bouche sèche, le front humide de sueur. Mais il ne retint pas le paquet qui s'éparpilla sur le sol.

— Toute ma colonne est retenue pour les deux prochaines semaines, affirma-t-il. Je n'ai pas un paragraphe de libre.

7

Terrell s'arrêta dans un drugstore en face de l'hôtel Clayton et commanda un café. Il demeura assis devant sa tasse jusqu'à ce que cesse le tremblement de ses doigts, puis il sortit et appela un taxi. Il avait pris la décision de revoir Sarnac. Caldwell et le parti de l'opposition devaient bien avoir quelques arguments en réserve contre Cellars. Sinon Ike n'aurait pas engagé le combat avec cette violence...

L'ambiance du Quartier Général électoral de Rich

Caldwell avait changé du tout au tout depuis sa dernière visite, quarante-huit heures auparavant. Avant-hier, c'était l'enthousiasme des néophytes. Aujourd'hui l'énorme salle des fêtes était presque vide. Les petits drapeaux et les agrandissements photographiques avaient un air incongru, sinistre, dans ce silence démoralisé.

Une fillette conduisit Terrell jusqu'au bureau de Sarnac. Sarnac était pâle et nerveux.

— Asseyez-vous, dit-il. Il y a tant de choses à faire — et pourtant il n'y a rien à faire. Rien, rien... Rien à faire pour en sortir. Rien du tout, répéta-t-il en serrant les poings.

— Qu'avez-vous fait jusqu'à maintenant ?

Sarnac retira ses lunettes et pressa l'extrémité de ses doigts sur ses yeux fermés.

— Nous nous sommes assurés le concours d'une société de détectives privés. Ils passent tout au crible : le passé d'Eden Myles, celui de ce policier qui s'est suicidé — comment s'appelle-t-il ?... Coglan. Ils recherchent tous les témoignages possibles pour trouver une issue. Le Comité National nous a remis un chèque en blanc... Tout le monde est convaincu de la bonne foi de M. Caldwell. L'argent, les émissions à la télé, leurs meilleurs pamphlétaires, leurs meilleurs enquêteurs, tout cela est à notre disposition...

— Eh bien, pour dire la vérité, Caldwell est leur enfant. Ils ne peuvent pas le laisser tomber. S'ils le répudiaient ils ficheraient par terre toute leur argumentation sur le plan national... Avez-vous vu Caldwell aujourd'hui ?

— J'ai eu un entretien avec lui tôt ce matin. Il ne sait toujours pas ce qui lui est arrivé. Il croit qu'il a été frappé par-derrière. La Police n'est évidemment pas d'accord.

— Ils ont leur affaire toute prête, fit remarquer Terrell. Paddy Coglan est mort mais sa déclaration à la première audience sera citée et le Tribunal la reconnaîtra comme valable. Dans l'état présent des choses, Caldwell n'a pas une voix pour lui. En tant que son ami fidèle, vous n'avez qu'une chose à faire : mettre ses affaires en ordre et consoler sa « veuve ». Le ton réaliste de Terrell semblait avoir déplu et troublé Sarnac.

— Trouvez-vous quelque satisfaction à considérer cette situation comme désespérée ? La vie d'un innocent est en jeu — et vous trouvez cela pittoresque ?

— Je voudrais prendre un accord avec vous, répondit Terrell, mais vous n'avez rien à me proposer. Je veux que vous compreniez bien cela au départ : ça évitera des malentendus et des bavardages. Je suis bien convaincu que Caldwell est tombé dans un piège. Je ne vais pas vous dire pourquoi je le pense. Mais je veux essayer d'en apporter la preuve. Pour cela, je viens vous demander de me donner les arguments que vous avez contre Ike Cellars. Tout ce que vous avez contre l'actuelle administration municipale, y compris son chef le maire Ticknor.

Sarnac avait l'air très excité mais indécis.

— Un instant, s'il vous plaît ! Je ne peux accepter vos conditions. Je ne peux vous fournir des indications sans savoir ce que vous me donnerez en échange. Vous devez tenir compte de mon point de vue...

— Ça ne m'intéresse pas du tout. Je veux que vous me donniez vos armes contre Cellars. Je veux que vous me communiquiez le dossier dont il a peur. Je vous offre une chose en échange — une chance de sauver Caldwell de la chaise électrique.

— Croyez-vous vraiment que Caldwell soit tombé dans un piège ? demanda Sarnac, les mains tremblantes. C'est une supposition de votre part, Terrell ?

— Je suis certain qu'un piège lui a été tendu, dit tranquillement Terrel. Comprenez-vous ? J'en suis certain. Il a dû ébranler un personnage important : on l'a stoppé net sur sa lancée. On le piétine. On l'écrase. Maintenant dites-moi quel est celui que Caldwell a pu menacer ? Et de quelle façon il l'a menacé ? Franchement, je ne vois pas ce que vous avez encore à perdre. Nous menons le même combat pour des raisons différentes. Je veux connaître vos arguments, vous voulez faire innocenter Caldwell : pourquoi ne travaillerions-nous pas ensemble ?

— Je ne sais pas, c'est vrai. C'est vrai, répéta-t-il, la voix soudain plus aiguë, alors que Terrell, déjà debout se tournait vers la porte. Asseyez-vous. Mais pour l'amour de Dieu et de la vérité, ne nous décevez pas, Terrell ! Ne nous faites pas miroiter un espoir, s'il n'en reste aucun !

— Je vous offre une chance. L'avenir dépend de ce que vous me direz. Alors, allez-y !

— Si Caldwell avait été élu, Ike Cellars et le maire Ticknor auraient été jetés en prison pour le reste de leurs jours. Et avec eux, une douzaine d'escrocs mineurs de l'administration municipale. (La voix de Sarnac s'affermissait à mesure qu'il parlait.) C'est bien de cela qu'ils avaient peur. Et c'est pour cela qu'ils ont été jusqu'au crime pour interdire à Caldwell l'accès de la Mairie.

— C'est à coup sûr un motif suffisant. Donnez-moi des détails. Comment auriez-vous pu le prouver ?

— Je vais vous exposer cela aussi clairement que possible. Tout d'abord permettez-moi de vous dire que notre Direction Municipale des Parkings est une des plus belles organisations d'escroquerie que vous puissiez imaginer. La naïveté du public dans ce domaine a coûté à la communauté — c'est-à-dire au public lui-même — quelques millions de dollars.

— Bon. Ça m'intéresse. Comment ça fonctionne ? Comment Cellars et Ticknor y sont-ils mêlés ?

Sarnac se leva et, les sourcils froncés, fit le tour de son bureau.

— Je vais tenter de vous expliquer. La Direction Municipale des Parkings a été créée par le Conseil Municipal à la demande du maire Ticknor, commença-t-il d'une voix précise, contrôlée, avant de marquer une pause, comme pour permettre à Terrell de prendre des notes. Cette création remonte à quatre ans, c'est-à-dire qu'elle est intervenue peu de temps après que l'équipe actuelle a pris le pouvoir. La proposition de Ticknor était soutenue par une douzaine d'experts en matière d'urbanisme et de régulation du trafic automobile. Leurs arguments étaient clairs et logiques. Un nombre croissant de voitures venait gonfler chaque mois la circulation urbaine. Les emplacements pour stationner se faisaient relativement de plus en plus rares. Les difficultés pour circuler ne pouvaient qu'empirer rapidement si des mesures énergiques n'étaient prises, si des solutions nouvelles n'étaient imaginées. C'est dans ces conditions que la Direction Municipale des Parkings fut instaurée, avec des pouvoirs étendus pour prendre des arrêtés, exproprier des immeubles, construire de nouvelles voies, etc. Sur le papier, tout était parfait.

— Mais ça n'a pas fonctionné comme ça ?

— Ç'aurait été trop simple. Je vais vous donner un exemple tiré de nos dossiers. Il y a trois ans et six mois, on a annoncé qu'un parking circulaire serait construit au carrefour de la 9e Rue et de la rue Morrisson. Ce n'était qu'un des projets bien sûr : mais je le prends comme exemple pour simplifier l'exposé. Cet îlot est couvert de constructions vétustes, assez proche du centre commerçant de la ville et des quartiers d'affaires. C'est donc un emplacement logique pour un parking, proche des principaux boulevards Nord-Sud et s'intégrant facilement dans les flux de circulation. Les architectes ont approuvé l'emplacement et commencé à dresser les plans. L'Administration a effectué la procédure d'expropriation. Les vieux immeubles ont été démolis, le sol a été nivelé : on a pu espérer à ce moment qu'une amélioration sensible du trafic allait être réalisée. Ça c'est une chose, continua-t-il après avoir repris son souffle. Comme vous le savez, il n'y a pas de parking au coin de la 9e Rue et de la rue Morrisson. Voilà ce qui s'est passé : les architectes ont brusquement déclaré que cet emplacement n'était pas le meilleur. Que le carrefour de la 12e Rue et de la rue Fitzgibbons était beaucoup mieux indiqué. La Direction Municipale des Parkings ne s'en est pas spécialement émue : elle a approuvé les nouvelles conclusions des architectes, elle a déchiré les plans du Parking Neuvième-Morrisson. Elle a revendu le terrain au prix auquel elle l'avait acheté — apparemment l'opération était nulle...

— Mais où se situe l'escroquerie ? demanda Terrell.

— Les frais d'acquisition du terrain ont été passés à profits et pertes. De même les frais de démolition des immeubles, de nivellement du terrain, etc. Tous ces frais ont été payés par le budjet ordinaire de la ville. Dans ces conditions, l'achat du terrain devient une excellente affaire. Vous comprenez bien qu'il y a une sérieuse différence de prix entre celui d'un terrain couvert de vieux immeubles, de locaux habités, de locaux commerciaux... et celui du même terrain libre matériellement et juridiquement de toute entrave... Une société privée peut mettre des années à libérer un terrain de ses occupants : tandis que l'administration municipale frappe d'expropriation, fixe un prix et prend possession...

— Ike Cellars est donc devenu propriétaire dans ces conditions...

— Cellars, Ticknor, quelques autres, agissant grâce à divers prête-noms. Ils ont ainsi mis la main, mètre carré par mètre carré, sur un des plus beaux terrains du centre de la ville, en se servant de la Direction des Parkings comme expropriatrice et en lui laissant le soin de fixer les prix. D'ailleurs, il y a d'autres considérations à envisager : les entreprises qui ont effectué 98 pour cent de ces travaux furent les sociétés Acme Construction et Bell Wreckers — des entreprises dont personne n'avait entendu parler il y a quatre ans. Ces entreprises ont grandi, prospéré en un temps record jusqu'à se hisser au niveau des plus importantes de l'État, et pour cette raison seulement qu'elles ont bénéficié de tous les contrats de la Direction Municipale des Parkings. Les autres entreprises — les entreprises normales, je veux dire bien connues sur la place, établies depuis longtemps, n'ont jamais eu la moindre chance en présentant leurs offres à la Direction des Parkings.

— Pourquoi n'ont-elles pas protesté ?

— Elles ont protesté, mais ça ne leur a pas porté bonheur. Dan Bridewell, par exemple, s'est porté concurrent à toutes les soumissions. Cette entreprise existe depuis quarante-cinq ans : elle n'a jamais obtenu un sou de travail de la Direction des Parkings.

— Pourriez-vous faire la preuve de tout cela ?

— Si Caldwell était élu, oui. Nos conseils juridiques pourraient bâtir une inculpation criminelle en vingt-quatre heures. C'est bien pour cela que Caldwell a été barré.

— Nous sommes revenus au point de départ, déclara tristement Terrell. Nous en sommes aux bavardages, aux on-dit, au bla-bla-bla.

— Chaque phrase que je vous ai dite est le reflet de la vérité...

— Bien sûr, mais vous ne pouvez rien prouver, du moins en temps utile, conclut Terrell. Par exemple, qui finance ces deux entreprises que vous avez citées, Acme Construction et Bell Wreckers ?

— Encore une fois, je ne sais pas : mais nous le saurons le lendemain du jour où Caldwell sera à la Mairie.

— Mais oui, mais oui... Qui vous a raconté cette histoire ? Eden Myles ?

— Non. Un employé de la Recette Municipale des Finances...

— Avez-vous appris quelque chose d'intéressant d'Eden Myles ?

Sarnac secoua la tête :

— Non ; des petits détails de rien du tout.

— Eh bien, ça, c'est l'indication la plus passionnante que vous m'ayez fournie !

— Je ne comprends pas... fit Sarnac.

— Sans importance ! répliqua Terrell qui était déjà debout.

Il réalisa qu'Eden Myles était sans doute, elle aussi, tombée dans un piège. On ne l'avait pas tuée parce qu'elle avait parlé : on l'avait tuée seulement pour accabler Caldwell. C'était une découverte macabre, inquiétante.

— Que pouvons-nous faire ? demanda une fois de plus Sarnac, d'une voix désespérée.

— Si je trouve une solution, je vous en préviens aussitôt. Je vous le promets ! dit Terrell.

8

En quittant Sarnac, Terrell appela Gray Gates au téléphone. Il voulait parler à Connie Blacker : mais on lui répondit qu'elle avait quitté, la veille, l'appartement d'Eden Myles. Elle avait donné comme future adresse le Beverly Hotel. La réception de l'hôtel répondit pourtant, à son tour, qu'elle n'était pas là.

— Savez-vous à quelle heure elle rentrera ?

L'employé de l'hôtel risqua alors la plaisanterie :

— Serait-ce par chance M. Chance ?

— Oui, répondit Terrell avec assurance. Pourquoi ? A-t-elle laissé un message pour moi ?

— Elle sera là vers deux heures, monsieur Chance. Elle doit être, sauf erreur de ma part, à la Morgue municipale. En effet, voyez-vous, elle m'a demandé comment y aller.

— Merci beaucoup.

Terrell prit un taxi pour la morgue. Il jeta un coup d'œil dans les services administratifs, qui n'étaient séparés de la salle d'attente que par un haut comptoir en bois. Les employés étaient occupés à taper à la machine ou à compulser des fichiers. L'un deux était en pleine conversation avec Connie Blacker, et désignait du doigt une ligne sur la formule que la jeune femme examinait. Elle acquiesçait lentement en agitant sa tête blonde. L'employé semblait plein de zèle pour lui fournir des indications : il était facile de comprendre pourquoi, se dit Terrell. Elle était vêtue d'une robe noire très simple et d'un manteau trois quarts en tweed : mais avec sa silhouette et ses jambes, c'était comme si elle était en bikini.

Terrell se demanda si Frankie Chance était entré dans sa vie. C'était probable : sa précédente chérie était désormais rangée au sous-sol dans le compartiment frigorifique, avec le confort moderne et l'eau courante ; il devait avoir besoin d'une remplaçante. Connie pouvait faire l'affaire : elle était toute jeune, charmante et sûrement très maniable... Elle avait certainement tout ce qu'il fallait pour l'emploi désigné, y compris un solide estomac. Terrell poussa un soupir, se demandant comment, sacrebleu, une conclusion aussi logique pouvait le mettre de si méchante humeur...

Il se doutait qu'elle serait occupée pendant un certain temps à faire des démarches pour récupérer le corps d'Eden. Terrell traversa en biais le grand vestibule. Tournant la tête vers les bureaux occupés par les services administratifs, il se heurta à une femme chargée de l'entretien de l'immeuble, qu'il avait connue en un temps où la morgue était son pain quotidien... Cette forte femme, qui s'appelait Martha, était toujours de bonne humeur et travaillait dans l'établissement depuis trente ans. Il eut du plaisir à la retrouver. Ils bavardèrent pendant quelques minutes, puis elle lui demanda :

— Revenez-vous donc travailler chez nous, monsieur Terrell ?

— Non, Martha. J'attends pour lui parler, une personne qui est en train de signer des formules relatives à Eden Myles.

— Quelle honte, cette histoire ! Cette pauvre petite femme, si jolie et tout... Qu'est-ce que c'est que ce Caldwell ? Il est devenu subitement fou ou quoi ?

— Je ne peux pas vous dire, Martha...

— Pourquoi a-t-il agi ainsi ? Elle était si mignonne ! Et ce bébé qu'elle attendait... A mon avis, c'est encore plus triste !

Le visage de Terrell ne bougea pas d'une ligne. Il alluma une cigarette et dit seulement :

— C'est vraiment honteux. Comment avez-vous appris qu'elle était enceinte ? Je croyais que c'était un secret bien gardé...

— Oh ! oh ! fit Martha en se mettant la main sur la bouche. Encore une fois j'ai été trop bavarde, monsieur Terrell.

— Ce n'est pas grave...

— J'ai entendu un docteur qui en parlait le soir

même où on l'a amenée ici. J'ignorais que c'était un secret. Je vous en prie, ne répétez pas que je vous l'ai dit !

— Ne craignez rien, Martha.

Terrell, à grands pas, rebroussa chemin le long du vestibule. Dans la salle d'attente du coroner, il demanda à la secrétaire de l'introduire dans le bureau du docteur Graham, coroner en chef pour le District urbain. Elle lui adressa un sourire stéréotypé, prononça quelques mots dans un interphone, et désigna d'un geste de la tête une porte située derrière elle.

— Vous pouvez entrer, monsieur Terrell.

Le docteur Graham, un homme de haute taille avec un long nez pointu, fit le tour de son bureau et tendit à Terrell une grande main flasque.

— Il y a bien longtemps qu'on ne vous a vu par ici, Sam, dit-il aimablement. Maintenant que vous voilà un échotier de renom, vous êtes évidemment très occupé !

Terrell sourit.

— C'est un gros travail de trouver chaque jour quelque chose pour meubler sa petite colonne... C'est comme un enfant à nourrir !

— Que puis-je faire pour vous ?

— Pourrais-je jeter un coup d'œil sur le procès-verbal d'admission d'Eden Myles ?

— Tout a été publié dans la presse, Sam.

— Bien sûr : mais je poursuis un objectif très particulier. J'aimerais jeter un regard sur ce procès-verbal.

— J'ai, moi-même, donné lecture aux journalistes du procès-verbal d'autopsie, répliqua-t-il avec quelque sécheresse. Croyez-vous réellement que j'ai pu oublier un détail ?

— Vous n'avez pas indiqué que la jeune fille était enceinte, précisa Terrell. Je me demande donc si vous n'auriez pas omis autre chose.

Le docteur Graham fouillait nerveusement ses poches et finit par en extirper ses cigarettes. Son visage était devenu blanc.

— Vous êtes en train de me bluffer !

— Voyons, voyons, fit Terrell sur un ton très calme. Je sais qu'elle était enceinte, docteur. Je veux savoir de combien de mois. Je désire prendre connaissance du procès-verbal.

— Non, c'est impossible. Nous ne communiquons plus les procès-verbaux d'admission : cela nécessitait trop de recherches et de complications administratives.

Terrell poussa un juron, excédé de la veulerie de ces personnages... Puis il annonça d'un ton décidé :

— Fort bien. Je vais de ce pas à la Mairie et je reviens avec une ordonnance du Juge qui vous obligera à me produire ce procès-verbal. J'amènerai un photographe : et le personnage qui figurera en première page du journal, avec un air plutôt embarrassé, ce ne sera pas moi, docteur !

Le docteur Graham poussa un grand soupir et reprit sa place derrière son bureau.

— Je ne veux pas d'ennuis. Je ne veux pas être mêlé à cette affaire. Dieu qui me juge sait que je n'ai rien fait de mal. L'état de la jeune fille n'a plus aucune influence sur sa santé : il n'aura pas davantage d'influence sur le sort de Caldwell.

— Elle était donc bien enceinte. De combien de mois ?

— Presque trois mois, précisa le docteur Graham en soupirant à nouveau.

— Pourquoi ne l'avez-vous pas indiqué aux journalistes ?

— Le capitaine Stanko... commença le docteur Graham en sortant un mouchoir pour se tamponner les poches qu'il avait sous les yeux. Eh bien, oui : il a dit qu'il était tout à fait inutile de noircir la réputation de la jeune fille...

— Oh ! le gentil, le tendre monsieur ! fit Terrell. La fille traîne avec tous les voyous des faubourgs depuis qu'elle a atteint l'âge de douze ans, mais Stanko veille à ce que sa réputation ne soit pas entachée... Voyons, docteur, encore un petit effort...

— Le dossier a été ouvert, il est maintenant refermé, plaida le docteur Graham d'une voix un peu trop précipitée. Cette fille est devenue une martyre. Un pauvre agneau, une innocente victime, etc. Pourquoi ne la laissez-vous pas tranquille ? Pourquoi voulez-vous remuer la boue ? Caldwell l'a tuée... Voilà ce qui importe. Le reste est sans intérêt.

— Bien, bien... Je reconnais que Stanko vient encore de marquer un point, dit Terrell. En tout cas, soyez sûr que je ne révélerai aucun secret intime.

— Parfait... Alors, tout est oublié, n'est-ce pas ?

— Soyez tranquille. Nous n'allons pas ennuyer les lecteurs avec de semblables détails ! Au revoir et merci, cher docteur !

Revenu dans le vestibule carrelé, Terrell jeta un regard dans la salle réservée au public et vit que Connie Blacker rassemblait ses gants et son sac, tout en saluant d'un sourire l'employé à qui elle s'était adressée. Terrell se demandait ce qu'il allait faire de l'information assez sensationnelle qu'il avait obtenue par hasard : il ne voyait pas bien comment elle s'insérait dans la logique de l'histoire, telle qu'il la concevait.

Connie poussa devant elle la porte en glace et Terrell marcha à sa rencontre.

— Hello ! Que faites-vous donc ici ?

— Bonjour. Eh oui, j'ai affaire ici...

— Puis-je vous inviter à déjeuner ?

— Désolée. J'ai un rendez-vous.

— Avec Frankie Chance à deux heures. Mais vous serez un peu en retard. Je voudrais bien que nous ayons une petite conversation.

— Je suis navrée. Je n'ai pas le temps.

Elle essaya de poursuivre son chemin, mais il la saisit par le bras.

— Laissez-moi m'en aller ! lança-t-elle, le regard furieux, toutes griffes dehors. Voulez-vous que je me mette à crier ?

— Je veux que vous vous mettiez à parler. Quel est l'homme qui est venu voir Eden chez elle le soir même où elle a été assassinée ? Quel rôle voulait-il lui faire jouer ? Pourquoi était-elle épouvantée ?

— Laissez-moi. Je ne sais rien.

— Vous mentez, Connie. Vous pouvez sauver la vie d'un innocent. Vous pouvez faire châtier comme il le mérite, le véritable meurtrier d'Eden. Tout dépend de vous. Si vous vous taisez, il n'y a plus d'espoir...

— Pourvu que je m'en tire...

— Mais Eden ? cria-t-il d'une voix étranglée par la fureur. Vous avez signé des formulaires et vous expédiez son corps par train express. Croyez-vous que vous vous en serez débarrassée pour autant ? Avez-vous été la voir dans la chambre froide ? Elle est là, posée sur un marbre comme un quartier de viande avec une étiquette à son nom passée à la cheville ! Comme à l'étal du boucher. La seule différence, c'est que les bêtes de boucherie sont abattues avec un peu plus d'humanité.

— Taisez-vous, taisez-vous ! Elle tourna la tête pour qu'il ne voie pas ses larmes.

Terrell relâcha son étreinte. Au fond de son cœur, il ne pouvait pas la blâmer : pourquoi risquerait-elle à son tour sa vie pour l'aider ?

— Très bien. Je me tais. Je vais vous reconduire à votre hôtel.

*
* *

Revenu à son bureau au journal, Terrell dactylographia un texte pour son article quotidien. Il y décrivit l'assassin d'Eden Myles, l'homme grand, fort, son épaisse chevelure noire, sa cicatrice sur le front. Il émit l'hypothèse que la Police recherchait cet individu en relation avec l'affaire Caldwell. Pendant de longues minutes, il considéra, les sourcils froncés, ce projet d'article en se disant qu'il prenait là un risque considérable. Si Karsh avait été là, il lui aurait certainement demandé son avis. Mais Karsh n'était pas là : et Terrell sentait qu'il prenait toute la responsabilité de son geste. Réflexion faite, il appela un grouillot de l'imprimerie et lui remit le texte avec un « bon à tirer » pour sa colonne. L'article serait imprimé dans la prochaine édition — édition marquée de deux étoiles — qui serait vendue dans les rues à partir de quatre heures. Après, une explosion ébranlerait les quatre murs de l'Hôtel de Ville...

9

Le lendemain matin, Karsh attendait Terrell dans le bureau de ce dernier. Il paraissait en pleine forme — et même beau — dans un splendide pardessus Chesterfield avec un foulard de soie blanche noué autour du cou.

— Pourquoi ne m'avez-vous pas prévenu que vous alliez jeter une grenade ? demanda-t-il à Terrell dès que celui-ci parut. J'aurais eu le temps de me mettre un doigt dans chaque oreille.

— Auriez-vous eu des échos ?

— Oui. Jack Duggan, notre distingué Surintendant de Police, m'a appelé à ce sujet. Je lui ai dit que vous iriez lui rendre visite ce matin même. Maintenant, écoutez-moi, poursuivit-il en balayant d'un coup d'œil circulaire la grande salle toute bruissante d'activité, puis en fixant de nouveau Terrell, jouez prudemment. Vous possédez des renseignements sur le gorille qui a été vu quittant en hâte la maison de Caldwell. Vous êtes le seul à posséder ces renseignements. Si votre hypothèse semble devoir être prise en considération, vous vous rangez dans la catégorie des hommes à abattre. (Il flatta l'épaule de Terrell d'un geste à la fois gauche et affectueux.) J'avance en âge. Vous êtes en passe de devenir mon bras droit. Ne l'oubliez pas. Ne faites pas l'idiot : ce serait dommage.

— D'accord. Je vais faire attention.

Terrell était touché du souci que Karsh se faisait à son sujet. Renonçant momentanément à son cynisme habituel, Karsh apparaissait sans défense et presque trop sentimental. « Il m'aime bien », pensait Terrell : et cette idée le gênait un peu.

— Ils vont essayer de vous tirer les vers du nez : ne vous laissez pas faire ! dit encore Karsh. Racontez-leur que vous n'avez fait que reproduire des on-dit sans vous préoccuper de vérifier vos sources.

*
* *

Jack Duggan était assis derrière son bureau. C'était un homme de haute taille, à la large carrure. Il vous regardait bien en face, avec une réelle franchise. Il portait l'uniforme à épaulette d'or.

— Asseyez-vous, Sam, commença-t-il avant de désigner du doigt la coupure de *L'Appel*. Votre article d'hier est tout à fait curieux. Vous y décrivez un homme avec force détails et vous prétendez que nous sommes à sa recherche à propos de l'affaire Caldwell. Vous avez tout inventé ? Ou quoi ?

— Dois-je comprendre que ce que je dis dans mon article n'est pas exact ?

— Nous ne recherchons personne ! Ne jouons

pas au plus malin. Le Maire a fait un drame de votre histoire. Voyons... Je sais que vous êtes un excellent reporter. Vous n'avez pas l'habitude de répéter des commérages ou de jouer les astrologues. Donc, je suis persuadé que quelqu'un vous a fourni cette information, quelqu'un en qui vous avez confiance. Je veux savoir qui est votre informateur.

— C'est un renseignement qui m'est parvenu de façon anonyme.

— Je vous prie de ne pas vous en tenir à cette réponse, répliqua Duggan. Nous ne sommes pas là pour jouer à cache-cache. Je veux la vérité.

— Moi aussi, dit Terrell. Voulez-vous que nous fassions un échange ?

— Qu'entendez-vous par là ?

Terrell hésita, fronça les sourcils. Duggan était personnellement honnête, il en était certain. Mais il savait aussi que Duggan était comme beaucoup de gens de son espèce, prisonnier d'une sorte de passivité morale — que, s'il était honnête dans une certaine mesure, tout s'estompait au-delà...

— Eh bien ? Je vous écoute, insista Duggan. Qui vous a donné cette information passionnante ?

Avant que Terrell puisse ouvrir la bouche, la porte s'ouvrit brusquement et le maire Shaw Ticknor bondit dans la pièce. Ticknor riait à belles dents en se grattant la face interne de la cuisse. Quand il reconnut Terrell, il cessa de rire mais continua de se gratter.

— Ah ! Voilà donc mon coupable ! J'espère pour vous que vous ne détestez pas la soupe au corbeau ! Jack, lui avez-vous fait part de notre point de vue ?

— Nous étions en train d'en discuter.

— Oh ! Pas la peine de discuter ! C'est très simple ! Ça tient en deux mots !

Il se mit à sourire et traversa la pièce en direction de Terrell. C'était un homme grand, osseux, avec une chevelure hirsute d'un gris de fer et un profil à coups de serpe qu'on aurait pu croire sculpté dans un bloc de grès rouge. Les électeurs devaient être séduits par ses allures lourdaudes (et pourtant astucieusement calculées) puisqu'ils l'avaient porté quatre fois de suite à la tête de la municipalité. En réalité, c'était un homme qui ne vivait que d'histoires obscènes, de nuits de poker et de plaisanteries sadiques. En outre, c'était un escroc de haut vol, sans pitié pour celui qui se mettait en travers de son chemin.

— Jouons cartes sur table, reprit Ticknor sans renoncer à son mauvais sourire. Je pense que cet intarissable bavard de Duggan a quand même réussi à vous faire savoir ce que nous voulons. Vous avez été entraîné dans une histoire stupide. Le moins que vous puissiez faire, c'est d'opérer une rectification dans votre prochaine édition. Une ligne ou deux, je n'en demande pas plus long... Ah ! Et puis vous allez me dire d'où vous tenez cette légende...

— Vous ne voulez rien de plus ?

— Ce n'est pas le moment de plaisanter ! hurla Ticknor dont le sourire s'effaça. Voilà douze ans que je suis maire de cette ville : je ne tolérerai pas que vous jetiez de la boue sur mon œuvre et sur ma réputation. Tout est clair dans cette histoire : et vous essayez de remuer de la boue. Vous allez comprendre que vos petites manigances ne paient pas ! Pas dans ma ville !

Terrell jeta un regard sur sa montre.

— Vous êtes sûr d'avoir dit tout ce que vous aviez à dire ?

— Écoutez-moi maintenant, — reprit Ticknor en s'efforçant de se contrôler. Je veux savoir d'où vous tenez cette histoire ridicule de l'homme à la cicatrice. Je le saurai, Sam. Ou alors, gare à vous !

— Je suis en double file : je n'ai pas trouvé de place dans le parking, répondit seulement Terrell d'une voix plate. Veuillez m'excuser. Je ne tiens pas à avoir de contravention.

Il lança un regard appuyé à Duggan qui fixait droit devant lui ses mains jointes sous le menton, avec sur son visage une expression faite de colère et de honte. Puis il se dirigea tranquillement vers la porte.

10

Quand Terrell fut de retour au journal — il était près de dix heures — la seconde édition approchait de l'heure limite et la tension montait dans l'immense salle. Tout le monde surveillait la grande horloge qui dominait les bureaux des reporters locaux. Karsh lui fit signe depuis son bureau et Terrell vint le rejoindre dans son box à l'abri du bruit.

— Inutile de m'expliquer, fit Karsh. Son Excellence le Maire vient de me téléphoner. Quel âne bâté ! conclut-il en secouant la tête.

— Ils sont très embêtés, fit Terrell. Même Duggan. Je ne l'ai jamais vu dans cet état, Mike...

— Ça ne va pas aller tout seul... dit Karsh, une lueur de joie diabolique dans l'œil. La veuve de Paddy Coglan est là depuis quelque temps déjà. Elle attend là-haut. Elle veut te parler, te raconter une belle histoire... une histoire mijotée aux petits oignons... Allons, viens.

Mme Coglan les attendait patiemment dans un petit salon du neuvième étage. Elle se leva timidement quand ils entrèrent et se mit à tirer sur sa pauvre jupe d'un noir vaguement rouille. Terrell remarqua qu'elle venait de pleurer.

Karsh commença :

— Veuillez vous rasseoir, madame Coglan. Et veuillez répéter à Sam ce que vous m'avez déjà dit.

— Ils m'ont convoqué hier à la Mairie, déclara docilement Mme Coglan. Ils ont tourné quelque temps autour du pot, puis, finalement, ils se sont décidés. Ils m'ont annoncé que la retraite à laquelle avait droit Paddy me serait accordée si je déclarais que Paddy divaguait déjà quelque temps avant sa mort. Ils m'ont expliqué ensuite que du fait de son suicide, il perdait ses droits à la retraite mais que si la preuve pouvait être apportée qu'il était malade — c'est-à-dire fou pour parler clairement — ce serait tout à fait différent et que dans ce cas les choses s'arrangeraient...

— Mme Coglan leur a répondu qu'elle allait réfléchir, précisa Karsh.

— Pourquoi veulent-ils me faire dire que mon pauvre homme était fou ? reprit la femme. Est-ce que cela ne leur suffit pas qu'il soit mort ? (Elle tordait ses mains usées par le labeur et ses lèvres recommençaient à trembler.) Pourquoi veulent-ils salir sa réputation ? Pourquoi veulent-ils le tourner en ridicule ?

— Parce que votre mari a vu quelque chose le soir où Eden Myles a été assassinée, répondit Terrell. Ou plus exactement : parce qu'il a vu quelqu'un. Il est possible qu'une nouvelle version des faits soit prochainement proposée : mais cette tentative d'explication s'effondre si l'on prouve que le seul témoin avait un comportement anormal. Les fous ne sont pas considérés comme des témoins suffisamment solides.

— Quel délai vous ont-ils donné pour répondre ? demanda Karsh.

— Jusqu'à demain matin.

— Si vous n'avez pas de nouvelles de moi d'ici là, faites traîner. Gagnez du temps. Au besoin, mettez-vous au lit avec la grippe. Nous travaillons sur une hypothèse dont votre histoire fait partie. Terrell est en train de renouer tous les fils. Nous sommes décidés à ne pas lâcher tant que nous n'aurons pas gagné. D'accord ?

Elle fit « oui » de la tête et se hasarda à sourire.

Terrell la reconduisit à la porte.

— Paddy serait content de ce que vous faites, dit-il.

— Oui. C'était un homme droit. Un homme droit... Merci, monsieur Terrell.

*
* *

Terrell consacra le reste de sa matinée à étudier les extraits de presse concernant la Direction Municipale des Parkings. C'était un travail fastidieux. Il alla jusqu'à lire les arrêtés municipaux instituant cet organisme et à s'user les yeux sur les prescriptions de détail imprimées en petits caractères. Finalement il réunit tous les feuillets sur lesquels il avait pris des notes et monta à la Section Financière dont les bureaux se trouvaient entre le box vitré de Karsh et les salles réservées à l'édition dominicale. Le rédacteur financier, Bill Moss, était lancé dans une grande démonstration au téléphone : mais il fit un signe d'amitié à Terrell et lui désigna un siège auprès de lui.

Moss finit par conclure ses explications, raccrocha son appareil et sourit de nouveau à son visiteur. Moss était un beau garçon aux cheveux grisonnants, avec d'admirables yeux noirs pleins de vie...

— Tu veux un tuyau pour la Bourse ? Achète quand c'est bas et vend quand ça a monté ! Sérieusement, que puis-je faire pour toi, Sam ?

— Je prends note de ton conseil, je m'en souviendrai : acheter bas, vendre cher !... Bill ! Notre Direction Municipale des Parkings commence à me passionner. Puis-je te poser quelques questions ?

— Vas-y !

— D'abord... Je viens de lire l'arrêté qui a créé l'organisme. Le texte m'en paraît assez flou.

— Oui, bien sûr. Mais, tu sais, c'est assez fréquent pour des textes de ce genre.

Terrell admit la chose d'un sourire.

— Un autre point m'intéresse. La plus grande partie des travaux financés par la Direction Municipale a été confiée à deux entreprises, et à celles-là seulement : Acme Construction et Bell Wreckers. J'aimerais avoir quelques indications sur leurs bénéfices... tout ce que tu pourras me dire à leur sujet sera le bienvenu.

Moss nota les noms sur une feuille de papier.

— Je vais mettre quelqu'un là-dessus. Je suppose que tu es pressé...

— Excuse-moi : je suis très pressé en effet. Je vais déjeuner et je reviens. D'accord ?

— Je vais essayer.

A deux heures, Terrell était de retour.

— Voilà le dossier ! annonça Moss en faisant rebondir son crayon sur une belle pile de documents... Je peux sans aucun doute te donner un tableau d'ensemble plus rapidement que tu ne l'obtiendrais en plongeant dans ces paperasses... Premier point : les deux sociétés sont régulièrement constituées... Pourtant, il y a deux particularités qui attirent l'attention : je ne suis pas convaincu par la liste de leurs actionnaires (je vais m'en expliquer dans un moment) et je suis surpris par les résultats extraordinairement favorables qu'ont obtenus les deux entreprises. Partant de zéro, elles ont pris une ampleur considérable en un rien de temps, toute leur activité s'exerçant en exclusivité pour le compte de la Municipalité.

— Les associés ? Qu'y a-t-il d'extraordinaire à leur sujet ?

— Les associés ne sont que quatre ou cinq dans chaque firme. Le hasard veut que je connaisse certains d'entre eux : eh bien... (Moss leva les épaules.) Ces hommes, à mon avis, n'ont ni la classe, ni l'expérience voulue pour créer des sociétés de cette envergure et leur donner l'importance que nous pouvons constater.

— Ce sont des hommes de paille...

— On peut le supposer...

— Comment connaître alors ceux qui financent réellement les affaires et qui en profitent ?

— Ça, ce n'est pas commode. Les accords sont probablement verbaux : tu es donc pratiquement désarmé...

— Merci quand même !

Moss salua de la tête.

— Sois gentil de venir me raconter ce que tu auras pu découvrir : les histoires d'escroquerie, ça me fait toujours rire...

— Moi aussi ! confirma Terrell. Mais je ne fais que dans la grande escroquerie : je ne m'arrête pas aux broutilles...

Revenu à son bureau, Terrell alluma une cigarette et se mit à réfléchir à ce que Moss lui avait appris. Finalement, il attrapa le téléphone et fit le numéro du siège de l'Entreprise Dan Bridewell. Le vieux Bridewell, qui avait commencé comme poseur de briques, était devenu l'un des plus gros entrepreneurs de travaux publics de tout l'État. Sans doute, son ascension avait-elle été brillante : mais Bridewell avait mis toute sa vie à l'accomplir et il avait lutté pied à pied.

— Oui ? Qui est à l'appareil ? C'était la voix haut perchée de Bridewell, à la fois sèche et irritée. Terrell ? Terrell, du journal ?

— Oui, Sam Terrell, monsieur Bridewell. Je suis en train de faire un papier sur la Direction Municipale des Parkings et j'aimerais vérifier auprès de vous deux ou trois points de détail.

— Eh bien, je vais tout vous dire, Terrell, en vous

évitant de perdre votre temps à venir jusqu'ici... La Direction Municipale rejette toutes mes propositions : elle préfère traiter avec de vilains oiseaux de nuit... Dois-je croire que j'achète le mauvais savon de toilette, ou que je vote du mauvais côté ? J'ai protesté des douzaines de fois. Je peux vous assurer que ce que j'affirme est l'expression même de la vérité !

— Je voudrais également vous poser une question à propos de Bell Wreckers et d'Acme Construction, les deux sociétés qui travaillent pour le compte de la Direction Municipale : savez-vous les noms des dirigeants et des associés de ces entreprises ?

— Vous feriez mieux d'aller à l'Hôtel de Ville et de poser la question à ces messieurs, mon cher... Ils peuvent certainement vous renseigner : mais, à moi, ils n'ont jamais voulu me le dire... Maintenant, j'ai à faire. Bonsoir !

Terrell entendit le déclic : Bridewell avait raccroché.

Le journaliste ébaucha un sourire, puis il reposa à son tour le combiné. Pendant une quinzaine de minutes, il demeura encore assis à sa table, le regard perdu dans le vague en direction des bureaux de la rédaction locale qui bourdonnaient d'activité. Il ne voyait rien : son esprit était ailleurs.

Il ne voyait plus qu'une seule solution pour obtenir les renseignements dont il avait besoin : troquer cette information contre une autre.

Une seconde fois, il saisit le téléphone et appela les bureaux du Surintendant Duggan. Il obtint le Surintendant lui-même et lui remit en mémoire la proposition qu'il avait à peine formulée ; il put le convaincre de le rejoindre, cinq minutes plus tard à l'annexe Nord des bâtiments de l'Hôtel de Ville.

Le Surintendant était déjà au rendez-vous quand Terrell arriva. L'officier arborait toujours son visage couperosé sous sa visière brodée d'or : mais il avait l'air plutôt mal à l'aise. Marchant l'un près de l'autre, à un pas de promenade en raison de la foule dense, ils se dirigèrent vers la 70e Rue.

— Êtes-vous d'accord pour un échange de bons procédés ? commença Terrell. Je vous aide, vous m'aidez ?...

— Essayons...

Terrell mit une cigarette entre ses lèvres. Au dernier moment, il hésitait. Les mots prononcés par Karsh lui revenaient à l'esprit : « Vous savez déjà trop de choses sur ce gorille qui a étranglé Eden Myles. Si l'affaire prend de la consistance, vous devenez l'ennemi numéro 1... » Devait-il faire confiance à Dungan ? Tout le risque était là. Enfin il se décida.

— J'ai eu une conversation avec Paddy Coglan, dans son hôtel à Beach City.

Duggan le fixa.

— Le jour où il s'est tué ?

— Oui. C'est lui qui m'a donné la description de l'homme qui s'est enfui de la maison de Caldwell. C'est cette description que j'ai reproduite dans mon article. Cet homme dont j'ai fait le portrait a été vu en compagnie d'Ike Cellars quelques jours avant qu'il commette l'assassinat d'Eden Myles.

Ils continuèrent à marcher en silence.

— Sauriez-vous par hasard, demanda Terrell, qui sont les vrais patrons de Bell Wreckers et d'Acme Construction ?

— Ça doit bien figurer quelque part.

— Les noms qui apparaissent officiellement sont ceux d'hommes de paille, répondit Terrell. Je veux savoir pour le compte de qui ils agissent.

— J'ai le moyen de le savoir, fit Duggan. Je vous aurai le renseignement.

— J'en ai besoin ce soir. Puis-je vous appeler chez vous ?

— Vous allez un peu vite, hein ? Je vais faire l'impossible. Appelez vers huit heures.

— D'accord pour huit heures. A bientôt.

Terrell eut un coup d'œil vers Duggan qui s'éloignait, se frayant un chemin en jouant des épaules à travers la foule impatiente — puissante silhouette d'allure militaire, symbole de puissance et de netteté. Et Terrell se demanda : « A quoi pense-t-il maintenant ? Va-t-il relever le défi ? Va-t-il rendre compte à Ticknor et Cellars de notre conversation ? »

Terrell riait jaune en considérant sa propre désinvolture — il n'avait pas tant de raison de se montrer léger... Si Duggan le laissait tomber, il n'aurait même pas droit à un requiem.

A huit heures précises, Terrell fit le numéro du domicile personnel de Duggan. C'est Duggan lui-même qui répondit.

— Qui est à l'appareil ?

— Terrell. Alors ?

— J'ai le renseignement, fit Duggan. Ça me coûte cher, eh ? J'ai pris deux des hommes de paille et je les ai fait passer à l'essoreuse. Mais Ticknor l'a su et il m'a volé dans les plumes. Demain matin, séance du Conseil municipal : je suis mis à pied... Pas mal comme résultat, hein ?

— Vous êtes un officier ! Vous n'êtes pas une poule mouillée ! répliqua Terrell. A propos, les patrons, qui c'est ?

— Ça m'a épaté. Je suis du côté du manche depuis quelques années, mais je ne l'avais pas deviné. Ike Cellars est dedans pour une bonne moitié : mais le reste, eh bien, c'est Dan Bridewell ! Formidable, hein ?

— Êtes-vous sûr ? Absolument sûr ?

— Bon sang ! Depuis le temps, je sais quand même faire une enquête ! déclara Duggan d'un ton las.

— Excusez-moi. Le renseignement est intéressant. Ne vous inquiétez pas : nous sommes avec vous. Vous avez votre rôle à jouer de ce côté de la barricade.

— Imaginez ! Trente-cinq ans de loyaux services. Et se faire flanquer à la porte pour dix minutes de travail honnête par cet Al Capone de café-concert qui terrorise la ville. C'est du beau !

— C'est scandaleux. Mais je vous en prie, Duggan : ne démissionnez pas. Laissez-leur le soin de vous révoquer.

— Soyez tranquille !

Terrell raccrocha et commença à s'habiller. Bridewell... quel commanditaire ! Le puritain qui prenait des poses, le loyal citoyen, le dénonciateur vertueux de la pègre des corrupteurs ! Bridewell en combine avec Ike Cellars !

Il était sur le point de repartir quand le téléphone sonna. Il l'attrapa avec un mouvement d'impatience et cria :

— Allo ! Ici Terrell !

— Vous m'avez conseillé de me rappeler votre nom, commença une voix féminine en laquelle il reconnut celle de Connie Blacker.

— Je suis ravi que vous vous en soyez souvenue. Que puis-je pour vous ?

— Je voudrais bien vous voir. J'ai... Enfin, j'ai changé d'avis.

— Où êtes-vous actuellement ?

— Je suis au Club. Au Club The Mansions. Pouvez-vous venir jusqu'ici ? On prendra un verre.

Sa voix n'est pas très franche, pensa-t-il. Elle doit être sous le coup d'une menace. Ou bien, elle a des ennuis.

— Voulez-vous vers neuf heures, neuf heures et demie ? demanda-t-il.

— Ce sera très bien. Juste entre mes deux numéros... Ne me laissez pas tomber, je vous prie...

Terrell regarda le téléphone et leva un sourcil. L'affaire semblait décidément très curieuse...

— Soyez sans inquiétude. Je serai au rendez-vous.

11

Terrell arrêta sa voiture à proximité des Mansions, grand cabaret du centre de la ville et propriété d'Ike Cellars. Miguel, le maître d'hôtel l'accueillit cordialement et fit prévenir Connie Blaker par un groom.

Le groom ne tarda pas à revenir, annonçant à Terrell que Mlle Blacker l'attendait dans sa loge. Terrell salua Miguel et traversa la salle en direction du passage qui conduisait aux locaux réservés aux artistes. Connie l'attendait sur le seuil de son réduit.

— Je suis heureuse que vous ayez pu venir, dit-elle.

— Vous aviez l'air assez pressée de me voir.

— Entrez, je vous prie. C'est tout en désordre, mais je vais quand même vous trouver un siège et un cendrier.

— Il y en a des tas qui ont vécu et sont morts avec bien moins que cela, déclara tranquillement Terrell. Mais en même temps, il était obligé de constater que la fille était dans un état de nervosité incroyable.

— Comment va le métier ?

— Pas mal. J'en suis à un échelon au-dessus de la vendeuse de cigarettes... Je chante dans le chœur de la grande scène finale, avec accompagnement de l'orchestre. Et puis j'ai aussi un petit rôle de figurante. (Elle eut un sourire rapide.) Asseyez-vous, s'il vous plaît.

— Avec le temps, ça s'arrangera, dit-il. Pour avoir

quelque chose d'intéressant dans ces métiers, il faut avoir de la patience.

Le cheveux blonds de Connie étaient coupés court et retenus par un ruban. Sa peau était celle d'une très jeune fille sans une ride, sans un pli avec un teint plein d'éclat sans qu'elle ait besoin d'utiliser de crème. Son costume donnait à sa silhouette une parure dont elle n'avait pas besoin. Terrell eut un instant le sentiment bizarre qu'elle n'était pas à sa place dans cette organisation remarquablement bien camouflée d'Ike Cellars. Qu'en fait, elle appartenait à un monde de jeunes filles bien nettes et sentant bon, de petits plats mijotés pour le souper du dimanche soir, de feu de bois dans l'âtre et de Martini en guise d'apéritif. Après tout, peut-être se trompait-il.

Elle regardait constamment vers la porte.

— Si je vous dis quelque chose qui puisse vous être utile, quel profit en tirerai-je ?

— Vous aurez droit à toute la panoplie, répondit-il d'un ton las. La tranquillité d'esprit, le respect de vous-même, la bonne conscience... Vous ferez une bonne affaire.

A son tour, elle s'assit en le considérant attentivement.

— Rien d'autre ?

— Vous voulez dire quelque chose de franc, de propre, de hautement moral... des dollars ?

Elle croisa les jambes en décrivant un cercle rapide avec la pointe de son soulier. Elle leva encore les yeux sur la porte et Terrell remarqua que ses mains s'agrippaient au bord de sa chaise.

— On peut toujours s'arranger, dit-il. Mais j'aimerais avoir une idée de ce que vous pouvez me proposer.

Elle se pencha brusquement vers lui.

— Sauvez-vous ! souffla-t-elle d'une voix terrorisée, désespérée. Sauvez-vous vite !

Terrell bondit mais déjà la porte s'ouvrait et il comprit qu'il était trop tard. Frankie Chance entrait, ses gentils petits yeux bruns injectés de haine et de fureur. Derrière lui venait un des gardes du corps d'Ike, un type de stature et de carrure énormes, nommé Briggs.

— Je vous ai dit de lui ficher la paix ! cria Frankie.

— Elle ne se plaint de rien ! répliqua Terrell.

Frankie jeta un regard à la fille.

— Chérie, je sais bien : ses intentions sont très pures. Mais je sais bien ce qui se passe : Sam a pris quelques verres de trop, ça lui donne des idées...

— C'est particulièrement idiot... même venant de vous ! fit Terrell.

— Il y a deux choses qu'Ike ne supporte pas : les ivrognes et les gars qui viennent tripoter ses artistes !

Briggs laissa tomber sa main puissante sur le bras de Terrell.

— On va vous reconduire à votre voiture.

— Je vous en prie, ce n'est pas la peine, protesta Terrell.

Il tenta de libérer son bras, mais la main de Briggs était de béton. Il regarda Connie, mais elle détourna la tête.

— Charmante visite ! fit-il encore.

Briggs le poussa dans le corridor et interrogea Frankie du coin de l'œil.

— On le sort par la porte de service ?

— Bien sûr, répondit Frankie. On ne fait pas traverser la piste de danse aux ivrognes.

Ils firent passer Terrell par la cuisine et l'entraînèrent derrière les bâtiments jusqu'à un terrain nu qui était parfois utilisé comme parking supplémentaire en cas d'affluence. Ce soir, cette cour était totalement vide et parfaitement obscure. Un individu sortit de l'ombre et jeta sa cigarette. Il semblait savoir ce qu'il aurait à faire.

Briggs plaqua Terrell contre un mur de brique : Frankie et l'inconnu lui immobilisèrent les bras.

— Sam, tu nous embêtes ! déclara Frankie.

Briggs déboucha une bouteille et aspergea de whisky la tête de Terrell et le plastron de sa chemise.

— Dommage de perdre tout ça... grogna-t-il.

Puis il frappa Terrell à l'estomac avec sa main libre. Le coup étant appliqué avec une fastidieuse lenteur mais la masse était écrasante. Frankie et son complice durent resserrer leur étreinte car Terrell tomba en avant, luttant contre la douleur qui lui remontait de la poitrine à la gorge. Briggs le frappa ainsi une douzaine de fois, tranquillement, méthodiquement, en ayant l'air de penser à autre chose. Puis il s'interrompit et vida d'un trait le fond de la bouteille qu'il avait gardée à la main.

— Emmène-le chez lui, ordonna Frankie à l'inconnu, je ne veux pas qu'il reste là à encombrer le passage.

*
* *

Terrell était couché sur le sofa dans son appartement : il s'appliquait à respirer avec beaucoup de précautions car une douleur épouvantable accompagnait chaque mouvement de sa cage thoracique.

Il somnolait quand brusquement un frisson le parcourut. Il se mit sur son séant, secoua la tête, considéra la pièce dans la pénombre. Les aiguilles phosphorescentes de sa montre-bracelet indiquaient deux heures et demie. Il avait dormi plus d'une heure sans s'en rendre compte. Mais qu'est-ce qui l'avait éveillé ?

Le bruit se reproduisit : on frappait doucement à sa porte. Il se leva avec peine. Il était tout raide. Sa main s'appuyait sur ses côtes comme pour contenir la douleur. Il traversa ainsi la pièce et s'appuya contre le mur à côté de la porte.

— Qui est là ?

— C'est moi... Connie.

Terrell accrocha la chaîne de sécurité et entrouvrit la porte de quelques centimètres. Elle était seule, toute jeune, toute pâle, toute apeurée.

— Que voulez-vous ?

— Je suis très ennuyée. Puis-je entrer une minute ? Il faut que je vous explique.

— Vous devez avoir préparé une explication très astucieuse... répondit Terrell.

Mais de toute façon, il préférait savoir. Il ôta la chaîne et l'invita à entrer. Elle se glissa dans l'entrebâillement. Il ferma la porte aussitôt, la verrouilla et revint à petits pas vers le sofa.

— Vous avez mal... dit-elle, en s'approchant de lui pour lui prendre le bras. Puis-je faire quelque chose pour vous ?

— Vous en avez fait assez. Encore une intervention de vous dans le même style et il faudra que je me procure un assortiment complet de pièces détachées...

— Je suis désolée... Ils m'ont obligée à vous appeler... Vous feriez mieux de vous asseoir... Ça ne va pas ?

— Assez de manières ! commanda-t-il d'une voix sèche qu'il regretta aussitôt.

— Abandonnez cette histoire : c'est absolument fou ce que vous tentez de faire.

Elle le fit tourner vers le sofa. Il essaya de se libérer d'elle mais ses forces l'abandonnaient et il se sentait de nouveau perdre conscience.

— Ne parlez pas de cela, dit-il.

Il était couché sur le dos : elle arrangeait un coussin sous sa tête.

— Je n'ai agi que sous la contrainte, répétait-elle. Ne pouvez-vous pas me croire ?

— Oh ! si... Mais c'est de cette façon qu'on a

édifié des camps de concentration : les gens ont été contraints de les construire.

— Ils ont prétendu qu'ils voulaient seulement discuter avec vous. Frankie disait que vous n'accepteriez pas de le rencontrer : alors il m'a obligée à vous appeler et à vous donner ce rendez-vous. Je n'aurais pas dû. Je ne l'aurais certainement pas fait si j'avais pu deviner qu'ils allaient vous frapper. Voulez-vous que je vous fasse un peu de café ?

— Je n'ai besoin de rien... Ah ! si... Faites-moi du café.

Il se dit qu'elle ne serait pas capable de trouver ce qu'il fallait : il voulut faire l'effort de se lever pour l'aider. Mais il retomba sur l'oreiller et sombra de nouveau dans l'inconscience. Il ne s'éveilla que lorsque Connie le prit par l'épaule en lui disant :

— Sam, voilà le café.

Il avait dormi une demi-heure : et ce repos lui avait fait beaucoup de bien. Des odeurs agréables de café et de fumée de cigarette flottaient dans l'appartement : Connie était assise dans un fauteuil près du sofa.

— Ça va mieux ? demanda-t-elle.

— Oui, je pense que ça va mieux. Il but le café à petites gorgées et chercha des yeux un paquet de cigarettes.

— Voilà... dit-elle.

Il en prit une ; elle lui offrit du feu, il remercia d'un signe de tête.

— Vous seriez mieux dans votre lit, dit-elle. J'ai préparé votre pyjama et j'ai écarté les couvertures.

— C'est gentil...

Il se leva et clopina jusqu'à la chambre, conscient qu'elle marchait sur ses talons. Il laissa glisser à terre sa veste et son pantalon mais pour la chemise, c'était une autre affaire : il ne pouvait pas lever les bras pour atteindre le bouton de col.

Sans un mot, Connie s'avança et, se plaçant face

à lui, dénoua la cravate et déboutonna la chemise. La proximité de cette jolie fille lui faisait du bien : sa présence était amicale et douce. A mi-voix elle prononça une phrase qu'il n'entendit pas, lorsqu'elle constata les meurtrissures de ses côtes. Ses lèvres tremblèrent.

— Ils auraient pu vous tuer, dit-elle.

— « Pas trop cher pour une bonne histoire... » C'était notre devise à l'école... Nous sommes les martyrs du reportage : magnifique, n'est-ce pas ?

— Vous feriez mieux de vous étendre et de vous taire. Dois-je appeler un médecin ou faire quoi que ce soit ?

— Non. Je crois que ce n'est pas la peine. Je n'ai rien de cassé. Je pense que d'ici un jour ou deux tout ira bien.

— Pourquoi est-ce toujours vous qui êtes sur la brèche ? Personne ne peut-il vous aider ?

— Bien sûr que si... Tout d'abord vous... Mais vous avez commencé par refuser.

— Je ne peux vous être d'aucun secours. Et puis, vous, vous ne changerez rien à l'ordre établi.

— Peut-être que oui, peut-être que non... En tout cas, je voudrais bien me changer, c'est-à-dire mettre mon pyjama, si vous n'y voyez pas d'inconvénient.

— Je vous en prie !

Trois secondes après, Terrell se glissait sous les couvertures et s'abandonnait avec délice à la tiède douceur du lit. Elle frappa un coup discret à la porte.

— Entrez, dit-il.

Elle était là, son manteau sur le bras.

— Je m'en vais maintenant. Vous n'avez vraiment besoin de rien ?

— Je ne pense pas.

Elle vint au chevet du lit et le considéra d'en haut avec un léger froncement de sourcil.

— J'ai refait un peu de café. Vous n'aurez qu'à

allumer le gaz sous la cafetière quand vous en voudrez.

— Parfait, merci.

Ils se regardèrent pendant un moment sans parler. Son joli visage était pâle ; sa chevelure blonde, très courte, ombrageait son front.

— Il vaut mieux que je m'en aille...

— A bientôt, Connie. Merci encore.

Mais elle continuait à le fixer et ne faisait aucun mouvement pour partir. Finalement, elle s'assit au bord du lit et déclara, tout en considérant la pointe de ses escarpins marron :

— Je ne vais pas continuer à jacasser. Mais je pensais... Me permettez-vous de rester ?

— De rester là où vous êtes ?

— Oui : là où je suis.

Elle se donnait l'air de plaisanter : mais le rouge lui était monté aux joues. Elle essaya de se lever, mais c'est lui qui la retint par le bras.

— Pourquoi avez-vous envie de rester ? Pour offrir votre tendre poitrine au combattant blessé ? Quelque chose dans ce genre ?

— Je ne sais pas. Je ne me rends pas bien compte. (Elle le fixa et la lueur de la lampe de chevet se refléta dans ses larmes.) A cause de vous, je me sens médiocre et inutile. C'est tout. Je voudrais faire quelque chose pour vous, quelque chose qui soit à ma portée. Tout ce que je vous dis n'a aucune signification. Excusez-moi, ajouta-t-elle en secouant vivement la tête.

— Les sentiments que vous exprimez vous honorent... dit-il bizarrement ému, reconnaissant, même, qu'elle eût parlé ainsi, presque gêné. Prenez une cigarette. Prenez un verre de quelque chose...

Elle secoua encore la tête.

— Non merci, il faut que je m'en aille.

Terrell saisit la main de la jeune fille. Il l'avait blessée tout à l'heure ; il voulait à tout prix éviter de recommencer mais il ne savait comment exprimer ce qu'il avait à lui dire.

— Oublions ce qui nous a séparés, oublions le ressentiment que nous avons pu avoir l'un contre l'autre, proposa-t-il.

— Pourriez-vous oublier tout cela ?

Il caressa légèrement la joue de la jeune femme et la naissance de sa gorge. Elle se retourna, lui adressa un sourire encore timide. Terrell en ressentit du bonheur et même de la reconnaissance.

— Essayons... dit-il.

***

La sonnerie du téléphone l'éveilla, beaucoup plus tard. Il se redressa sur un coude et alluma la lampe de chevet. La chambre était obscure mais les contrevents étaient encadrés par la lueur de l'aube. Il saisit le combiné et une voix inconnue demanda :

— Monsieur Terrell ?

— C'est moi.

— Un moment. On vous parle de Beach City.

Il pivota de façon à se trouver assis sur le lit et alluma une cigarette. Puis il jeta un regard par-dessus son épaule et vit qu'elle le surveillait avec un petit sourire ensommeillé.

— Excuse-moi, dit-il.

— Et moi qui étais en train de faire un si beau rêve...

— Ferme les yeux et tâche de le rattraper où tu l'as laissé. Il est encore très tôt.

Elle blottit dans l'oreiller sa petite figure pâle : il ne vit plus que la masse des cheveux blonds, bouclés, ébouriffés. L'appareil cliqueta à son oreille : une voix qu'il connaissait l'interpella :

— Sam ? Sam Terrell ? Ici, Tim Moran de la brigade criminelle de Beach City. Excusez-moi pour l'heure matinale...

— Ça ne fait rien. Qu'est-ce qui se passe ?

— Ce petit flic qui s'est suicidé ici, vous vous souvenez ? Coglan ? Eh bien, j'ai tout à fait l'impression qu'il ne s'est pas suicidé. Je ne peux rien vous dire de plus pour l'instant, mais si vous veniez par ici, je vous raconterais toute l'histoire.

— En ce moment, il y a peu de circulation : je peux vous rejoindre en deux heures.

— Très bien. Je vous ai appelé parce que je viens d'avoir une prise de bec avec la police de chez vous. Ils veulent absolument qu'on maintienne cette histoire de suicide.

— A qui avez-vous parlé ?

— A un flic nommé Stanko.

— Ça ne m'étonne pas. Dans deux heures, je suis chez vous, Tim. Merci beaucoup.

Il reposa le combiné et déclara.

— Il faut que je me rase et que je file. Tâche de dormir.

— Il faut que tu partes ?

— Oui, c'est important.

Elle se dressa, sourit, appuya sa joue contre le bras de Sam.

— Dire que je voulais t'aider et que je t'ai trahi...

— Encore pire que ça, dit-il. Nous en reparlerons quand je serai de retour... Dans les plus affectueux détails...

— Sam...

— Oui ?

— Je veux t'aider. Je veux que tu saches ce qui s'est passé chez Eden le soir qui a précédé sa mort.

Il demeura silencieux un moment, attendant qu'elle poursuive. Puis il demanda :

— Quelqu'un sait-il que tu es venue chez moi hier soir ?

— Je ne crois pas. Pourquoi ?

— Écoute-moi. Si tu veux travailler avec moi, promets-moi de ne pas mettre le nez hors de cet appartement et de tenir la porte fermée jusqu'à ce que je revienne ! Promets-moi de ne laisser entrer personne, pas même l'Ange Gabriel !

— Je te le promets.

Elle souriait. Désormais il se sentait responsable d'elle : et cela donnait un surcroît d'importance à tout ce qui s'était passé jusqu'ici.

— Ike Cellars lui-même est venu ce soir-là dans l'appartement d'Eden. Il a demandé à Eden de faire quelque chose pour lui.

— Quoi ?

— De l'aider à tendre un piège à M. Caldwell.

— Es-tu sûre de ce que tu dis ?

— J'étais dans la chambre à coucher d'Eden : j'ai tout entendu.

12

Il était neuf heures quand Terrell arriva à Beach City. Il gara sa voiture près du palais de justice, dans le parking réservé aux membres de la police et de la presse. Il avait eu le temps de transmettre à Karsh les informations que lui avait données Connie : les rotatives étaient déjà en route. Il avait encore besoin de l'histoire de Tim Moran : mais il possédait par ailleurs tous les tenants et aboutissants de l'affaire — le pourquoi et le comment du piège tendu à Caldwell, tous les trafics autour de la Direction Municipale des Parkings, tout... Et c'était le témoignage de Connie qui liait toute la gerbe...

Terrell monta au bureau de Moran au second étage. Moran était en manches de chemise, la cravate dénouée, le col ouvert. Il avait l'air épuisé : mais son regard était aussi vif que celui d'un chasseur sur une piste.

— Eh bien, vous avez fait vite ! Asseyez-vous,

Sam. Je vais vous dire ce que je sais. Après quoi, vous pourrez peut-être me raconter quelque chose. Je suis régulier...

— D'accord, fit Terrell.

Moran prit sur son bureau une photo sur papier glacé : il la tendit à Terrell.

— Voilà le gars qui a tué Paddy Coglan. Vous le connaissez ?

Terrell étudia le visage sombre, le front bas rayé d'une cicatrice, le regard audacieux, coléreux. Puis il secoua lentement la tête :

— Je ne le connais pas. Où avez-vous trouvé cette photo ?

— Pourtant, ça vous dit quelque chose, Sam : je l'ai vu dans vos yeux.

— Ça pourrait être le type que Coglan a vu s'enfuir de chez Caldwell, dit-il en voyant Moran froncer le sourcil. Ne vous inquiétez pas, je vous raconterai tout. Mais dites-moi d'abord votre histoire. Comment vous êtes-vous procuré cette photo ?

— C'est tout à fait étrange, Sam. Je n'ai jamais rien vu de pareil depuis que je suis dans le métier... Vous savez que nous avons établi un procès-verbal aux termes duquel Coglan s'était suicidé. Eh bien, deux jours après la mort de Coglan, j'ai eu ici dans mon bureau la visite d'un voyageur qui était descendu au même hôtel que Coglan et qui logeait ce jour-là au même étage, à une chambre de distance. Il avait entendu le coup de feu. Immédiatement après, il a mis le nez dans le corridor et il a vu un individu sortir de la chambre de Coglan et fermer la porte derrière lui. Il n'a vu l'individu que de dos, mais il a pu donner la description du pardessus, la couleur des cheveux, l'allure générale...

— Pourquoi a-t-il attendu deux jours pour parler ?

— Il avait la frousse. Mais sa conscience le chatouillait un peu... Je me suis rendu à l'hôtel : j'ai interrogé garçons d'étages, liftiers, préposés à la réception. Je leur ai fait lire la description de l'inconnu. Les uns et les autres se sont souvenus d'avoir vu l'homme, sans erreur possible. On l'avait remarqué dans les corridors au cours de l'après-midi et aussitôt après le dîner. Un liftier s'est même rappelé l'avoir monté à l'étage au-dessus de celui de Coglan... Alors j'ai eu une idée : j'ai tenté ma chance. Vous savez qu'il y a toujours quelques photographes ambulants qui se promènent dans ce quartier. Je les ai réunis et je leur ai demandé de me montrer les épreuves des photos qu'ils avaient risquées le jour de la mort de Coglan. Et j'ai réussi ! Le photographe se souvenait lui aussi de ce type énorme qui avait l'air d'un lutteur, ou tout au moins d'un bagarreur, et qui pouvait être flatté de se voir photographier. Mais toute cette psychologie est tombée à l'eau : le type s'est arrêté, un peu ahuri, il a fixé le photographe, puis il a fichu le camp ! (Moran eut un sourire plutôt triste.) Je me demande quel effet a pu avoir sur ses nerfs ce très banal incident... Quoi qu'il en soit, nous avons envoyé la photo à Washington pour identifier le gars. Il se nomme Nicolas Rammersky, alias Nick Rommer. Il a quarante-deux ans et, à son actif, deux condamnations criminelles et un certain nombre pour délits mineurs, le tout représentant à peu près vingt ans de réclusion. C'est un tueur à gages... J'aimerais bien savoir maintenant qui l'a payé pour tuer Coglan.

— Je vous ai promis de remplir les blancs... dit Terrell. J'avais tout en arrivant ici, sauf le nom de Rammersky... Voilà donc comment les choses se sont passées...

***

Vingt minutes plus tard, Moran accompagna Terrell jusqu'à la porte du bâtiment. Il lui dit en guise d'adieu :

— Rammersky paiera pour le meurtre de la fille ou pour celui du flic. L'un ou l'autre, ça m'est égal. Il ne peut pas échapper à la justice à partir du moment où votre récit sera publié... Ni aucun des autres, d'ailleurs...

Terrell fit la route du retour moins rapidement. Le trafic était intense. Il arriva en ville peu après deux heures et demie et s'arrêta devant l'immeuble où il habitait. En montant l'escalier, il calcula le temps qui serait nécessaire à la mise en page de son article. Deux heures au moins. En travaillant vite, il pourrait être prêt à quatre heures et demie, pour l'édition « Trois Étoiles ». L'information sensationnelle, prouvant l'innocence de Caldwell, allait frapper la ville comme un coup de tonnerre !

Il fit jouer la clef dans la serrure et appela :

— Hé ! Hé !

Il n'obtint pas de réponse. Rien ne bougea dans l'appartement et il resta là, le chapeau à la main, le sourire figé sur ses lèvres. Pendant quelques secondes, il demeura immobile : puis il ferma la porte derrière lui et traversa lentement le petit appartement. Vide. Les contrevents étaient restés fermés ; le lit n'avait pas été fait. Le léger parfum qu'elle employait flottait encore dans l'air : mais c'était tout.

Il alluma une cigarette, il regarda tout autour de lui, le sourcil froncé. Elle ne courait aucun risque réel à sortir, se répéta-t-il. Pourquoi ne serait-elle pas allée faire un tour dehors ? Mais il réalisa tristement qu'il était surpris, déçu. Il était persuadé qu'elle aurait tenu sa promesse.

Ce fut seulement en éteignant sa cigarette dans le cendrier qu'il aperçut le papier qu'elle avait laissé sur la table du téléphone. Il le saisit, éprouvant en même temps le poids de la désillusion charger sa poitrine. Le message était rédigé au crayon, d'une écriture nette et soignée. « J'ai fait mon choix un peu trop vite. Il faut que je sois raisonnable. Je disparais : excuse-moi. Rends-moi ma liberté. »

Terrell parcourut la pièce du regard. Sa tête lui semblait lourde, comme à l'issue d'un combat de boxe où il aurait été sonné. Sans le témoignage de Connie, toute son histoire s'effondrait. L'affaire Rammersky restait debout : mais elle ne concernait que l'assassinat de Coglan. Ça ne changeait pas grand-chose pour Caldwell... Pas en temps utile, en tout cas.

Il s'assit, appela le journal : mais Karsh n'était pas à son bureau. Sa secrétaire précisa qu'il était parti pour assister « au Match ». « Le Match ! » Terrell avait oublié : Dartmouth jouait et Karsh assistait à la rencontre avec un groupe d'amis. Terrell était furieux : un match, n'importe quel match lui paraissait futile et inintéressant tant que Caldwell serait en prison, tant que la vérité serait piétinée...

Terrell était toujours là, debout, regardant autour de lui, les sourcils froncés. Il y avait des choses qui ne *collaient* pas. Le lit n'était pas fait : ce n'était pas normal. Elle ne serait pas partie de son plein gré sans mettre un peu d'ordre. Terrell examina encore le papier qu'il avait reposé sur la table près de la cafetière. Son authenticité n'était pas contestable. Son cœur battit plus vite : brusquement il se mit à souhaiter que Connie l'ait quitté volontairement — qu'elle soit sortie de cet appartement parce qu'elle l'avait librement décidé.

Il s'assit et fit le numéro de son hôtel. Connie Blacker est-elle là ?

— Elle a quitté l'hôtel, monsieur.

— Quand ?

— Laissez-moi me renseigner... Vers dix heures ce matin.

— N'a-t-elle pas laissé une adresse pour faire suivre son courrier ?

— Une minute, s'il vous plaît... Non, monsieur, je regrette.

— Était-elle seule ?

— Monsieur, excusez-moi : je ne peux pas occuper indéfiniment cette ligne...

— Était-elle seule ? répéta Terrell sur un ton impératif.

— Non, monsieur. Elle était avec des amis. Deux messieurs.

— Frankie Chance en était-il ?

— On m'appelle sur une autre ligne, monsieur. Pourriez-vous attendre ?...

Terrell reposa l'appareil, prit son chapeau. Il descendit dans la rue et sauta dans un taxi.

A l'hôtel, l'employé de la réception lui décrivit les deux hommes qui étaient partis avec Connie : un grand type, la peau sombre, les cheveux noirs — l'autre élégant, les cheveux ondulés, les traits fins... Le grand devait être Briggs, le garde du corps de Cellars.

Terrell sortit sur le trottoir. Un moment il demeura immobile parmi l'agitation de la rue, ne sachant ce qu'il allait faire. Il était pris entre deux appréhensions — qu'elle l'ait fui de son plein gré — qu'elle ait été enlevée par les hommes de main de Cellars. Sa première réaction était purement égoïste — mais l'autre explication concernait la Police ou le F.B.I. Et, à ce dernier point de vue, il était parfaitement dépourvu de preuve. Il n'avait que sa conviction que Connie n'avait pas dû le quitter volontairement.

Terrell revint à son appartement et appela de nouveau Karsh, mais la domestique répondit que personne n'était revenu de la manifestation sportive. Le fils de Karsh et ses amis faisaient partie de la fête : tous reviendraient après le match pour une collation. Un buffet froid et des boissons les attendaient.

Terrell arpentait la pièce de long en large, fumant cigarette sur cigarette. Finalement, il prit une décision et décrocha une fois encore le téléphone. Le Surintendant Duggan n'était pas à son bureau : mais sa secrétaire indiqua qu'il pouvait être joint à son domicile en cas de nécessité urgente. Terrell coupa et fit le numéro personnel de Duggan.

C'est Mme Duggan qui répondit : elle pria Sam d'attendre une minute et alla chercher son mari. Duggan prit la communication avec une voix basse, préoccupée.

— Sam, la journée a été terrible ! Je pense que vous en avez eu des échos...

— Eh, non. Je ne sais rien. J'étais au travail. Je voulais vous informer de l'enlèvement d'une fille nommée Connie Blacker qui opérait pour le compte d'Ike Cellars.

Duggan gardait le silence. Terrell entendait sa respiration difficile.

— Pourquoi me parler de cela ? dit-il enfin. C'est un cas qui relève de la Justice fédérale.

— N'êtes-vous réellement pas intéressé ? Ike Cellars aurait-il mouillé votre poudre ?

— A qui croyez-vous parler ? répliqua Duggan sur un ton furieux qui montait d'une phrase à l'autre. J'en ai vu de toutes les couleurs depuis ce matin. J'en suis malade ! Le Conseil municipal a repoussé la sanction contre moi, mais à trois voix près. Ticknor voulait me jeter dehors comme un vulgaire flic qu'il aurait surpris en flagrant délit d'ivresse. J'en ai assez ! Je n'écoute plus personne, ni vous ni les autres !

— Vous n'avez pas fini d'en voir, répondit Terrell. Ticknor peut s'arranger pour trouver trois voix de plus, soyez-en sûr ! Après quoi vous serez liquidé — ça fera un policier de plus à venir pleurnicher qu'il est victime de pressions politiques. Mais, à mon sens, si vous réussissez à récupérer cette fille, vous avez une chance.

— Que voulez-vous dire ? demanda Duggan, je ne vois pas le rapport qu'il peut y avoir entre cette fille et moi.

Terrell perçut dans sa voix l'éveil d'un certain intérêt. Mais il songea que depuis le début de cette histoire il était à chaque fois battu d'une longueur : Paddy Coglan, Connie... A chaque fois, l'adversaire le devançait.

— Je n'ai pas bien entendu son nom, demanda encore Duggan. Comment s'appelle-t-elle ?

— J'ai oublié, fit Terrell. Dupont-Durant ou quelque chose comme ça.

— Ne plaisantez pas. Je vous ai posé une question. Comment s'appelle cette fille ? Qu'a-t-elle à voir avec Ticknor ou Cellars ?

— Rien du tout, fit Terrell. Ce n'était qu'un mauvais rêve...

— Pourtant vous m'aviez l'air fort bien éveillé !

— Une simple plaisanterie. Duggan, il faut en rire !

En dépit des protestations du Surintendant, il raccrocha. Il saisit son chapeau et son manteau et se précipita dehors. Il avait eu brusquement la conviction que Duggan ne ferait rien. Personne ne ferait rien. Elle courait un grave danger : les voyous n'auraient aucune pitié. Un oreiller sur la figure, un doigt sur la gorge — la méthode était extrêmement simple. Les voyous n'hésiteraient pas... Pourtant, il y avait encore une chance : Terrell en avait maintenant assez long à raconter sur le compte de Cellars. Il allait pouvoir donner le coup de sifflet.

13

Lorsque Terrell arriva à l'appartement de Karsh, l'après-midi était déjà fort avancé. L'hiver approchait : l'obscurité commençait à descendre sur la ville. La manifestation sportive était terminée, la foule refluait. Chez Karsh, la réception avait commencé.

— Où est M. Karsh ? demanda Terrell à la domestique.

— Il est dans sa chambre. Il téléphone sur le réseau interurbain. Puis-je vous apporter un verre, quelque chose à manger... ?

— Non, merci. Je vais trouver mon bonheur par là...

Le fils de Karsh et une demi-douzaine de ses amis les plus proches s'étaient groupés autour d'un puissant électrophone — les garçons en complets de flanelle foncés et chaussures de daim blanc, les filles douces et tendres en jupes de tweed ou de cachemire.

A l'autre extrémité de la pièce, l'amie de Karsh était entourée de quelques copains ou admirateurs, à proximité d'un bar fort bien approvisionné. A chacun les siens, songea Terrell en se dirigeant de ce côté pour se servir un verre. Mais il eut une pensée de pitié pour Karsh, qui n'avait de fait connu de réussite que dans sa vie professionnelle. Là, il œuvrait avec une étonnante précision, supervisant avec une autorité compétente (qui allait jusque dans le détail) les différents départements du journal. Quant au reste de son existence, c'était le chaos. Son mariage avait abouti à un divorce, voilà quelques années. Il avait été saigné à blanc par les avocats de sa femme. Il n'avait jamais eu d'intimité avec ses enfants — un fils et une fille : il les voyait maintenant fort peu. La fille était mariée et elle était partie pour la côte Ouest. Le fils était un garçon sans énergie, qui aimait la bonne vie : de temps à autre, il passait au journal pour discuter avec son père de ses difficultés financières...

Les pensées de Terrell passèrent de Karsh à Connie. Il était six heures : elle avait disparu depuis dix heures ce matin. Huit heures pleines. En huit heures, tout avait pu arriver — elle avait pu tout subir...

La porte de la chambre s'ouvrit et Karsh apparut. Il avait manifestement pas mal bu... Il était vêtu d'un complet de flanelle grise, magnifiquement bien coupé avec, à la boutonnière, l'écusson de Dartmouth. Il était coiffé, gominé à la perfection.

— Buvons un verre, pour l'amour de Dieu ! proposa-t-il.

Terrell traversa la pièce brusquement rendue au silence, et alla prendre le bras de Karsh.

— Mike, dit-il. Écoutez-moi. Je vous en prie.

— Sam, mon vieux, je suis content de te voir. Connais-tu mon fils ? Il a un peu honte de moi, mais c'est un bon garçon quand même, ou peut-être même à cause de cela !

— Mike, écoutez, insista Terrell. La fille a disparu. Le témoin. Cellars a remis la main dessus.

Mais Karsh ne prêtait aucune attention à ce qu'il disait.

— Des vieilles chansons de collège, Sam, c'est le thème de la soirée. En voilà une de la vieille Université de Peiping...

Le fils de Karsh les rejoignit et déclara sans la moindre gêne :

— Papa, il faut que nous partions maintenant. Je n'ai pas eu l'occasion de te le dire pendant le match : mais nous filons ce soir jusqu'à Skyport. Le fils Karsh était grand, très brun ; ses façons étaient parfaitement désinvoltes.

— Comme tu voudras, fit en souriant Karsh qui

lui administra une tape sur l'épaule. Je suis désolé que tu partes si vite. Je regrette d'avoir manqué ta conférence de presse. Je pensais que nous passerions un moment ensemble... Prends au moins le coup de l'étrier. Mange quelque chose avant de partir. Et prie tes amis de faire de même.

Quand Karsh se retourna vers Terrell, ses manières étaient devenues toutes différentes. Sa bonne humeur un peu « éméchée » avait disparu. Son regard était vide et glacé.

— Je continue à me faire des illusions en me figurant qu'il y a autre chose que le travail, dit-il. Non, il n'y a véritablement que le travail qui compte. Alors, la fille s'est envolée ? A quelle heure ? ajouta-t-il en hochant nerveusement la tête.

— Vers dix heures ce matin.

— A-t-elle réellement tant d'importance pour toi ?

— Elle est essentielle pour mon histoire : mais je peux commencer sans l'attendre.

— Es-tu sûr que Cellars l'a fait enlever ? Elle travaillait déjà pour lui auparavant, m'as-tu dit, peut-être n'a-t-elle fait que continuer.

— Non, elle s'est affranchie. Ça, je le sais, Mike.

— La question est de savoir jusqu'à quel point on peut avoir confiance en elle. Elle peut très bien t'avoir quitté volontairement, songes-y. Elle t'a laissé un papier, elle est partie tout tranquillement. Tu n'as aucune preuve que Cellars l'ait enlevée de force : pas vrai, Sam ?

Terrell eut une hésitation : il fixa Karsh en fronçant le sourcil.

— Comment savez-vous qu'elle m'a laissé un papier ? demanda-t-il.

— Logique pure et simple. Elles laissent toutes une lettre ou un papier. Attends... Va dans ma chambre et patiente un instant. J'ai à donner un coup de téléphone : je vais le faire d'ici et je dis adieu à mon fils. Après quoi, nous allons travailler.

Peux-tu tout mettre d'aplomb en deux ou trois heures ? Pour une édition spéciale de nuit ?

— Je suis prêt, fit Terrell.

— Parfait ! répondit Karsh en lui adressant un clin d'œil.

Il se dirigea vers un poste téléphonique posé sur une table près de l'électrophone. Quand il eut la communication, Terrell s'éloigna et alla se réfugier dans la chambre à coucher. Il ferma la porte et s'appuyant contre le battant, il écouta le sourd battement de son cœur. La musique venant du salon envahissait la pièce : elle était partout, mais Terrell n'était sensible qu'aux réactions de son corps — le rythme de son cœur, le vide de son estomac et, dans sa bouche, un goût de terreur, de trahison et de meurtre.

Un poste téléphonique en duplex se trouvait sur une table de chevet, à côté du lit de Karsh, à portée de main de Terrell. Il jeta un regard sur l'appareil bien net, bien brillant — un frisson le parcourut.

La main de Terrell s'avança lentement, avant même qu'il en ait décidé — elle saisit le récepteur et le porta au niveau de l'oreille. Il n'entendit d'abord que la musique, un bruit de fond provenant de l'électrophone, puis la voix de Karsh, nette et coupante, se superposa. Karsh insistait, sur un ton presque désespéré.

— ... On ne peut pas camoufler cela, Ike. Je vous le dis, c'est impossible. Soyez raisonnable, voyons !

La musique battait fortement à l'oreille de Terrell, son rythme puissant se confondait avec celui de son cœur. Alors il reconnut la voix d'Ike Cellars, plus forte que celle de Karsh, secouée d'une folle fureur.

— Je ne veux rien savoir ! Vous comprenez ! Je ne veux pas un mot de cela dans votre journal !

— Mais Terrell sait tout.

— Vous pouvez parfaitement éviter que ça soit

imprimé : ça, c'est votre métier. Le reste, c'est mon affaire.

— Une minute... Attendez : gardez la ligne une seconde...

Le cri de Karsh était suppliant, ridicule : l'autre avait déjà raccroché.

Terrell perçut le souffle rageur de Karsh pendant quelques instants : puis il replaça doucement le combiné sur son étrier et demeura un moment immobile, frottant ses paumes sur les côtés de son pantalon. Quand il entendit tourner le bouton de la porte, il mit rapidement une cigarette à ses lèvres et l'alluma en protégeant la flamme du briquet de ses deux mains.

La porte s'ouvrit brusquement : Karsh entra dans la pièce avec le style alerte et très « homme d'affaires » qui était le sien.

— Je suis à toi maintenant, dit-il. Raconte-moi tout ce que tu as appris.

Terrell se sentit hors d'état de faire face à Karsh. Il demeura planté sur place, lui présentant son profil, malade de honte, de colère, de mépris.

— Eh bien ? demanda Karsh, d'une voix un peu embarrassée. Je t'ai posé une question, Sam. Qu'avons-nous maintenant entre les mains ? Je suppose que tu m'apportes des preuves. Je suppose que tu peux prouver par témoin ou par écrit tout ce que tu avances...

Terrell se tourna enfin d'un quart de tour et regarda Karsh dans les yeux. Le silence dura. Karsh eut un petit geste gêné de la main et reprit pour la troisième fois :

— Que se passe-t-il, Sam ? Je te demande seulement quels sont les arguments que nous pouvons utiliser ?

— Pourquoi ne pas poser la question à Ike Cellars ? demanda Terrell d'une voix calme. Depuis les prévisions du temps jusqu'aux Petites Annonces

Classées, pourquoi ne pas lui demander ses instructions ? Nous sommes bien d'accord, Mike ? J'ai raison, Mike ? N'est-ce pas ? ajouta-t-il la voix devenue furieuse.

Avec un effort louable, Karsh avait réussi son sourire : mais son visage était en sueur et livide.

— Mais, bon dieu, de quoi parles-tu ?

Terrell répliqua d'une voix ferme et amère :

— Inutile de mentir et de louvoyer. Faites-moi grâce de cela. Vous m'avez dit que la fille m'avait laissé un papier : comment l'avez-vous su ?

— Je t'ai expliqué...

Terrell montra du doigt la rallonge téléphonique. La voix de Karsh tremblait. Il passa sa langue sur ses lèvres, fixa son interlocuteur et se tut.

— J'ai entendu votre conversation avec Cellars, annonça Terrell.

— Écoute-moi... Il faut que tu comprennes...

— Comprendre quoi ? Que vous travaillez pour son compte ? J'ai déjà compris ça.

Karsh fit un pas vers lui, levant ses mains jointes en un geste malhabile et inattendu de supplication.

— Sam, c'est pour te sauver la vie que j'ai agi ainsi. Il faut me croire. Depuis l'instant où tu as rencontré Coglan et recueilli son histoire à propos du balafré, depuis cet instant, tu es sur la pente qui conduit à la morgue.

— Je vous ai tout raconté, répliqua Terrell. Avec mon histoire, vous pouviez écraser cette vermine. Vous avez tout mis sous le coude. Vous avez temporisé, sous prétexte d'avoir tout ensemble : le scénario et la musique... tout pour en faire un magnifique feu d'artifice. (La voix de Terrell se fit brutale et haineuse.) Vous mentiez, bien sûr. J'avais l'essentiel de l'énigme dès le premier soir : mais vous avez jugé que ce n'était pas suffisant. Vous avez rejeté mon information. Vous avez rejeté l'unique chance de Caldwell. Alors j'ai suivi Paddy Coglan à la trace : je lui ai fait avouer la vérité — pauvre petit flic ivrogne et terrorisé, tapi dans une cage à mouches de Beach City. Mais il a passé l'arme à gauche avant qu'on puisse utiliser son témoignage. Mme Coglan est venue à son tour : mais vous avez enterré ses protestations honnêtes. Encore des mensonges ! Attendez que nous ayons tout sous la main : le chœur des ivrognes dans Faust, la symphonie des Dernières Nouvelles ! (Terrell frappa sa paume de son poing.) Je suis tombé dans votre piège, Mike. J'étais trop près de vous. J'avais confiance en vous. Vous m'avez appris le métier. Pendant douze ans vous avez été mon modèle — quand j'étais grouillot, je cherchais même à m'habiller comme vous...

— Sam, pour l'amour de Dieu, écoute !

— ... Et maintenant la fille se décide à parler, poursuivit Terrell sur le même ton amer. Nous avions encore une chance de les avoir à froid : mais vous avez prévenu Cellars et la fille a été escamotée. Escamotée ! répéta Terrell en saisissant Karsh par le revers de son veston si élégant et en le secouant de toute sa force. Où l'avez-vous mise ? Où est-elle ? Qu'avez-vous fait d'elle ?

— Je ne sais pas. Je ne sais pas !

Terrell le lâcha. Karsh fit demi-tour et alla s'asseoir pesamment sur le bord de son lit. Son visage était terreux ; il respirait avec une peine visible, comme s'il souffrait.

— J'ai des besoins d'argent. J'ai toujours eu des besoins d'argent, dit-il, tandis qu'un simulacre de sourire passait sur ses lèvres. C'est l'excuse du caissier de banque qui a levé le pied, la défense du gamin qui a chipé un porte-monnaie. Tu pensais sans doute que j'avais à fournir une explication moins banale... (Il soupira et fut agité d'un léger tremblement.) Le jeu, le paiement des pensions alimentaires, sans compter mon bellâtre de fils, m'arrachant l'argent à chaque minute du jour et de la nuit. Cellars m'a offert de m'aider à effacer l'arriéré de quelques années. Au début, c'était simple : faire le silence sur une affaire de divorce, omettre les noms de certains citoyens qui avaient des démêlés avec le fisc... autant de petits services que je pouvais rendre en tirant un trait au crayon ou en donnant un coup de téléphone. Puis les choses sont devenues plus sérieuses — d'autant que je n'avais aucun moyen de rembourser Cellars. (Karsh eut un regard vers Terrell comme s'il sollicitait sa compréhension.) Enfin l'affaire Caldwell a éclaté. Par hasard tu as mis le doigt sur la plaie : depuis le premier instant, Cellars comptait sur moi pour tout étouffer. S'il ne s'était agi que de moi et de ma réputation, j'aurais pu l'envoyer promener : mais il s'agissait de ta vie, Sam. Cellars voulait t'éliminer. J'ai réussi à le convaincre qu'il serait plus intelligent de supprimer l'affaire elle-même. C'est pourquoi nous t'avons berné, Sam. Tout ce que tu as peu à peu découvert a été porté à la connaissance de Cellars — le journal n'a rien publié. Mais tu es vivant, Sam : c'est l'essentiel. Sois-en convaincu : je t'ai sauvé la vie !... Je vois bien que tu ne me crois pas.

Karsh essaya encore de sourire, mais il ne put réussir qu'une grimace.

— Où est la fille pour l'instant ? demanda Terrell.

Karsh se mit debout avec peine, passa la langue sur ses lèvres.

— Je n'en sais rien. Je jure que je n'en sais rien. Elle compte donc tellement pour toi ?

— En quoi cela vous importe-t-il ? Elle compte par elle-même ! Parce que ce n'est qu'une petite femme de cinquante kilos qui se bagarre avec des voyous pour crier la vérité. C'est une personne humaine !

— On ne lui fera aucun mal, Sam. Ne crains rien.

— Et pour Paddy Coglan, je n'ai rien à craindre non plus ? Tenez-vous tellement à avoir, en plus, le meurtre de cette gamine sur la conscience ? Où est-elle ?

— Je ne sais pas. Je ne sais pas !

Terrell se dirigea vers la porte.

— Attends, Sam. Attends : je t'en supplie.

Terrell fit demi-tour : les yeux de Karsh étaient pleins de larmes. Mais rien ne pouvait plus l'émouvoir. Il quitta la chambre et claqua la porte derrière lui sans plus prêter l'oreille aux phrases implorantes de son rédacteur en chef.

14

Terrell s'arrêta à un bar à proximité de l'hôtel particulier de Karsh : il but deux doubles whiskies mais l'alcool ne réussit pas à calmer ses nausées.

Bien sûr, tôt ou tard, la vérité se ferait jour. Rien ni personne ne pourrait plus l'étouffer maintenant. Quand Rammersky serait arrêté pour l'assassinat de Coglan, il parlerait : il n'allait pas se laisser emmener à la chaise électrique pendant que Cellars et ses acolytes se promèneraient le nez en l'air. Et la chute de Cellars entraînerait celle de Bridewell et du maire Ticknor.

Terrell n'avait plus besoin d'un journal pour diffuser l'histoire : il lui suffisait de transmettre l'information à Sarnac et le Comité National du parti de Caldwell ferait éclater le scandale devant tout le pays.

Mais Connie ? Qu'allait-elle devenir dans tout cela ? Dès ce soir, il fallait coincer Cellars. Il fallait l'acculer à la défensive pour qu'il ne songe plus qu'à une chose : sauver sa peau.

— Un autre ? lui demanda le barman.

— Oui, merci...

Une idée lui venait. Elle comportait ce qu'il fallait

de cruauté et de revanche pour lui plaire. Il se dirigea vers la cabine téléphonique qui était au fond de la salle et chercha le numéro de l'hôtel Weston où Frankie Chance habitait en permanence. Le standardiste de l'hôtel le brancha sur la chambre de Frankie et après trois sonneries qui parurent longues, Frankie lui-même répondit.

— Allô ?

— Frankie ? Ici, Sam Terrell. Il faut que je vous voie quelques instants. Puis-je venir ?

— Vous avez des suites de la raclée de l'autre soir ?

— Chacun doit faire sa petite expérience, fit Terrell, un petit sourire sur les lèvres mais les yeux ne plaisantant pas. Il ne s'agit pas de cela. Je viens pour vous dire qui a assassiné votre fiancée. Je suis chez vous dans cinq minutes.

— Espèce de salaud ! Je vais...

Terrell eut un petit rire rapide et coupa la communication.

***

A l'hôtel Weston, il traversa le hall plein de monde et prit l'ascenseur jusqu'à l'étage de Frankie. Il suivit un corridor luxueux et tiède, frappa gentiment, du dos de la main, à la porte de l'appartement de Chance. Frankie ouvrit la porte lui-même et jappa :

— Entre donc, fripouille ! J'ai fait une prière pour que tu viennes ! Je le jure devant Dieu, j'ai fait une prière !

Il gardait la main droite dans la poche de sa robe de chambre aux couleurs agressives : Terrell comprit parfaitement qu'il dissimulait une arme.

— Pas besoin de t'exciter, Frankie. Je ne viens pas là pour t'épingler : je viens te rendre un service.

Chance ferma la porte, sortit le revolver qu'il posa sur une table.

— Alors, dépêche-toi. Qu'est-ce que tu viens me raconter ?

Terrell s'était assis sur le bras d'un fauteuil, avec un petit sourire.

— Je pourrais te faire languir : mais ce n'est pas mon genre d'arracher une par une les pattes à une mouche. Ta fiancée a été assassinée sur les ordres d'Ike Cellars. Un tueur professionnel, Nick Rammersky a fait le travail. Voilà la vérité, Frankie. L'individu pour qui tu te mets en quatre — le grand patron, qui te cravache pour te faire galoper, c'est lui qui est responsable de la mort d'Eden.

— Tais-toi, siffla Frankie. Tu en as déjà trop dit.

— Pose-moi des questions, Frankie. Imagines-tu que je sois venu ici sans preuves ?

Chance le fixa pendant quelques instants, comme s'il lui fallait digérer la nouvelle, puis il alla lentement s'asseoir sur le bord du lit.

— Des preuves ? Quel genre de preuves as-tu ?

— C'est une histoire intéressante, mais assez tortueuse, déclara Terrell, désinvolte. Eden Myles distillait quelques anecdotes sans intérêt à Caldwell... Tu me suis ? Ou bien est-ce que les mots « sans intérêt » te choquent ?

— Continue à raconter ou je te fais sortir les mots de force !

— Eh bien, toutes ces petites confidences étaient faites sur ordre supérieur : je pense que tu étais au courant, Frankie, tout au moins jusque-là... Eden s'imaginait que c'était tout gentil et tout simple, très facile en tout cas... Gagner la confiance de Caldwell, lui donner quelques tuyaux de pacotille. Tout l'engrenage des opérations politiques, la salade inévitable en cours de période électorale... Mais Eden n'avait pas lu le scénario jusqu'au bout...

Terrell surveillait le regard de Frankie, qui jetait

des flammes...) L'idée d'Ike était de faire assassiner Eden au domicile de Caldwell, et de faire inculper Caldwell de meurtre... Bien entendu, Cellars n'avait rien contre ta fiancée — mais si, plus tard, elle s'était mise à parler, ç'aurait pu devenir gênant... Voilà, c'est tout... Rammersky est entré par une porte de derrière, il a assommé Caldwell, il a étranglé Eden, il est parti comme il était venu...

— Tu as dit que tu avais des preuves, insista Chance, la voix tremblante. Quelles preuves ?

— D'abord, on a vu Rammersky s'enfuir du domicile de Caldwell par un petit flic, nommé Paddy Coglan. Ensuite, Connie Blacker a entendu de ses oreilles Cellars donnant ses instructions à Eden... Tu connais bien Connie Blacker : elle est aussi naïve qu'un enfant qui vient de naître.

— Ça, elle est régulière, elle est innocente, reconnut Frankie, le rouge de la colère lui montant néanmoins aux joues. Qu'est-ce qu'elle t'a dit ?

— Elle était chez Eden le soir qui a précédé le drame. Elle était là, tout simplement parce que Eden l'avait invitée. Cellars est arrivé vers dix heures et demie. Il a déclaré qu'il était décidé à passer à l'offensive contre Caldwell cette nuit même. Il a ordonné à Eden : « Fais-le boire et puis brusquement mets-toi à pousser des cris, appelle au secours, raconte qu'il a voulu te violenter, etc. A titre de précaution complémentaire, un de mes hommes arrivera par-derrière, frappera Caldwell au point de lui faire perdre connaissance, arrangera les choses de façon qu'on puisse croire à une lutte de quelques instants entre toi et Caldwell jusqu'à ce que ce dernier tombe sur la tête et se blesse... L'homme de main disparaîtra rapidement de façon à ce que les voisins, et éventuellement la Police, découvrent face à face la victime et son supposé agresseur. » Eden devait affirmer que Caldwell était devenu entreprenant et qu'il l'avait attaquée... Voilà en tout et pour tout le rôle que Cellars avait prescrit à Eden de jouer. Connie a entendu la discussion entre eux : après le départ de Cellars, Eden a rejoint Connie dans la chambre, pour changer de robe. Eden n'a pas caché qu'elle avait peur. Elle a carrément déclaré à son amie que c'était une sale histoire. Elle ne se doutait pas à quel point elle était sale...

— Pourquoi l'ont-ils tuée ? demanda Frankie les larmes aux yeux. Ce n'était pas nécessaire. Elle n'a jamais fait de mal à personne. Elle était gentille avec tout le monde. Nous avons vécu ensemble pendant cinq ans : elle n'a jamais jeté les yeux sur un autre garçon. Nous avions l'intention d'acheter l'an prochain, un immeuble de six étages à Eastport. Nous aurions habité un étage : nous aurions loué les cinq autres et le revenu de ces locations nous aurait permis de vivre tranquillement. C'était son idée. Elle voulait du solide.

— Savais-tu qu'elle était enceinte ? demanda Terrell d'une voix neutre.

Frankie commença à taper sur le bout du lit du plat de la main, doucement d'abord, puis de plus en plus fort.

— Elle voulait un enfant. Moi, pas. J'avais peur... pour elle.

La voix de Terrell se durcit : il imaginait le triste destin d'un enfant né dans un semblable milieu.

— Et qu'est-ce que vous auriez fait de cet enfant ? Tu lui aurais appris à jouer aux courses, ou peut-être à vendre des programmes et des cacahuètes à l'entracte d'un spectacle de strip-tease ? Pour les vacances, tu l'aurais emmené en Sicile pour montrer aux anciens comment on élève un enfant dans la grande, libre et démocratique Amérique ? C'était ça ton programme, pauvre ganache ?

Frankie était effondré. Il avait perdu toute réaction. Il ouvrait, puis fermait la bouche, sans trouver le moyen de répondre. Il ne poussait que des grognements incohérents.

— Magnifique programme... reprit Terrell. Mais Cellars est arrivé, il a posé son pied sur tous ces échafaudages, il a tout écrasé. Rien n'apparaît plus qu'une tache de boue laissée par sa semelle.

— Je vais faire aussi mon enquête, déclara Frankie, énonçant non sans quelque peine ces syllabes. Il faut que j'y voie clair. Personne ne m'a jamais parlé comme tu viens de le faire. N'aie pas peur : je reviendrai te voir.

Il laissa tomber sur le sol sa robe de chambre et décrocha dans l'alcôve servant de garde-robe un pardessus raglan. Puis il alla reprendre son revolver et le glissa dans la poche de son pardessus.

— Une minute, fit Terrell d'un ton las. Fais pas l'idiot, Frankie. Si tu te mets à aboyer aux trousses de Cellars ou de Rammersky, tu vas te faire couper la tête.

— Probable, reconnut Frankie. Ils ne sont pas nés de la dernière pluie.

— Écoute, Frankie... Je suis venu t'exciter : c'est pour une raison précise... et personnelle.

Frankie pivota sur les talons et lui fit face.

— Quelle raison personnelle ?

— Cellars a fait enlever Connie Blacker ce matin... Elle était venue chez moi hier soir : et c'est de chez moi qu'il l'a fait enlever ce matin. Mon objectif est d'opérer une telle pression sur lui qu'il ne pense plus qu'à sa peau et qu'il en oublie la fille... J'ai pensé que tu étais le garçon le plus susceptible de lui causer des ennuis.

— C'est malin. Me mettre à contribution pour épargner l'épiderme de la demoiselle !

— Ce n'est pas tout à fait cela, Frankie.

— Pourquoi pas ? Je suis tout à fait capable de causer des ennuis à Cellars. Beaucoup d'ennuis. Et s'il me fait couper la tête, tu t'en fous... L'essentiel, c'est que tu récupères ta mignonne... Je ne suis qu'une pauvre ganache. Je ne suis qu'un bon à rien, tout juste capable de dresser un gosse à jouer aux courses ou à travailler dans un music-hall... C'est bien ce que tu disais il y a quelques instants ?

Frankie arborait un sourire de défi, mais il avait surtout l'air d'un garçon qui tente de retenir ses larmes.

— Je regrette. Je n'aurais pas dû dire cela...

— Tu ne me connais pas. Tu ne connaissais pas Eden. Pour toi, on est des putains, n'est-ce pas ?

— Pour l'amour du Ciel, n'en fais pas tout un plat.

— Je sens qu'avant demain matin j'aurai été liquidé, prononça Frankie avec un léger haussement d'épaules. C'est parce que j'ai déjà un pied dans la tombe que je parle à cœur ouvert. Tout cela, c'est important, très important... Crois-tu vraiment qu'elle était une putain ?

— Je suis convaincu qu'elle t'aimait, affirma Terrell. D'ailleurs elle a voulu un enfant de toi. Non, Frankie, Eden n'était pas une putain.

Frankie acquiesça lentement.

— Tu as raison. Ton explication est logique. C'est curieux que ton opinion sur elle puisse me faire quelque chose. Mais tu es peut-être le seul type auquel je puisse parler d'elle, sans doute le dernier. Et ça, ça change tout.

— Tu te trompes, répondit Terrell. Peut-être vas-tu mourir. N'importe qui peut mourir à n'importe quel moment, écrasé par un camion qui manque son virage.

— Non, non : ce ne sera pas de cette façon-là, conclut Frankie d'une voix ferme tandis que sa main faisait tourner la poignée et qu'il entrouvrait la porte. Tu as mérité que je te donne une adresse. Maison de Santé Bancroft, boulevard Madden, pas loin du chemin de fer.

— Qu'est-ce que c'est ?

— C'est là qu'Ike a envoyé la petite blonde, expliqua Frankie. Tu ne te doutes pas à quel point tu as failli ne pas l'avoir, ton adresse... A bientôt.

Il se glissa dans l'entrebâillement de la porte et disparut dans le corridor.

Terrell écouta le bruit de ses pas s'atténuer en direction des ascenseurs : puis il sauta sur le téléphone.

Il eut la Direction Municipale de la Police, mais il lui fallut près de cinq minutes pour obtenir Duggan lui-même. Enfin, il reconnut la voix explosive :

— Quoi ? Qui est-ce ?

— Sam Terrell. Je viens d'obtenir une adresse que je vous demande de noter.

— Sam, vous devez vivre à l'intérieur d'une montagne. Ignoreriez-vous que toute cette satanée ville est sens dessus dessous ? On vient de ramasser un voyou nommé Rammersky qui avoue avoir étranglé Eden Myles ! Caldwell est libre.

— La Maison de Santé Bancroft, poursuivit impassiblement Terrell, élevant la voix pour couvrir celle de Duggan. Il y a une fille qui est retenue là contre son gré... Connie Blacker.

— Une minute ! demanda Duggan. J'ai déjà le tuyau. Maison de Santé Bancroft. Ne quittez pas.

— Qu'est-ce que vous racontez ? hurla Terrell, mais Duggan s'était déjà éloigné.

Duggan revint à l'appareil une longue minute plus tard.

— Je viens d'ordonner un contrôle par radio. deux cars de police sont déjà en route pour aller la libérer.

— Mais qui vous a donné le tuyau ?

— Mike Karsh. Voilà à peu près dix minutes. Il nous a dit que la jeune fille était séquestrée là-bas, qu'elle était un témoin essentiel contre Ike Cellars.

— Dans combien de temps saurez-vous si elle est sauve ?

— Quand les cars reprendront contact avec le central radio. Sam, excusez-moi, je suis terriblement occupé.

— Je vous rappellerai tout à l'heure.

Terrell reposa le combiné et s'assit sur le bord du lit. Il alluma une cigarette. Mike Karsh... Il secoua la tête, complètement ahuri.

Il laissa passer cinq minutes puis il rappela la Police et mit encore deux minutes pour joindre Duggan.

— Avez-vous récupéré la fille ?

Sa voix était hésitante, il entendait malgré lui les battements saccadés de son cœur.

— Oui, ça y est. On l'a transférée à Sainte-Anne-de-Beaupré. On a arrêté trois personnes à Bancroft. Ça a l'air d'une drôle de tôle.

La main de Terrell se crispa sur l'écouteur.

— Dans quel état est-elle ?

— Ah ! mon vieux, je n'en sais rien ! répliqua Duggan avec impatience. Elle n'est pas en excellent état : c'est tout ce qu'ils m'ont dit.

15

Terrell demanda à l'infirmière de garde à l'hôpital Saint-Anne-de-Beaupré :

— Connie Blacker, comment va-t-elle ?

— Elle vient d'être admise, répondit l'infirmière.

Puis elle leva les yeux, reconnut Sam et sourit aussitôt.

— Hello, Sam ! Vous venez maintenant ici en visiteur ! La petite est sous oxygène, je pense, elle avait des troubles respiratoires. Que devenez-vous ?

Vous n'avez pas l'air d'être tout à fait dans votre assiette !

— Ça va ! ça va, fit Terrell. Où l'a-t-on mise ?

— Là-bas, au bout du hall. Dans la salle des Urgences.

— Merci, dit seulement Terrell. Et il enfila le grand corridor aux murs impeccablement blancs. Il connaissait tous les recoins de chacun des hôpitaux de la ville. Ici, il avait fréquemment bu le café et chahuté les infirmières en attendant la mort de telle ou telle victime d'accident.

Mais aujourd'hui, il n'avait pas le temps de plaisanter. Un médecin de grande taille, presque chauve, sortait précisément de la salle des Urgences : Terrell lui prit le bras.

— La jeune fille qu'on vient d'admettre, dans quel état est-elle ?

— Pas tellement bien. Vous êtes un de ses amis ?

— Oui, je suis un de ses amis.

Le médecin ôta ses lunettes et les essuya avec un coin de sa blouse blanche.

— On lui a injecté une dose beaucoup trop forte de morphine, dit-il. Je pense que cette injection a dû lui être faite dans le cours de la matinée. Après quoi, on lui a fait passer la journée dans une chambre forte — c'est le traitement qu'on fait subir aux fous dangereux, vous savez. Draps mouillés de la tête aux pieds. Elle est complètement déboussolée... Elle a eu une peur épouvantable... En outre, la morphine a affecté les centres respiratoires.

— Pensez-vous la tirer d'affaires ?

— Je n'en sais rien... Je serais tenté de dire « oui », mais avec des réserves. Nous la traitons à l'oxygène et nous lui appliquons une médication pour combattre l'effet de la morphine... Elle a emmagasiné une provision de cauchemars pour sa vie entière — et ceci en l'espace de quelques heures... Elle en subira les conséquences. Elle aura besoin d'être aidée, d'être entourée.

— Je m'en doute, dit Terrell. Quand pourai-je la voir ?

— Pas question avant deux heures d'ici. Laissez-lui un message si vous voulez.

— Merci beaucoup. Je vais laisser mon numéro de téléphone au bureau.

Lorsque Terrell entra dans la salle d'accueil du public, la porte face à lui s'ouvrit en même temps : il reconnut un reporter photographe de *L'Appel*, Ricky Carboni, muni de son volumineux appareil.

— Mon vieux Sam, comment ça va ? demanda le nouvel arrivant, un vieux de la vieille du journal, grand et maigre, sans cheveux, l'œil noir et toujours un bon sourire aux lèvres. La fille est-elle là ?

— Tu veux dire Connie Blacker ?

— Ouais ! Comment va-t-elle ? Prête à être immortalisée ?

— Pas en forme pour la photo, Ricky : pas avant deux heures.

— Karsh m'a donné l'ordre de prendre une photo, qu'elle soit présentable ou pas.

— Karsh ? Mais qu'est-ce qu'il se passe, Ricky ?

— Ne me pose pas de questions ! Karsh vient de déchirer l'édition spéciale de nuit en petits morceaux. Il a tout foutu à la poubelle à l'exception des Petites Annonces. Il a rappelé tout le personnel de l'édition de jour et il leur a fait mettre une nouvelle édition en route. Je pensais que tu y étais aussi : c'est pourquoi j'ai été surpris de te trouver là... Eh bien, en attendant, je vais aller faire un poker. Te fais pas de bile pour moi.

— Sûr ! fit Terrell.

Il quitta l'hôpital. Un policier l'interpella :

— On rentre en ville, Sam. On vous emmène ?

— Volontiers. Je rentre au journal.

Il n'était pas pressé de se retrouver face à face

avec Karsh. Pourtant, il fallait qu'il le voie... Au moins pour une dernière fois...

***

La grande salle réservée aux reporters de l'édition locale brillait de tous ses lustres. L'atmosphère y était trépidante. Normalement, la Spéciale de Nuit était assurée par trois rédacteurs : mais ce soir tout le monde était sur le pont. Williams supervisait les informations locales, Tuckerman était accroupi auprès du haut-parleur communiquant les nouvelles de la Police. Les meilleurs reporters et rédacteurs de l'équipe de jour étaient à l'œuvre.

Karsh était dans le dos de Williams : un pied posé sur une chaise, il donnait à Ollie Wheeler des instructions urgentes sur un ton sans réplique.

Terrell déposa son pardessus sur un siège et s'approcha de Karsh et de Wheeler. Karsh fit demi-tour : il sourit immédiatement et d'une façon tout à fait naturelle.

— Tu arrives à point, Sam. Je veux que tu me fasses le récit de base, chronologiquement et avec tous les détails. Ne perds pas ton temps sur les histoires de la Direction Municipale des Parkings : mentionne-la seulement au passage, comme si tous les lecteurs étaient au courant. Ils le seront en tout cas quand ils auront lu le papier d'Ollie : il nous fait un compte rendu consacré exclusivement à cette question.

— Mike, je démarre... dit Ollie.

— Oui, vas-y... ordonna Karsh qui ne quittait pas Terrell des yeux ; bien que ses manières fussent dans un style très « homme d'affaires » et véritablement impersonnel. Voici une demi-heure, Bridewell a fait une déclaration, aux termes de laquelle il avoue toutes ses fautes, jusqu'au fait qu'il n'a pas muselé son chien depuis sept ans ! Le Maire ne peut plus tenir le coup maintenant — juste le temps de convoquer le Conseil municipal... Ils sont liquidés, Sam.

Terrell alluma une cigarette et jeta l'allumette loin de lui.

— Donc, c'est à moi que revient l'honneur d'écrire le grand truc, le reportage passionné ! Et les fameux travaux ? On va les stopper ?

— Sûrement !

— Et dans cet article, comment dois-je vous traiter ? demanda froidement Terrell. Comment dois-je teinter, ombrer le personnage de Mike Karsh ? Dois-je vous représenter tenant Ike Cellars par le cou d'une main, et de l'autre une sébille pour que le public y dépose ses économies ?

Karsh tiqua.

— Inutile de chercher des métaphores. Quand l'histoire est bonne, pas la peine d'en rajouter. Fais-moi jouer un rôle conforme à la réalité. Ne dissimule pas la vérité, mais ne sors pas de ton sujet. Caldwell a été victime d'un guet-apens : voilà la ligne à suivre. Raconte pourquoi et comment... Envoie-leur un direct du droit en pleine figure.

Tuckerman se retourna alors sans quitter son siège et, couvrant le microphone de son téléphone avec son énorme patte, demanda :

— Mike ?

Le ton de sa voix était éloquent et lorsque Karsh se pencha vers lui un silence total se fit autour d'eux.

— Qui est-ce ?

— Ike Cellars, répondit Tuckerman. Il désire vous parler.

Karsh eut un sourire entendu et se mit à visser une cigarette dans son fume-cigarette. Il jeta un regard vers la grande horloge qui était au-dessus de lui et déclara :

— Je pensais avoir des nouvelles de lui un peu

plus tôt. Prends un poste en duplex, Sam, écoute notre conversation et enregistre-la — ça peut être intéressant. Nell, ajouta-t-il à l'adresse du standardiste dont le tableau se trouvait derrière le haut-parleur de la Police, passe-moi ici la communication qui est chez Tuckerman. Donne-la-moi sur un de ces postes. Ça va, Sam ? Prêt ?

— J'y suis, répondit Terrell. Laissez courir !

Il s'assit à un bureau et mit les écouteurs. Karsh prit le combiné et s'assit à demi sur le bord du bureau.

— Que se passe-t-il, Ike ? demanda-t-il.

Sa voix s'était faite presque respectueuse mais un sourire ironique plissait ses lèvres. Il lança un coup d'œil à Terrell : il prenait des airs d'homme solide et sûr de lui.

— ... Quelque chose qui ne va pas ?

— J'espère que tu ne fais pas le malin, dit Cellars, d'une voix que Terrell reconnut aussitôt bien qu'elle tremblât de colère rentrée. Des reporters photographes de ton journal font le siège de mon domicile. Ils racontent que c'est toi-même qui les as envoyés.

— C'est exact, répondit Karsh. J'ai besoin d'une belle photo de toi, avec le sourire, pour agrémenter ma première page.

— Je te paie pour ne pas paraître dans ton canard ! Fais le silence sur moi, c'est tout ce que je te demande.

— Sur quoi veux-tu que je garde le silence ? Sur le fait que tu as payé un tueur pour étrangler Eden Myles ? Que tu as précipité Caldwell dans un piège pour garder toute la ville dans ta poche ?

Cellars l'interrompit d'une voix tranquille :

— Nous allons régler nos comptes, ne t'inquiète pas.

Karsh se mit à rire.

— Tu as droit à la première page de notre

prochaine édition. Assassin, faux témoin, escroc, proxénète — est-ce que j'en oublie ?

— Mike, je fais appel à ton bon sens... dit Cellars en coupant la communication.

— Très bien, très bien : on verra, conclut Karsh en reposant le combiné et en se frottant les mains.

Terrell travailla d'abord lentement, de façon à bien prendre le ton et le rythme qu'il fallait. Il put tirer des archives du journal des fiches sur Eden Myles, Cellars et Caldwell. Un peu plus tard, il appela un inspecteur de la Police Municipale pour avoir des détails sur l'arrestation de Rammersky et quelques citations frappantes prises dans les déclarations qu'il venait de faire. Un autre inspecteur de ses amis prit la ligne et lui annonça :

— Une grande nuit, eh, Sam ? Un mort de plus au tableau : Frankie Chance. Le saviez-vous ?

Terrell ôta la cigarette de ses lèvres, envahi par une tristesse plutôt inattendue.

— Qu'est-ce qui est arrivé ?

— Ça s'est passé à proximité du domicile de Cellars, expliqua l'inspecteur. Un des gardes du corps d'Ike l'a abattu. J'ai d'autres détails mais je n'ai pas le temps de vous les raconter. Dans une demi-heure peut-être.

— D'accord, fit Terrell.

Et il informa Karsh de la mort de Chance mais Karsh décida :

— Nous mettrons quelque chose sur lui en page six. N'encombre pas ton récit avec des seconds rôles.

— Parfait. Dans ces conditions, voilà mon début.

Karsh le parcourut rapidement du regard, une légère grimace tordant sa lèvre.

— Ça va. C'est bien.

Terrell poursuivit son travail. Karsh prenait les feuillets au fur et à mesure qu'ils tombaient de la machine à écrire, puis il les passait à Williams qui en tirait une épreuve et les faisait suivre à l'atelier de composition.

Les minutes passaient.

Terrell acheva son dernier paragraphe et sortit le feuillet de sa machine.

— C'est fini, annonça-t-il.

Un grouillot prit le feuillet et l'apporta à Williams qui l'attendait, debout à son bureau. Terrell chercha Karsh des yeux : mais Karsh avait disparu. Il allait pour jeter un regard dans le bureau des reporters locaux quand Tuckerman le rappela.

— Je viens de recevoir un coup de téléphone pour vous de Sainte-Anne. Un docteur m'a dit que vous pouviez aller voir la fille qui y est en traitement. Elle vous a réclamé. Connie Blacker, une blonde aux jambes fuselées, ajouta-t-il en plaisantant gentiment. Un régal... Vous êtes verni !

— Ça oui ! répondit Terrell dont le regard continuait à fouiller la grande salle encombrée et bruyante. Où peut être Karsh ?

Tuckerman tordit dans tous les sens son grand corps pour essayer de voir. Une inquiétude se lisait sur son long visage habituellement placide.

— Il n'est sûrement pas sorti, dit-il. Pas tout seul. Pas cette nuit...

Un grouillot se risqua à dire :

— J'ai vu M. Karsh du côté des ascenseurs, il y a quelques instants.

— Était-il habillé pour sortir ? demanda Tuckerman.

— Oui, il avait son manteau et son chapeau. Nous nous sommes croisés au moment où je remontais avec le café.

— Il est fou à lier, jura Tuckerman à mi-voix.

Il tendait la main vers son poste de téléphone quand celui-ci se mit à sonner. Il prit l'écouteur, se tut pendant quelques secondes, puis poussa un soupir.

— Bien sûr, Mike. C'est Karsh : il veut vous parler, dit-il à Terrell en lui tendant le combiné.

Terrell prit l'appareil et demanda :

— Où diable êtes-vous ?

— De l'autre côté de la rue. Chez Lindy. Ce bouge ouvert toute la nuit qui nous alimente en café et en fausses nouvelles. C'est bien la première fois que j'y mets les pieds. Bon dieu ! Ça sent...

— Mike, appelez un taxi et rentrez chez vous ! supplia Terrell. Ou bien remontez jusqu'ici et nous prendrons un verre. Ici, tout le monde est d'excellente humeur !

— Ça serait très bien, répondit Karsh. Mais pas ce soir, Sam. Ce soir, j'ai rendez-vous.

— Où ? Avec qui ?

— Je ne sais pas. Un visage derrière un pare-brise : c'est tout ce que j'ai vu. J'en saurai plus long tout à l'heure.

— Vous êtes fou ! répondit Terrell avant de couvrir le microphone de sa main pour s'adresser à Tuckerman. Karsh est chez Lindy : envoyez quatre types le chercher. Je vais essayer de le garder en ligne.

Tuckerman sauta sur un autre téléphone, tandis que Williams jetait un regard sur l'horloge au-dessus de sa tête : il n'y avait plus que quatre minutes avant le démarrage de l'édition.

— Mike ? demanda Terrell. Êtes-vous toujours là ?

— Oui, oui.

— Ne sortez pas dans la rue. Restez tranquillement dans ce bistrot. M'entendez-vous ?

— Je t'entends ! Tu cries comme une marchande de poisson ! Mais écoute-moi bien. Rappelle-toi ce que je t'ai dit à propos de journalisme... (La voix de Karsh trembla un peu, puis se ressaisit et poursuivit d'un ton plus vif.) Suivras-tu mes conseils ? Rappelle-toi ce que je t'ai dit du métier : et oublie tout le reste... Oublie ce que j'ai fait.

— Bien sûr, Mike. Bien sûr. Mais restez là où vous êtes. On va venir vous chercher...

Terrell regarda le téléphone qu'il tenait à la main : la communication avait été brusquement coupée.

— Les gars y vont ! annonça Tuckerman.

— Sam, viens voir ! cria Ollie Wheeler.

Il était à la grande baie qui faisait toute la hauteur de la pièce. Il regardait quelque chose qui se passait au-dessous, dans la rue. Terrell, sentant l'émotion dans la voix de Wheeler, courut à son côté. Tuckerman et Williams le suivirent.

Au-dessous d'eux, la rue était noire, à l'exception de la tache de lumière que faisait sur le pavé l'éclairage du restaurant. Terrell vit Karsh, debout dans ce rectangle clair, la silhouette trappue, immobile, le visage ombré par le bord du chapeau.

Une voiture qui suivait la rue tous phares allumés obliqua brusquement dans la direction de Karsh, fonçant droit sur lui. Le silence était total. D'un seul coup, la voiture prit de la vitesse, passa en trombe devant Karsh — quand elle eut disparu au premier carrefour, après un virage sur les jantes, Karsh était allongé dans le caniveau — tout petit, invraisemblable, irréel.

Terrell mit quelques secondes à réaliser ce qui venait de se passer. Il avait d'abord cru que Karsh s'était jeté hors de l'atteinte de la voiture. Ce ne fut qu'en voyant les débris de vitre jonchant le trottoir, qu'il comprit que Karsh était mort. Les balles qui l'avaient tué avaient en même temps effondré la vitrine du restaurant.

Terrell tourna sur lui-même et s'assit pesamment au bureau le plus proche. Pourquoi Karsh avait-il ?... C'était la question, l'obsession dont il ne pouvait se débarrasser. Il voulait peut-être prouver... Prouver quoi ? Qu'il était Mike Karsh. Qu'il était encore capable de faire un geste. La « Spéciale Dernière » serait une ordonnance d'habeas corpus pour Caldwell, une épitaphe pour Mike Karsh.

Ollie Wheeler déclara :

— J'ai envie de me soûler ce soir. Il y a des amateurs ?

— Tu as raison, grommela Williams. Pourquoi pas ?

Les larmes brûlaient les paupières de Terrell. Un peu plus tard, il irait à l'hôpital voir Connie et tout irait mieux. Mais, pour le moment, il souffrait de partout.

Au-dessus de lui, la petite aiguille lumineuse accomplissait son dernier tour de cadran avant la mise en marche de l'édition et, brutalement, la sonnerie retentit, intolérable. Les formes étaient verrouillées, les presses allaient se mettre en mouvement.

L'*édition spéciale* était sur le point de paraître.

Night extra.
Traduction de Gersaint.

LA VILLE FANTÔME

par Donald Martin

Rien de tel qu'une ville fantôme pour être tranquille à coup sûr. Cette idée s'était imposée à son esprit. Elle le séduisait irrésistiblement, car, après tout, qui à part des revenants, pourrait-on rencontrer dans une telle cité ? Et quels qu'ils soient, les fantômes sont toujours moins ennuyeux que les vivants.

— Oui. C'est le calme et la solitude que je recherche, affirmait Alan à l'homme assis devant un « dry », qu'il n'avait d'ailleurs jamais tant vu. Je veux en finir avec ce genre de compagnie, fit-il encore en embrassant du regard tous ces gens qui buvaient en bavardant bruyamment autour d'eux.

— Cela me semble une idée splendide, fit l'homme au « dry ». Les villes fantômes sont des lieux passionnants. Ces anciennes agglomérations sont l'essence même de l'Amérique. Peut-être aussi allez-vous écrire un roman sur le Far-West ?

— Excusez-moi, mais c'est encore un secret d'État, rétorqua Alan, aigre-doux.

C'était là la sorte de question qui l'importunait au plus haut point. A New York, vous êtes obligé de fréquenter ces cocktails où des inconnus cherchent à pénétrer vos secrets les plus intimes. C'était pour cela aussi qu'il souhaitait fuir au plus vite les lieux par trop civilisés.

Mais l'homme au « dry » ne s'avouait pas battu.

— Sans doute avez-vous déjà choisi votre ville morte, insista-t-il.

— Oui, répondit Alan, mais il est inutile de me demander où elle se trouve car ainsi que je vous l'ai dit, j'aspire à la tranquillité et à la solitude. Je veux demeurer un an au moins parmi ces restes vermoulus du passé pour y écrire mon livre dans les conditions qui me conviennent.

— Quelle idée magnifique, vraiment. Allez-y, jeune homme. Foncez vers l'ouest ! s'exclama l'autre avec un enthousiasme dont l'excès devait être mis au compte de la boisson.

***

Quand Alan arriva, huit jours plus tard, à l'endroit qu'il avait choisi, il fut comblé au-delà de ses vœux. C'était vraiment une initiative excellente. Quel pays magnifique ! Cadre, atmosphère, solitude, tout y était. Le calme immense et imposant ne semblait limité, loin à l'horizon, que par les montagnes qui flamboyaient sous le soleil d'été. La ville s'était appelée Cabin Creek. Il en avait trouvé trace dans l'un des nombreux récits du Far-West qu'il avait dévorés. Aucune carte n'en faisait mention. Pour les historiens, les cartographes et pour le monde entier, Cabin Creek avait disparu de la surface du globe. C'était bel et bien une ville fantôme. Elle avait été cuite et desséchée sur place par des lustres d'un soleil implacable. La localité vivante la plus proche se trouvait à plus de cent kilomètres. Elle s'appelait New Cabin Creek. C'est là qu'une fois par semaine, il irait faire ses provisions.

Il arrêta sa jeep au milieu de la rue principale et partit à l'aventure. C'est avec joie qu'il contemplait les baraques croulantes alentour. Il grimpa sur le trottoir de planches qui dominait la chaussée. Le bois vermoulu céda sous son poids, lui égratignant le genou. Il se redressa en riant. Non. Cette artère ne ressemblait en rien à Park Avenue ! Il ne fallait pas l'oublier, ni fumer dans aucun de ces bungalows car une seule allumette pouvait anéantir la ville-fantôme en un instant.

Il aperçut soudain le mot « hôtel », encore visible sur un panneau cloué contre un poteau, devant ce qui avait probablement été le plus élégant immeuble de la ville au temps de sa prospérité. Alan décida d'y élire domicile. Après tout, il pouvait bien s'offrir le seul « palace » de la cité ! Récupérant ses bagages et sa machine à écrire, il pénétra avec circonspection dans l'établissement au plancher fragile. L'intérieur était lugubre. Tout disparaissait sous la poussière et les toiles d'araignées. Des brassées d'armoises draînées jusqu'ici par le vent du désert recouvraient le plancher par endroits. Çà et là, des touffes d'herbes folles poussaient à travers le parquet.

Se jouant à lui-même la comédie jusqu'au bout, il se dirigea vers le bureau de la réception, fit semblant d'agiter une sonnette — ce qui n'eut d'autre résultat que de soulever un petit nuage de poussière — puis s'adressa à un employé imaginaire dont il avait ainsi attiré l'attention. « M. Alan Arnold, de New York. J'ai retenu une chambre voici quelques jours. »

Alan choisit une pièce du rez-de-chaussée. Monter les escaliers ne lui semblait pas prudent. Confectionnant une balayette d'une poignée d'herbes, il fit de son mieux pour nettoyer le plancher. Cette chambre contenait encore un meuble. Une vieille armoire. Il y rangea ses affaires et prit dans le hall un bureau et une chaise. Celle-ci résista d'ailleurs remarquablement à son poids. En guise de lit, il disposa sur le sol les couvertures et quelques coussins dont il s'était muni. Puis, il sortit pour mieux faire connaissance avec *sa* ville. Ce ne fut pas très long. Elle avait surgi du néant à la faveur d'un filon d'argent découvert dans les montagnes voisines et il n'en restait plus grand-chose aujourd'hui. Non, plus grand-chose vraiment à part cette rue centrale poussiéreuse, les immeubles délabrés qui la bordaient et qui s'épaulaient mutuellement. Quelques habitations isolées avaient été construites dans les environs immédiats. Elles étaient, à présent, presque complètement effondrées.

Alan considérait les ruines de ce Pompéi américain. La brise chaude soulevait un sable impalpable et agitait curieusement les toiles d'araignées diaphanes. Partout, les vestiges d'un passé disparu. Pourrait-il s'accoutumer à un tel décor, et mieux encore, s'y intéresser ? Le jeune homme se posait la question sans encore s'aventurer à y répondre. Et pourtant, il fallait que cette réponse fût positive s'il voulait tirer profit de son séjour et travailler avec efficacité.

A la lisière de la ville, après les dernières maisons, il aperçut un monticule qui s'étendait sur une certaine longueur. Il s'approcha et remarqua les restes d'une barrière qui s'était écroulée depuis belle lurette. Quelque chose d'étrange et d'un peu angoissant émanait de cet endroit et l'y avait attiré. Il en comprit la raison : c'était un cimetière et il y régnait cette atmosphère de calme oppressant, cette sorte d'attente surnaturelle qui planent toujours sur ces lieux. Mais il y avait ici quelque chose de particulier qui rendait l'air plus irrespirable encore : les sépultures ne portaient aucune inscription. Toutes les plaques avaient été enlevées et rien n'indiquait plus l'identité des défunts. Alan se trouvait devant un cimetière anonyme.

Malgré les herbes très hautes par endroits, il pouvait apercevoir l'emplacement des tombes, mais nulle part la moindre mention d'un nom ou d'une date. Avait-on enterré ainsi ces malheureux ? Comme des chiens ? Il demeura songeur quelques instants. Malgré la brise chaude, un frisson le parcourut. Il redescendit bientôt vers la ville en se promettant de se renseigner à New Cabin Creek pour éclaircir ce mystère.

Comme il approchait de la rue principale, il crut voir, à deux cents mètres environ, quelque chose bouger un instant au-dessus d'un repli du terrain. Il s'immobilisa. Une surprise proche de la peur le tenait cloué au sol. Cependant, rien d'autre ne se produisit. Il sortit son mouchoir pour s'éponger le visage.

— Ce n'est rien, dit-il à haute voix. Mon imagination, probablement.

Mais il ne se sentait qu'à demi rassuré. Il n'en était qu'à son premier jour ici et, déjà, il se parlait à haute voix. Mauvais, çà ! Dès qu'il se mettrait au travail, cela irait mieux, sans aucun doute. Son esprit occupé n'aurait plus le loisir de vagabonder. Il profiterait au maximum de la solitude au lieu de se laisser impressionner par elle.

Et le soir même, à la lueur de la bougie, il commença son roman.

C'était un risque à courir que de s'éclairer ainsi au milieu de tout ce bois sec ou vermoulu mais il n'avait pas le choix s'il voulait écrire une partie de la nuit.

Il était installé depuis deux heures déjà, couvrant de notes, au crayon, ses carnets de travail. Son esprit était si intensément occupé des fruits de son imagination qu'il en avait oublié où il se trouvait. A la limite de la concentration, il écrivait, penché sur le bureau, auprès de la chandelle qui faisait danser les ombres sur sa chemisette blanche.

C'est alors que le bruit se fit entendre et le heurta au plus profond de sa méditation. Il reprit conscience sur-le-champ, le cœur battant, le crayon brusquement arrêté au milieu d'un mot. Une frayeur incoercible s'empara de tout son être. Il fouillait des yeux l'ombre soudain hostile au-delà du cercle éclairé par la bougie. Les minutes passèrent. D'où cela pouvait-il bien provenir ? Il cherchait à en reconstituer le son dans sa mémoire afin d'en comprendre la nature. Il ne s'agissait pas d'un vacarme comparable à une explosion mais plutôt d'un bruit léger et furtif. Personne ne hantait ces lieux, pourtant... Il devait s'agir de quelque coyote pris de curiosité. Conscient d'une présence dans la ville abandonnée, l'animal venait se renseigner. Quoi qu'il en soit, Alan regretta d'être venu sans arme.

Il eut beau rester immobile, le crayon en l'air sur le mot inachevé et retenant son souffle, le bruit ne se fit plus entendre.

Le vent, voilà ce que cela avait dû être. Il s'obligea à rire bruyamment. Il posa son crayon et croisa les mains derrière la nuque. Allons, pas tant d'émotivité ! Il lui fallait s'accoutumer à ce genre de manifestations.

Il se dévêtit, s'installa sur sa couche précaire, souffla la bougie et s'endormit peu après.

Le jour se leva, calme et solennel au-dessus de la ville déserte. Alan se redressa sur ses couvertures, s'étira et frotta ses reins douloureux. Puis il s'habilla et sortit pour faire provision d'eau dans le maigre ruisseau qui coulait aux abords de Cabin Creek. Il marchait tout en sifflotant et en balançant le seau à bout de bras. Mais il s'arrêta soudain. Là, devant ses yeux, sur le sable uni, il apercevait des marques de pas ! Ce ne pouvait être les siennes ; il n'était jamais passé par là. Les traces qu'il suivit le conduisirent jusqu'à l'orée du cimetière. Elles s'arrêtaient là et l'on voyait, tout près, d'autres empreintes qui revenaient vers la ville. Il regarda autour de lui, effaré. Le bruit d'hier soir n'était pas une illusion. Quelqu'un rôdait alentour. La ville abandonnée apparaissait sous un jour nouveau. Cet assemblage de vieilles bicoques à demi-écroulées prenait un caractère mystérieux et sinistre, renfermant quelque secret jalousement protégé contre les intrus. Il ne songea même plus à s'approvisionner en eau, ni à préparer son breakfast. A la réflexion, il était plus troublé qu'effrayé. Une explication logique à un tel phénomène devait exister et il se promit de tirer au clair ces événements déroutants. Alan se dirigea sans tarder vers la jeep.

New Cabin Creek était construite sur la crête d'une colline. C'était une ville peu étendue mais assez moderne. On y trouvait même une petite usine. L'écrivain suivit l'interminable rue centrale avant d'obliquer pour garer son engin. En passant, la veille, il avait fait la connaissance d'un homme âgé qui était assis à proximité de la station-service. Il avait montré un certain intérêt quand Alan lui eut confié sa détermination de vivre seul à Cabin Creek, une année durant. Mais leur conversation avait dévié vers d'autres sujets. Alan voulait retrouver son interlocuteur pour lui poser quelques questions. Le vieillard était là. Car Bill Dodge était vraiment un vieillard d'environ quatre-vingts ans, petit, voûté et presque totalement déplumé. Il reconnut Alan et lui fit un signe amical.

— Bonjour, jeune homme, fit Bill Dodge en souriant.

— Je suis heureux de vous avoir retrouvé, dit Alan. J'aimerais vous parler un moment.

Derrière les sourcils épais, les yeux bleus du bonhomme jaugeaient Alan avec clairvoyance, mais l'accueil du vieux rancher était chaud et sympathique. Le corps de Bill portait les marques de l'âge, mais l'esprit restait d'une grande vivacité.

— Pouvons-nous nous asseoir quelque part ? demanda Alan. Ils se dirigèrent vers un banc.

— Vous voulez me parler de Cabin Creek, n'est-ce pas ? dit tout de suite Bill au jeune écrivain.

— Comment l'avez-vous deviné ? demanda Alan en souriant.

— Je l'ai compris à votre regard. Vos yeux reflètent le désir de comprendre quelque chose qui reste inexpliqué. Une ville fantôme peut donner ce genre de regard à un homme pour peu qu'il soit sensible et curieux à la fois.

— Avez-vous déjà vécu à Cabin Creek ? demanda Alan.

— Oui. J'étais encore un jeune homme quand la ville atteignait le bout de son rouleau. Elle n'a pas connu plus de six ans de grande prospérité, ce qui n'est déjà pas si mal pour ce genre d'agglomération. Je venais du Wyoming. Je n'ai pas profité du filon d'argent mais je suis resté quand même. La ville n'est pas morte tout de suite. Après l'épuisement du filon, l'endroit est demeuré agréable pendant un bout de temps. J'ai été l'un des derniers à quitter Cabin Creek. Je suis allé en Californie mais j'ai fini par revenir dans cette région où j'ai passé ma jeunesse.

— Alors, personne ne vit plus là-bas ?

— Non.

— Et dans les montagnes environnantes ? Pas de fermiers ni de chercheurs ? Pas d'ermites non plus ?

— Non. Il n'y a pas d'élevages ni plus rien à découvrir dans le coin. Quant aux ermites, je n'en ai jamais entendu parler.

L'homme regarda Alan d'un air amusé.

— Et je suis sûr qu'il n'y a pas de fantômes.

— Pourtant, il y a quelqu'un. La nuit dernière, j'ai entendu un bruit. Ce matin, j'ai vu des traces de pas. Elles venaient des collines, traversaient la ville pour s'arrêter juste à l'entrée du cimetière et retourner.

— Vous dites le cimetière ? demanda le vieil homme.

L'expression amusée de son regard laissa la place à un vif intérêt.

— Oui. Et je voulais aussi vous en parler...

— Attendez un moment. Qu'avez-vous vu d'autre ? Êtes-vous entré dans ce cimetière ?

— Non.

— Et l'on ne voyait pas d'empreintes à l'intérieur de l'enclos ?

— Non. Mais en admettant même que je fasse erreur sur ce point, — ce que je ne crois pas — il y a un autre fait dont je suis absolument certain : j'ai vu quelque chose bouger sur une crête hier après-midi. Croyez-vous qu'il puisse s'agir d'un animal ?

— Non. Ce n'était pas un animal. Je sais ce que vous avez vu. Ce sont des Indiens.

— Des Indiens ! s'exclama le jeune homme.

Il prit tout d'abord cette affirmation pour une boutade mais le visage de Bill Dodge exprimait le plus grand sérieux.

— Oui. Deux Indiens. Il y a toujours deux Indiens sur cette crête. Vous les avez vus. Généralement, ils n'aiment pas qu'on les aperçoive bien que tout le monde sache qu'ils sont là.

— Mais je croyais que vous disiez...

— Peu importe. Je sais ce que je dis. Ce sont les traces de pas qui m'intéressent. Elles allaient jusqu'au cimetière mais n'entraient pas dedans, me dites-vous ?

— Oui. Mais que signifie cette histoire d'Indiens ?

— Soyez sans crainte. Ils ne vous feront aucun mal. Ils viennent pour une raison bien déterminée. Ils appartiennent à une petite tribu très fière et très croyante qui reste dans les montagnes. Voici longtemps déjà, un de leurs chefs a été tué tout près de Cabin Creek. Comme c'était un chef très renommé, ils firent de grandes cérémonies puis l'enterrèrent au cimetière. Ce grand chef s'appelait Cœur Fier. Il est auréolé d'une légende merveilleuse et la tribu en a fait un véritable dieu. Aujourd'hui encore, deux sentinelles veillent constamment pour que personne ne vienne profaner la tombe.

— Alors, c'est l'un des Indiens que j'ai entendu venir au cimetière, dit Alan.

— Non, répondit Dodge. Ils ne descendent jamais de cette crête, sauf pour l'anniversaire de la mort de Cœur Fier. Le moment n'en est pas encore venu. Non. C'est quelqu'un d'autre que vous avez entendu. Et j'parierais ma chemise que j'sais qui c'est !

— Je serais heureux de le savoir aussi, déclara l'écrivain.

— Vous le saurez bien assez tôt si vous restez à Cabin Creek.

— Voilà qui me paraît peu rassurant. De quoi s'agit-il donc ?

— Oh ! c'est une longue et vieille histoire. Je crois que je demeure le seul à en connaître encore tous les détails et à en avoir vu les acteurs. Tous ont disparu, à présent.

— Voulez-vous me la raconter ? demanda Alan.

— Si ça vous intéresse, j'veux bien.

— Et comment que ça m'intéresse ! Je vais rester au moins un an à Cabin Creek, alors j'aimerais en connaître le plus possible sur son passé... et sur son présent.

— Eh bien, voilà. Cabin Creek était alors en pleine prospérité... commença Dodge.

Il ne voyait plus Alan, dorénavant, ni d'ailleurs la station-service qui lui faisait face. Au-delà des années, il revivait cette histoire de sa jeunesse à jamais disparue.

« Il y avait à cette époque une jeune personne nommée Annie Diamant. Deux hommes en étaient amoureux, Adam Buzas et Tom Cartwright. Annie était la reine d'un établissement dénommé « Le Balcon » qui était le plus beau cabaret de Cabin Creek. En réalité, Annie était très jeune. Grande et séduisante, elle avait des cheveux d'un blond comme je n'en ai jamais revu. Tom Cartwright était copropriétaire du « Balcon » et cela l'amenait à croire qu'il était propriétaire à part entière de la belle Annie. C'est lui qui fut à l'origine de son surnom car il la couvrait littéralement de diamants. Chaque semaine, pour ainsi dire, il lui donnait un nouveau bijou. Et il voulait qu'elle les porte tous ! Elle en avait sur les doigts, autour du cou, dans les cheveux. Mais vraiment, c'était pas du gaspillage parce qu'elle les mettait en valeur mieux qu'aucune autre ne l'aurait fait. »

Le vieil homme s'arrêta quelques instants. Il *voyait* Annie Diamant et ses yeux étaient remplis d'admiration. Alan respecta ce silence et Bill Dodge poursuivit bientôt son récit.

« Mais voilà ! Annie aimait Adam Buzas. C'était un jeune gars qui venait du Texas. Il possédait un petit ranch aux environs mais il le vendit pour venir habiter la ville et rester plus près d'Annie. Elle l'aimait vraiment beaucoup. Cartwright le savait, mais qu'y pouvait-il ? Adam disait souvent à la jeune femme qu'il voulait l'arracher à Cabin Creek et l'emmener dans l'Oregon où il avait une propriété. Mais elle craignait Cartwright qui savait s'y prendre et avait de la suite dans les idées. Un jour, elle finit pourtant par accepter de suivre Adam. Tom l'apprit et s'employa à la retenir. Il parla tout d'abord à Adam, mais celui-ci ne se laissa pas impressionner. Il se précipita alors chez Annie. Elle terminait ses bagages. Elle le brava et lui dit qu'elle partait. Il chercha d'abord à s'y opposer puis, il lui demanda de rendre les diamants et elle refusa. Quelque chose se produisit alors. Personne n'a jamais su exactement quoi. Certains affirmèrent qu'Annie tenta de s'enfuir. Toujours est-il que Tom la tua d'un coup de pistolet et qu'elle mourut là, dans la pièce.

Bien que très influent à Cabin Creek, Tom risquait de payer cher pour cette affaire. Annie était une fille très populaire. Elle avait un grand nombre d'amis décidés à la venger et à pendre Tom séance tenante. Heureusement pour lui, il y avait un juge fédéral et une unité de police à Fathersville, à environ trente kilomètres à l'est. On arrêta Tom et on l'emmena. Il avait fallu ligoter Adam Buzas, à proprement parler, pour l'empêcher de faire sauter la prison où Tom se trouvait enfermé. Celui-ci fut jugé rapidement. On n'avait jamais vu autant d'hommes assis avec un pistolet au côté dans une salle de tribunal ! Tom plaida coupable et fut condamné à l'emprisonnement à vie. Ce verdict parut satisfaire la majorité des gens. Les amis de Tom pensaient qu'il serait libéré à brève échéance. Ils avaient tort. En effet, il mourut en prison, voici une dizaine d'années.

Ensuite, les choses finirent par se tasser et les passions déchaînées se calmèrent. Les gens se demandèrent alors ce qu'étaient devenus les diamants d'Annie. Le jour de sa mort elle venait juste de terminer ses bagages. Tout le monde se mit à chercher, tandis qu'Adam Buzas, toujours présent, surveillait les chercheurs. Jamais personne ne put trouver trace des diamants. D'aucuns avancèrent qu'elle les avait rendus à Tom. Ils se trompaient. Enfin, les gens comprirent ce qui avait dû se passer. A cette époque, les chemins n'étaient pas toujours sûrs dans la région et Annie le savait. C'était une fille avisée. Elle avait dû cacher les diamants dans les vêtements qu'elle portait au moment où Tom

Cartwright l'avait tuée et dans lesquels elle avait été enterrée au cimetière de Cabin Creek.

Mais Adam Buzas veillait jalousement, prêt à s'opposer à toute profanation de la sépulture. Il avait loué une chambre dans un bungalow situé aux abords du cimetière. Je crois qu'on peut toujours voir ce vieil immeuble. Il existait encore la dernière fois que je suis allé là-bas, voici deux ans. Adam se doutait dès le début de l'endroit où se trouvaient les diamants et il n'ignorait pas que certains étaient prêts à tout pour s'en emparer. De la véranda du bungalow, il pouvait voir le cimetière. Et du cimetière, on pouvait voir Adam Buzas assis sur la véranda, un fusil en travers des genoux. Il semblait ne rien faire d'autre que de monter la garde avec son fusil. Nuit et jour. Et de son fusil, il usait à l'occasion avec virtuosité, chacun le savait bien. Les mois et les années passèrent. Adam était toujours là, prenant de l'âge, perdant ses cheveux et gagnant des rides. Les gens finirent par dire qu'il avait même oublié pourquoi il se trouvait sur cette véranda.

Mais il restait de moins en moins de monde pour le savoir et pour le dire. La ville se dépeuplait. D'aucuns mouraient, les autres partaient. Et personne ne les remplaçait. Et il arriva qu'Adam fût le dernier vivant de Cabin Creek. Je l'ai vu moi-même en une occasion. Il était toujours assis sur la véranda avec son fusil sur les genoux. L'arme devait être devenue inoffensive, mais il n'y avait plus personne pour permettre d'en administrer la preuve. Adam était devenu l'homme le plus seul au monde, ruminant son chagrin et entouré seulement des fantômes du passé. C'est alors qu'un jour, il décida d'enlever toutes les plaques d'identité des tombes. Il y a probablement deux cents personnes enterrées au cimetière. Adam pensait qu'il rendrait ainsi le travail presque impossible à quiconque se souvenant de l'histoire voudrait déterrer les diamants. Il mourut peu après, il n'y a pas très longtemps. Un voyageur le découvrit, allongé sans vie sur la véranda, le fusil à côté de lui. On l'enterra ici, à New Cabin Creek, malgré quelques personnes sentimentales qui souhaitaient le voir reposer dans le cimetière où se trouvait Annie. Ainsi, Cabin Creek fut définitivement vide de tout occupant.

Adam Buzas disparu, si — à supposer qu'il soit au courant — quelqu'un avait voulu fouiller le cimetière, il lui aurait fallu changer rapidement d'avis. Les Indiens savaient ce qui s'était passé. Leur chef était enterré là. Lorsqu'ils apprirent la mort d'Adam, ils craignirent que des gens viennent profaner le cimetière et par là même, la tombe de Cœur Fier. C'est alors, qu'à leur tour, ils commencèrent à monter la garde, deux par deux, à tour de rôle chaque semaine. Toujours par deux. Personne n'a jamais essayé de tromper leur vigilance, pas plus qu'on avait tenté de prendre en défaut celle d'Adam Buzas. Mais maintenant, toute cette histoire est presque complètement oubliée.

— Sauf par celui qui est venu hier soir, dit Alan.

— Oui, répondit Dodge. J'voudrais fichtre bien être encore un jeune homme !

— Pour tromper la surveillance des Indiens et chercher les diamants ?

— Retourner la tombe d'Annie, moi ?... Jamais ! s'écria le vieil homme en jetant à l'écrivain un regard indigné. Et d'ailleurs personne ne s'y risquera tant que les Indiens seront là. C'est ce que le gars d'hier soir a dû comprendre. Il devait s'apprêter à entrer dans le cimetière quand il a réalisé que prudence était mère de sûreté. Les sentinelles lui ont rappelé cette vérité élémentaire. Il lui faudra chercher un autre moyen pour arriver à ses fins.

— Qui était-ce, à votre avis ?

— Je ne vois qu'un gars capable de s'y risquer. Seul, un homme qui connaît exactement l'emplacement de la tombe peut se rendre au cimetière en pleine nuit pour retrouver l'endroit. Et j'en connais un. Il s'appelle Glenn Short. Il est venu voici plus de dix ans à New Cabin Creek pour se renseigner sur la ville fantôme. Naturellement, comme je passe pour l'historien de Cabin Creek, les gens me l'ont adressé. Il m'a posé un tas de questions au sujet d'Adam Buzas, de Tom Cartwright, d'Annie, de sa tombe et des diamants. Je me suis arrangé de mon côté pour lui tirer les vers du nez. J'ai appris qu'il avait purgé une peine à la prison de Fathersville et qu'il y avait connu Tom Cartwright. Il me dit qu'il était venu ici parce que Tom le lui avait demandé. Il devait prendre contact avec les amis de l'ex-propriétaire du « Balcon ». Mais y faut pas essayer de me la faire. Les amis de Tom étaient partis depuis longtemps et je comprends très bien pourquoi le gars faisait surface dans les parages. Il voulait savoir si le magot n'avait pas été enlevé, car lui, il en connaissait l'emplacement exact grâce à Tom Cartwright. Celui-ci savait où se trouvait la tombe. En effet, il se doutait bien qu'Annie était enterrée avec les diamants et il s'était arrangé pour apprendre où reposait exactement le corps de la jeune femme. Soi-disant pour qu'on fleurisse la sépulture pendant qu'il était en prison. En réalité, personne n'a jamais vu de fleurs sur la tombe. Il voulait simplement pouvoir récupérer les bijoux à sa libération. Quand il comprit qu'il ne sortirait jamais vivant de prison, il confia son secret à Short et lui expliqua où creuser.

Short rappliqua sans tarder. Par malheur pour lui, il trouva sur son chemin Adam Buzas et son fusil. Tom avait simplement omis de lui préciser ce détail. Après avoir essuyé un coup de feu, notre homme fit demi-tour sans demander son reste. Il revint à New Cabin Creek, y rôdant pendant plusieurs jours. Il devait échafauder quelque plan pour se débarrasser de Buzas, seul obstacle entre lui et les diamants. Mais il partit pour Salt Lake City, peut-être pour y chercher de l'argent. En tout cas, quand on entendit parler de lui, quelques mois plus tard, ce fut pour apprendre qu'il s'était fait coffrer une fois de plus à la suite d'une sale histoire. Mais je le soupçonne d'être revenu. C'est lui que vous avez dû entendre, hier soir.

— Pouvez-vous me le décrire ? demanda Alan.

— Y a déjà un bout de temps que je l'ai vu, mais j'crois pas qu'il ait beaucoup changé. Il n'a pas l'allure très sympathique. C'est un grand type, contrairement à ce que son nom pourrait laisser croire[1]. Il est à moitié chauve avec un visage rude, anguleux, le regard fuyant, autant qu'on puisse s'en rendre compte sous ses sourcils broussailleux.

— Croyez-vous qu'il soit dangereux ?

— Qu'est-ce que vous penseriez d'un homme comme ça qui se doute qu'une vraie fortune est enterrée à portée de main ?

— Que dois-je donc faire à votre avis ? fit Alan.

Dodge le regarda droit dans les yeux.

— C'est pas à moi d'vous l'dire, jeune homme, mais à votre place, je l'saurais bien.

***

Alan Arnold ne possédait pas les qualtiés d'un héros et il était le premier à le savoir. Rien de téméraire en lui. Mais à l'instar de bien des intellectuels, il avait une certaine fierté, un certain amour-propre. A supposer que Bill Dodge lui eût conseillé franchement de quitter Cabin Creek, il aurait suivi cet avis ; mais l'écrivain avait compris au ton de la réponse du vieillard que le flot bouillonnant de la

1. En anglais, « short » signifie « court ».

jeunesse envahissait une fois encore le cœur du vieux rancher. Alan enviait ces âmes passionnées.

Et après tout, il lui *fallait* bien rester s'il voulait satisfaire son désir évident de connaître la vérité. Car cette histoire l'intriguait au plus haut point, il devait bien se l'avouer. D'ailleurs, il ne courait pas grand danger. Quelle raison Glenn Short aurait-il de l'attaquer ? Aucune, en vérité. A moins que lui, Alan, ne s'interposât entre l'homme et les diamants. Mais il n'avait aucune raison ni aucune envie d'agir ainsi. Cette histoire ne le concernait pas directement. Et puis, il y avait des Indiens. Ils se chargeraient bien d'intervenir, le cas échéant.

Il pensa aux diamants et se les imagina avec plus de précision. Quelle en était la valeur ? Une fortune, sans aucun doute. Cette pensée chatouillait sa curiosité, mais rien de plus. Non, rien de plus, en vérité.

Il retourna donc à Cabin Creek. L'après-midi tirait à sa fin. Les ombres s'allongeaient dans la grande rue déserte. Une atmosphère de mystère et d'hostilité silencieuse se dégageait des bungalows livrés à l'abandon.

Il rangea la jeep devant son logis. Toutefois, avant d'y pénétrer, il se dirigea vers le monticule où se trouvait le cimetière qu'il contempla d'un air songeur. Annie Diamant. Il aurait souhaité vivre en son temps et la connaître. Ce désir était né de la façon à la fois douce et mélancolique dont Bill Dodge en avait parlé. Mais il devinait que rien de bon n'aurait pu en résulter pour lui. Ils étaient trop différents l'un de l'autre.

Le soleil couchant projetait une lueur d'un cuivre étincelant sur les sépultures envahies d'herbes folles. Avant de disparaître au-delà des monts, il semblait adresser, ce soir encore, un adieu rayonnant à la belle Annie.

Alan s'arracha à sa rêverie et fit demi-tour. Il considérait maintenant la maison d'Adam Buzas. La véranda où il avait monté si longtemps une garde incessante s'était effondrée. Il n'en restait qu'un amas de bois qui tombait en poussière au pied de la bicoque elle-même durement éprouvée. Il comprenait parfaitement le genre d'homme tel qu'Adam Buzas. Il aurait suivi la même ligne de conduite. S'ils avaient vécu à la même époque, sans doute eussent-ils été d'inséparables amis. Mais quelle passion et quelle fidélité ! Un sentiment de cette envergure tenait pour lui du mystère et de la légende.

Il demeura encore un moment en compagnie de ces fantômes insaisissables. Puis, s'évadant du rêve, il reprit enfin contact avec la réalité et se dirigea vers son bungalow. Il éprouvait un malaise à savoir que les Indiens l'épiaient de quelque endroit secret du voisinage, prêts à intervenir, s'ils le jugeaient nécessaire.

Il pénétra dans le vieil hôtel délabré. Il aperçut tout de suite de la fumée qui sortait de sa chambre et pensa à un incendie. Mais il s'arrêta net sur le pas de la porte.

Un homme était assis dans la pièce, fumant une cigarette et le regardant. D'après la description que le vieil homme en avait faite, Alan comprit que c'était Glenn Short. A travers les sourcils épais du grand diable passait un regard cynique et plein d'aplomb.

— Glenn Short, murmura Alan.

— Lui-même, répondit l'autre. L'homme écrasa son mégot sur la table. Par terre, près de la chaise où se trouvait le repris de justice, Alan vit une pelle.

— Vous êtes venu chercher les diamants, n'est-ce pas ?

— C'est exact.

— Vous avez rôdé hier soir par ici. Je vous ai entendu.

— Vous avez de bonnes oreilles, répliqua Short en grimaçant un sourire.

Il avait les mains croisées sur le ventre. Lorsqu'il les sépara, Alan vit la crosse d'un pistolet.

Short jeta un coup d'œil intéressé par la fenêtre.

— Le soleil se couche, fit-il, j'vais pouvoir commencer bientôt.

— Et les Indiens ?

— J'ai mon idée à leur sujet. Et mon idée, c'est qu'ils ne feront rien. Est-ce qu'y tiennent tellement à préserver l'tombeau d'ce chef qu'est mort y a j'sais pas combien d'temps ? Je l'crois pas. Y sont assis là pour obéir à une tradition, à une habitude de la tribu, rien de plus. Et j'suis même sûr qu'ils seront reconnaissants à celui qui enlèvera les diamants. Ça leur retirera une fameuse épine du pied et y s'ront débarrassés de cette sacrée corvée de garde.

— Que s'est-il passé, hier soir ? Avez-vous essayé de creuser ?

— J'suis simplement venu en reconnaissance. Histoire de voir si la tombe était intacte. Y n'se sont pas montrés, vos Indiens.

— Vous aviez votre pelle ?

— Non.

— Et moi ? Je ne compte pas ? fit Alan.

— Vous ? fit Short en se tournant brusquement vers son interlocuteur. Ça dépend d'vous. J'vais aller prendre les diamants où ils se trouvent. Alors, y tient qu'à vous que j'passe au-dessus d'votre cadavre ou non pour y parvenir. Et si vous l'croyez pas, vous avez qu'à essayer, conclut-il, un air de défi sur son visage taillé à coups de serpe.

Alan considéra un moment la situation. Puis il secoua la tête en baissant les paupières.

— Je n'essaierai pas, fit-il calmement. Cette histoire ne m'intéresse en rien.

Short se leva, la pelle à la main.

— Dans la journée, y fait trop chaud, mais la nuit, y fait trop sombre. C'est en ce moment qu'il faut travailler, affirma-t-il.

Assurant le pistolet dans sa ceinture, il s'approcha d'Alan qu'il dominait d'une tête et tendit sa main ouverte.

— La clef, dit-il simplement.

— Quelle clef ?

— Celle de la jeep.

Alan la lui donna. Ç'eut été folie de résister à un type non seulement bien plus fort que lui mais encore armé d'un tel pistolet.

Short sortit. Alan s'assit derrière la fenêtre pour observer la scène. L'homme remontait la rue. La pelle à manche court fixée à sa hanche se balançait au rythme de la marche. Short dépassa l'immeuble à la véranda effondrée et se dirigea vers le monticule.

« Il sait exactement où ça se trouve », pensait Alan avec amertume.

Effectivement, l'homme s'arrêta sans hésiter. Sa silhouette se découpait sur le ciel cuivré. Il jeta un coup d'œil circulaire et commença à bêcher hardiment, comme par défi, proclamant son ambition à la face du monde et des deux sentinelles de la tribu indienne. Penché sur le sol, il creusait rapidement. On pouvait voir les pelletées de terre qu'il rejetait sur le côté.

Soudain, un coup de feu claqua. Puis un autre. Deux petits nuages de poussière s'élevèrent aux pieds de Short qui lança la pelle au loin et s'accroupit, le pistolet à la main.

Derrière sa fenêtre, Alan, en proie à la plus vive émotion, tourna les yeux vers l'endroit d'où l'on avait tiré. Il vit les deux Indiens qui s'approchaient à travers la campagne. Ils ne ressemblaient en rien aux Indiens qu'il avait vus au cinéma. Ils n'avaient ni plumes, ni tatouages terrifiants. Ils étaient vêtus comme tout un chacun dans la région d'une chemisette et d'un pantalon de toile. Ils avançaient sans crainte, le fusil à la main. Agenouillé dans le cimetière, parmi les tombes, Short attendait de sang-froid, le pistolet à la main. Lorsqu'il en jugea le moment venu, il tira. L'un des Indiens s'écroula, inanimé. L'autre tomba également parmi les herbes sauvages. Mais il n'était que blessé. Ramassant ses forces, il se redressa. Une flamme apparut au bout du fusil, puis la détonation. L'Indien s'avança encore, puisant dans ses dernières ressources le courage de progresser, titubant mais implacable, protégeant son avance à coups de feu. Il tira une fois encore et Short poussa un cri. Comme le soleil disparaissait à l'horizon, derrière les collines, l'homme se redressa, plus grand encore, dans l'ombre naissante. Un bref instant, Alan le vit se détacher immobile sur un fond de crépuscule. Enfin Glenn Short s'écroula sur le sol pour toujours. A son tour, l'Indien s'immobilisa, lâchant son fusil et portant les mains à sa tête avant de rendre le dernier soupir en s'affaissant, lui aussi, dans les hautes herbes de la prairie.

Et ce fut de nouveau le domaine du silence étouffant, implacable.

Alan se rua vers le cimetière. Haletant d'impatience, il grimpa sur le tertre et sauta par-dessus la barrière effondrée. Il s'arrêta près du corps de Glenn Short. On voyait tout à côté l'emplacement où l'homme avait commencé à creuser. Ainsi les diamants se trouvaient là, à quelques dizaines de centimètres sous ses pieds. Il suffisait d'approfondir le trou pour mettre la main sur une fortune. Il se les imaginait encore, ces pierres scintillantes enfouies dans les lambeaux d'un vêtement où les doigts tremblants d'une femme les avait dissimulés alors qu'elle se disposait à s'enfuir avec celui qu'elle aimait. Alan pensait également à Adam Buzas qui était resté sa vie entière à veiller seul, avec son chagrin et sa rancœur, la sépulture où reposait à jamais son amour. Et il songeait aussi aux deux Indiens et à leur chef respecté, et qui étaient morts quelque part dans la prairie pour empêcher qu'on violât la dernière demeure du grand ancêtre.

Il évoqua enfin Cabin Creek, ses maisons en ruines, l'hôtel branlant où il avait eu l'audace de jouer cette comédie de la réception. Il en éprouvait quelque honte. Cabin Creek allait sans doute complètement disparaître de la surface de la terre et de la mémoire des hommes, car la pièce était jouée jusqu'au dénouement. Plus rien ne devait s'y produire. Il serait vil et méprisable, ô combien, d'être venu ici pour assister à l'épilogue de cette extraordinaire histoire et de s'enfuir avec les diamants de celle qui portait si bien leur nom. Des diamants aussi purs et aussi rares que l'amour dont ils étaient auréolés.

Alan Arnold prit la pelle et se mit en devoir de recouvrir le trou que Glenn Short avait déjà creusé. Il s'appliqua, fignola son travail et quand il eut terminé, la tombe avait repris son aspect, rien ne la distinguait plus des autres sépultures.

Le silence éternel recouvrait désormais le cimetière de la ville fantôme.

Footprints in a ghost town.
Traduction de Émile Herbey.

A LA PÂLE CLARTÉ DES RÉVERBÈRES

par JACK RITCHIE

Ils étaient trente ou quarante sous la lumière blafarde des réverbères. Nonchalamment appuyés contre leurs voitures rafistolées, les devantures sombres des magasins, les ormes de la place, ils bavardaient, le regard tourné de notre côté.

C'était tout ce qu'ils faisaient pour l'instant.

Je m'éloignai de la fenêtre.

Jed Tracy astiquait l'une des carabines du râtelier. Elles étaient toutes étincelantes ; ce n'était pour lui qu'une façon de passer le temps.

— Ça fait près de dix ans qu'il n'y a pas eu de lynchage ici, dit-il.

Je m'assis à mon bureau, allumai une cigarette.

Quelques cris fusèrent dehors, ils ne signifiaient rien. Ils n'étaient pas dirigés contre nous.

Jed s'immobilisa un instant, puis remit en place l'une des pièces de la carabine.

— Inquiet, Shériff ?

— Non.

— Pourquoi ? Il y a beaucoup d'hommes dehors.

Je haussai les épaules.

— Un simple combat de chiens leur suffirait. Ils

n'ont pas besoin d'un lynchage pour se distraire. Encore quelques verres et peut-être oseront-ils venir jusque devant la porte, mais ce sera tout. Ils n'iront pas plus loin.

J'observai Jed.

— Et s'ils essaient de s'emparer de Randall ? Que ferez-vous ? Vous les laisserez faire ? dit-il en levant le canon de la carabine vers l'ampoule électrique.

— J'ai une étoile et un boulot. Te fais pas de soucis pour moi.

Le téléphone sonna. Je décrochai. L'appel venait de loin, de la capitale de l'État.

— Le Shériff Bragan ?

— Lui-même.

— Le Gouverneur Hasset à l'appareil. J'ai appris que vous aviez quelques ennuis ?

— Aucun ennui.

Cette réponse fut suivie d'un court silence.

— Une femme de chez vous m'a téléphoné. L'institutrice. Elle disait qu'il risquait d'y avoir un... (Il hésita à dire le mot.) Un lynchage.

— Il n'y en aura pas.

— Pourtant... elle disait qu'il y avait foule autour de la prison.

— Un petit groupe, rien qui m'effraie.

Il devait se gratter le menton.

— Et si je vous envoyais une demi-douzaine de soldats ? On ne sait jamais.

— Je peux m'en sortir tout seul. Vous savez, on n'aime pas tellement qu'on s'occupe de nous, ici.

Le gouverneur pouvait le comprendre. Ici, dans les collines, les gens étaient pauvres et quelque peu sauvages. Ils votaient cependant.

— Que s'est-il passé exactement ?

— Dans un bar, un homme ivre en a tué un autre.

Le gouverneur parut soulagé.

— Tant mieux ! Aussitôt, il se reprit. Je veux dire,

je préfère, — pour l'État — que ce ne soit pas l'un de ces ... vous voyez ce que je veux dire ? Certains crimes plus que d'autres excitent la population.

— Ce n'est pas le cas.

— Vous en êtes bien sûr ? Vous n'avez besoin d'aucune aide ? Il ne faut plus discréditer l'État par de telles histoires, vous comprenez ?

— Je n'aurai besoin d'aucuns renforts.

— Bien. Mais ne manquez pas de nous appeler si les choses tournaient mal.

— Entendu. (J'attendis qu'il coupe la communication pour raccrocher.) C'était le gouverneur, dis-je à Jed.

Il engagea la culasse dans la carabine.

— Et tu crois que tu vas t'en sortir tout seul ?

Je le dévisageai.

— Ça ne te plaît pas de n'être que l'adjoint, hein ? Tu préférerais porter mon étoile ?

Il leva les yeux.

— J'étais l'adjoint quand Park a pris sa retraite. La ville n'était pas obligée de me garder. Et puis, j'ai bien le droit de prendre un verre de temps en temps. Qui ne le fait pas ? D'ailleurs, si ça ne te plaît pas, t'as qu'à me mettre dehors.

— J'aime bien pouvoir parler avec quelqu'un d'intelligent.

Il écarquilla les yeux.

— Je suis peut-être né dans les collines, mais ça ne veut pas dire que j'aie rien dans la tête.

— Ah bon ?

— J'étais lieutenant en Corée, dit-il, hargneux. Nommé sur le champ de bataille. Fallait de l'éducation pour ça. Avant, j'étais sergent.

— Je suis sûr que ta maman a été fière de toi.

Son visage virait au violet.

— J'étais un chef. Mes hommes m'auraient suivi jusqu'en enfer.

— Pour voir si t'étais capable d'y aller ?

La baguette d'acier avec laquelle il nettoyait le fusil se courba dans ses mains.

— Tu t'imagines que tu vaux mieux que nous parce que tu as quitté le village quelques années pour aller au collège. Pourquoi es-tu revenu ? Parce que tu te fais quelquefois inviter dans la grande maison sur la colline ?

Oui, c'était bien pour cela que j'étais revenu. A cause de la grande maison sur la colline, Helen Randall y habitait. Elle était jeune étudiante quand j'étais déjà ancien, et l'atmosphère démocratique du collège abolissait les différences de classes. Je savais qu'elle avait désiré mon retour.

De sa cellule, son frère Philip réclama un verre d'eau.

Je lui en apportai un quart plein.

Randall n'avait pas l'air trop éprouvé par ses trois heures de cellule. Des bleus marbraient son visage et il n'avait pas encore secoué la poussière de son smoking.

Il avala l'eau d'un seul trait.

— Quand sortirai-je de ce trou, Bragan ?

— C'est plus grave qu'une contravention.

Il rit.

— Tu parles à Philip Randall, Bragan. Cette ville m'appartient.

— Les mines t'appartiennent.

— Du pareil au même. Des nouvelles de Carson ?

— Non.

Carson, son avocat, essayait par tous les moyens de le sortir de là.

Randall sortit une cigarette d'un paquet froissé.

— Je ne me souviens de rien.

— Il y avait quatorze personnes dans le bar. Autant de témoins à charge.

Il haussa les épaules.

Je savais à quoi il pensait. Si besoin était, son

argent pourrait transformer leurs souvenirs. Il n'avait pas besoin de s'inquiéter.

Il alluma sa cigarette.

— Qui suis-je supposé avoir tué ?

— L'un de tes mineurs. Bill Waker.

Le nom ne lui dit rien.

Il entendit les cris dehors et s'approcha de la fenêtre grillée.

— Que veulent-ils, nom de D... ?

— Toi.

Il les observa un moment. Peut-être commençait-il à s'inquiéter.

— Pourquoi donc es-tu entré dans ce bar ? demandai-je. Visite de charité ?

— Nous sommes en démocratie, non ?

— Sûr. Mais tu portais un smoking et tu étais ivre. C'était de la provocation : ils ont vu rouge. Tu leur rappelais qu'ils étaient gueux et qu'il y avait des rois. Ça a particulièrement touché Bill Waker. La conversation s'est envenimée et tu n'as pas eu le bon sens de t'en aller. C'est ton revolver qui te rendait courageux ?

Il fronça les sourcils.

— J'étais en légitime défense. C'est lui qui m'a provoqué. Tous ceux qui étaient là le savent.

— Peut-être bien. Mais la moitié des gens d'ici sont des Waker ou leurs cousins. Ils ne verront pas les choses comme toi. Je suis heureux de voir, ajoutai-je avec un sourire ironique, que tu n'as pas aussi mauvaise mémoire que tu le pensais.

Je retournai dans le bureau. Jed était à la fenêtre.

— Ils ont quelques verres de plus dans le nez, dit-il.

Je regardai. Ils étaient près de cinquante maintenant. Sans doute s'excitaient-ils les uns les autres, mais je continuais à penser qu'ils ne feraient que boire davantage avant d'aller se coucher. Je reconnus des cousins de Jed installés dans une voiture de luxe.

Un klaxon retentit. Des phares puissants illuminèrent brutalement la rue. La foule, éblouie, s'écarta en maugréant devant la décapotable qui s'arrêta devant la prison. Le groupe se rapprocha lentement — curieux, inquiet, irrité peut-être contre cette voiture et la jeune femme qui la conduisait.

Helen Randall en sortit et monta les quelques marches. Je déverrouillais la porte et elle me regarda de ses yeux d'un bleu très clair.

— Lew, où est mon frère ?

— Nous n'avons que deux cellules, dit Jed. Il est probablement dans l'une d'elles.

Suivi de Jed, je la conduisis vers le réduit ou était son frère.

Randall se pendit aux barreaux.

— Tiens, tiens, ma chère petite sœur. C'est si gentil à toi d'avoir tout laissé tomber pour venir me voir.

Elle rougit légèrement.

— Je suis venue dès que j'ai su que tu avais des ennuis. J'étais chez les Jackson. Ils habitent à cent kilomètres d'ici, tu sais.

Il sourit de toutes ses dents.

— L'essentiel est que tu sois là, chère Helen. Les Randall doivent se tenir les coudes, même s'ils ne sont que deux.

— Que s'est-il passé au juste, Philip ? Carson ne m'a pas donné beaucoup de détails.

Randall se gratta la nuque.

— Il paraît que j'ai tué quelqu'un. Un certain Walker... Welker... Wilker. Quelque chose comme ça.

— Bill Waker, dit Jed d'un ton neutre. Il laisse une femme et six gosses.

— Vraiment ? dit Randall avec indifférence. Ces gens des collines sont de vrais lapins.

Jed tourna les talons et s'en alla.

Helen me toucha le bras.

— J'aimerais parler seule à seul avec Philip, s'il vous plaît.

Dans le bureau, Jed astiquait rageusement une autre carabine, aussi propre que la dernière.

Helen nous rejoignit dix minutes plus tard.

— Ne pourriez-vous éloigner cette populace, Lew ? Cela rend Philip... heu... un peu nerveux.

— Il est en parfaite sécurité ici, Helen.

Elle n'en avait pas l'air très sûre.

— Ne serait-ce pas plus prudent de l'emmener à Marysville ?

Je secouai la tête.

— Non, Helen. Je ne crois pas qu'il serait sage de lui faire quitter le comté.

Elle n'avait plus rien à dire.

— Il ne lui arrivera rien, vous en êtes sûr ? demanda-t-elle.

— Je vous le promets.

Elle se dirigea vers la porte.

— Je vais tâcher de joindre Carson et voir ce qu'il fait pour Philip.

— Une minute, dis-je. (Je pris une carabine au râtelier et déverrouillai la porte. La foule me regarda, le silence se fit.) Dégagez la voiture de la dame, ordonnai-je.

Helen fronça les sourcils.

— C'était inutile, Lew. Je suis sûre qu'ils ne m'auraient rien fait.

Je dirigeai ma carabine sur Elmo Waker. C'était l'oncle du défunt Bill Waker.

— Tu m'as compris, Elmo ? Vas-tu bouger ou préfères-tu que les autres t'emmènent sur une civière ?

Il me jeta un regard furieux et s'écarta de la voiture. Les autres suivirent son exemple à contrecœur.

Je regardai Helen s'éloigner, puis élevai la voix.

— Vous autres, allez vous dégriser chez vous. Si vous n'êtes pas encore assez ronds pour ça, déblayez le chemin, tout au moins.

Des coups de klaxon accueillirent mon altercation. Je rentrai dans la prison.

Le dossier de sa chaise appuyé contre le mur, Jed contemplait ses ongles d'un air songeur.

— Croyez-vous que Randall sera condamné à la pendaison ?

Je ne répondis pas.

Jed leva les yeux et reprit :

— Nous avons une liste de quatorze témoins. Ils ont tous de bons yeux.

— Et les poches vides.

Jed devint pensif. Je devinai aisément le sujet de ses réflexions. Randall allait distribuer quelques dollars et presque tous oublieraient ce qui s'était passé ou bien, à la barre des témoins, donneraient une autre version des faits.

Soudain, il changea de physionomie.

— Certains des témoins étaient des Waker. Ils sont inachetables.

— Je n'en suis pas si sûr. Quand il est question d'argent, il n'y a rien de plus fragile que les liens du sang.

Il fit craquer ses jointures.

— Ce n'est pas vrai. Au fait, pour qui nous prend-il ?

— Peu m'importe.

Une vitre de la fenêtre vola brusquement en éclats et une pierre roula sur le plancher.

Jed se leva en jurant.

J'allai à la fenêtre. La foule avait grossi ; quelques femmes aux regards avides s'étaient jointes à elle. Mais il n'y eut pas d'autre pierre. Pour l'instant, du moins.

Je retournai à mon bureau et consultai la liste

des témoins du meurtre. Onze hommes et trois femmes. L'une d'elles était Donna Mae Davis.

— Donna Mae, dis-je, pensif.

Jed se raidit.

— Et alors ?

— Avec qui était-elle ?

Jed ne répondit pas.

Donna Mae avait environ dix-neuf ans et je l'avais vu un bon nombre de fois en compagnie de Jed. Pas ces derniers temps, cependant. J'insistai :

— Elle était venue avec Randall ? ou elle l'attendait ?

— Je ne le lui ai pas demandé, aboya Jed.

Je posai la liste en bâillant.

— Il allait peut-être l'épouser.

C'était une chose à laquelle personne ne croyait en ville — personne sinon Donna Mae.

Randall appela. Nous allâmes voir.

Il était très pâle.

— Ils s'énervent dehors. Vous ne les entendez pas ? C'est du sang qu'ils veulent. Écoute, Bragan, dit-il en s'agrippant aux barreaux, emmène-moi à Marysville. Tu ne le regretteras pas... mille dollars ?

— J'y songerai, dis-je.

Dans le bureau, Jed redevint pensif. Je savais qu'il rêvait aux mille dollars.

J'ouvris l'armoire.

Jed fronça les sourcils.

— Que faites-vous ?

Je soupesais une grenade lacrymogène.

— Je vais faire un peu de place dehors. Il commence à y avoir trop de monde.

Jed me regarda, bouche bée.

— Vous n'allez pas faire ça !

— Pourquoi pas ?

— Il y a des femmes avec eux.

— Elles n'ont rien à faire ici. Ce n'est pas une

réunion de famille. Elles veulent peut-être tenir la corde ?

J'ouvris violemment la porte. Je dégoupillai la grenade, la lançai au milieu de la foule et je rentrai prestement à l'intérieur en verrouillant la porte.

Ils mirent quelques secondes à comprendre ce que j'avais fait. Puis ce furent des jurons, des cris, des hurlements effrayés de femmes en colère.

Jed me lança un regard noir.

— Vous auriez dû les prévenir, au moins.

— Ils comprendront beaucoup mieux ce langage-là.

— Ils vont revenir. Mais, cette fois, sans les femmes.

— Il reste encore des grenades.

— Supposez qu'on emmène Randall à Marysville. Comment partagerions-nous les mille dollars qu'il a promis ? dit Jed après un moment de réflexion.

— Nous ne prendrons pas son argent. Nous sommes payés pour faire ce boulot.

Il ricana.

— Tu le prendrais, cet argent. Tu n'es pas si honnête que ça. Pas plus propre qu'un autre.

La grosse pendule égrena une quinzaine de secondes. Je souris calmement.

— Tu es renvoyé.

Il me regarda, ahuri.

— Tu es renvoyé, répétai-je.

Son visage s'empourpra.

— Nom de D... ! Vous n'allez pas me renvoyer à un moment pareil. Pas à cause de ce que je viens de dire. Vous voulez emmener Randall à Marysville et être seul à empocher l'argent.

— Dépose ton insigne, dis-je tranquillement.

Il se dirigea vers moi, les poings serrés. Je sortis mon 38 de son étui.

— Si tu ne saisis pas, ce joujou t'aidera peut-être à comprendre.

Ses yeux flamboyèrent, mais il s'arrêta. Lentement, il dégrafa l'insigne de sa chemise et le jeta dans la corbeille à papiers.

Dès qu'il fut sorti, je refermai la porte à clef.

Randall appela une demi-heure plus tard.

Il semblait perplexe.

— Tout le monde est parti. Les rues sont désertes, dit-il.

— Il est tard. Ils se sont soûlés. Ils sont fatigués. Ils ont dû aller se coucher.

Randall paraissait toujours mal à l'aise.

— Je n'en suis pas si sûr. Je crois que tu devrais me conduire à Marysville. J'irais jusqu'à deux mille dollars.

— Tu es en sécurité ici.

Je retournai dans le bureau. Je me renversai dans mon fauteuil, les pieds sur la table. Je bâillai.

C'est le cliquetis de la serrure qui m'éveilla.

Une douzaine d'hommes se ruèrent dans la pièce. Instinctivement, je portai la main à mon revolver, mais les six ou sept fusils de chasse braqués sur moi arrêtèrent mon geste.

Ils étaient tous masqués. Certains portaient des loups noirs, d'autres avaient leurs foulards remontés sur le nez, deux d'entre eux s'étaient affublés de bas nylon.

Je levai les mains.

— Vous allez commettre l'erreur de votre vie. Vous la regretterez jusqu'à l'heure de votre mort.

Aucun d'eux ne parla, mais leur chef, un grand type armé d'un 45 automatique, s'empara du trousseau de clefs et montra le chemin des cellules.

Je le devançai.

— Ne soyez pas idiots, dis-je. Vous aurez la moitié de l'État sur le dos.

Quand il nous vit, le visage de Randall prit une teinte terreuse.

— Bragan ! hurla-t-il. Tu ne vas pas les laisser faire !

Il y avait une douzaine de clefs sur l'anneau, mais le chef trouva la bonne sans hésitation. Il ouvrit la cellule de Randall ; quatre ou cinq hommes entrèrent pour s'emparer du prisonnier. Ils n'étaient pas trop nombreux : Randall cria, se débattit et mordit tandis qu'ils le traînaient dehors.

Le chef me poussa dans la cellule vide et claqua la porte.

Je le regardai tourner la clef. Il était ganté ; il ne laisserait aucune empreinte. Je remarquai deux éraflures sur le cuir de sa chaussure droite.

L'un des hommes s'attarda dans la prison. Il était mince, je crus voir un sourire sardonique sous le bas de nylon. Il dégoupilla une grenade lacrymogène, la déposa sur le sol devant la cellule, juste assez loin pour que je ne puisse la saisir.

— Avale ça, Bragan, me cria-t-il en se précipitant dehors.

Je retirai ma ceinture, en fit une boucle au dernier trou, lançai l'anneau ainsi formé sur la grenade et la tirai à moi. Je la ramassai, courus à la fenêtre et l'envoyai dehors, sous le vent, le plus loin possible. Peu de gaz s'était répandu dans la cellule, assez cependant pour m'obliger à rester devant la fenêtre.

J'entendais toujours les hurlements hystériques de Randall, mais je ne pouvais voir ce que faisaient les hommes masqués.

J'appelai, mais personne ne vint. Pourtant, j'en étais persuadé, derrière chaque store, il y avait un spectateur.

C'est alors que Randall cessa de crier, pendant une dizaine de minutes, il n'y eut plus aucun bruit puis j'entendis des voitures démarrer. Elles s'éloignèrent et la ville redevint silencieuse.

J'appelai encore et encore. Seul l'écho me répondit.

Au bout d'un moment, j'abandonnai. Que pouvais-je faire ? Je n'avais plus qu'à attendre.

L'air de ma cellule était devenu respirable et je fumais une demi-douzaine de cigarettes avant d'entendre un bruit de pas dans le bureau.

C'était Jed Tracy. Il souriait presque.

— Je croyais que vous pouviez vous en sortir seul ?

Je me levai.

— Va chercher la clef.

Il prit son temps. Je sortis de la cellule.

— Où étais-tu ? demandai-je.

— J'étais renvoyé, je dormais chez moi.

Je regardai les deux éraflures sur sa chaussure droite.

— Tu es bien sûr ?

Un sourire passa sur ses lèvres.

— J'en suis sûr. Ma famille aussi.

— Ils ont veillé sur ton sommeil ?

— Pourquoi pas ?

— Qu'est-ce qui t'a réveillé ?

— Ted Purley m'a téléphoné, il m'a raconté ce qui s'est passé. Alors j'me suis dit que je pourrais venir faire un tour par ici, voir si je pouvais faire quelque chose — en simple citoyen. (Il hésita avant de poursuivre.) Vous en avez reconnu quelques-uns ?

— A quoi cela servirait-il ?

Il se gratta le menton comme s'il cherchait à voir les choses objectivement.

— Sans doute à rien. Les gens se tiennent les coudes par ici. Il serait difficile de mettre le lynchage sur le dos de quelqu'un.

Ils avaient laissé mon revolver sur le bureau. Je le remis dans son étui.

— J'avais verrouillé la porte, ils sont quand même entrés. Je me demande comment ils ont eu la clef.

Jed tressaillit.

— C'est une vieille serrure. Presque toutes les clefs de la ville pourraient l'ouvrir.

— Où est Randall ?

— Pas loin. Juste en bas de la rue.

Je sortis sur la place.

Randall était pendu à une branche du chêne, juste devant le grand magasin.

Je revins dans le bureau et téléphonai à la police montée de l'État, puis je ramassai mon chapeau qui traînait sur le sol.

— Prenons une échelle et allons le décrocher.

Les premiers soldats arrivèrent au bout de vingt minutes. Il en vint d'autres par la suite. Beaucoup d'autres.

Je fus interrogé, mais ce que j'avais à dire ne fut pas d'un grand secours. Je ne parlai pas des éraflures sur les chaussures de Jed. Elles n'auraient pas suffi à le faire arrêter et j'avais toujours l'intention de rester dans la ville.

Le soleil venait de se lever lorsque je me rendis à la grande maison sur la colline pour mettre Helen Randall au courant. Elle savait déjà.

Les yeux humides, elle se jeta dans mes bras — parce que, désormais, elle était seule, parce que, maintenant, j'étais celui qu'elle connaissait le mieux, parce que nous avions été très proches au collège.

Je la réconfortai.

— Je suis désolé, Helen.

— Ce n'est pas de votre faute, Lew. Je sais que vous avez fait tout ce que vous avez pu.

Oui. J'avais fait tout ce que j'avais pu.

J'avais fait tout ce que j'avais pu pour que Randall meure.

La foule s'était rassemblée, mais j'étais sûr qu'elle ne ferait rien d'autre qu'user sa salive et jeter quelques pierres. Il m'avait fallu l'exciter. Il m'avait fallu la mettre hors d'elle. La grenade lacrymogène m'y avait bien aidé.

Mais je n'étais pas encore persuadé que cela suffirait. Il lui fallait un chef pour agir — un homme rongé de rancune contre la justice, un homme qui se consumait pour Donna Mae, un homme qui pensait que je ne partagerais pas les mille dollars promis par Randall.

J'avais construit mon plan, j'avais travaillé Jed, et, lorsqu'il avait été mûr, j'avais donné un meneur à la foule.

Maintenant, je contemplais les collines par dessus l'épaule d'Helen. Le charbon qu'elles recelaient avait appartenu à Philip Randall. Il était devenu la propriété d'Helen.

Elle se serra contre moi ; je souris.

Les mines et les collines m'appartiendraient bientôt.

Under dim street lights.
Traduction de Christine Lauffray.

UNE SI GENTILLE SERVEUSE

par HENRY SLESAR

Tout en allant et venant entre la cuisine et la salle à manger de l'hôtel-restaurant Gordon, Thelma Tompkins surveillait d'un œil inquiet la table d'angle inoccupée. A un moment donné cette inquiétude faillit bien lui être fatale : une assiette fumante de soupe à la tomate glissa dangereusement jusqu'au bord du plateau qu'elle portait, et d'un bout à l'autre de la salle, Marian, sa collègue chef de rang, la foudroya du regard en guise d'avertissement. Mais au cours de ses onze années de service, Thelma Tompkins n'avait pas cassé une seule assiette et son instinct ne l'abandonna pas à ce moment-là. Pourtant, Marian ne put s'empêcher de lui souffler d'un ton acerbe :

— Qu'est-ce qui vous tracasse ?

— Mme Mannerheim, répondit Thelma en regardant de nouveau vers la table inoccupée. Elle a presque une demi-heure de retard. Je me demande s'il ne lui est pas arrivé quelque chose.

— Cessez de faire la mère poule, ricana Marian. La vieille dame va venir. Elle vient toujours.

Mais Thelma continua d'avoir l'air préoccupé, et

les rides n'arrangeaient pas les traits imparfaits de son visage terne. Ses cheveux bruns emmêlés, défrisés par la chaleur de la cuisine et la fraîcheur de la salle à manger climatisée, devinrent plus broussailleux au fur et à mesure que la soirée s'avançait. Quand finalement Mme Mannerheim rejoignit sa place habituelle, la table d'angle, Thelma paraissait presque aussi malade que la vieille dame.

Mais pas tout à fait. Mme Mannerheim avait une silhouette fluette et ratatinée pas même visible dans sa robe flottante de crêpe noir, elle semblait particulièrement pâle, spectrale. Une vraiment *vieille* dame ; plus de quatre-vingt-dix ans, pensait Thelma. Et ce soir on avait l'impression que la Mort n'était pas loin.

— Comment allez-vous, madame Mannerheim ? demanda Thelma, les mains posées sur la table, en approchant la bouche des vieilles oreilles sourdes. Je me faisais du souci pour vous en ne vous voyant pas venir. La même chose ce soir ?

— Oui, mon petit, oui, dit la vieille dame en dépliant sa serviette de ses doigts gourds. La même chose ce soir, Thelma, et ne vous faites pas de soucis pour moi.

— Vous n'étiez pas malade ou quelque chose ?

— Un petit peu, dit Mme Mannerheim en souriant. Rien qu'un petit peu.

— Mais ne pensez-vous pas que vous devriez appeler le docteur ? Vous avez vraiment l'air pas bien.

— Oh ! ne me parlez pas de docteur. Je n'ai pas vu un docteur depuis trente ans, pas depuis que ce vieil imbécile de Leverett m'a dit que j'allais mourir. (Elle tapota la main de Thelma.) Mais merci de vous préoccuper de moi, Thelma, mon petit, c'est agréable de voir quelqu'un se soucier de vous.

La serveuse refoula ses larmes, ces mêmes larmes faciles que pouvait faire naître un film triste, un chat étique ou son jeune frère Arthur. Elle alla dans la cuisine en s'essuyant les yeux du revers de la main et dit à Jeff, le cuisinier, que Mme Mannerheim était là. Il n'avait pas besoin de détails ; au cours de ses huit ans de résidence à l'hôtel Gordon, le menu de Mme Mannerheim n'avait jamais varié. Un verre de jus de tomate, une tranche mince de rosbif, une pomme de terre bouillie, des carottes et du lait. Lorsque Thelma lui eut apporté sa commande, Mme Mannerheim tenta vaillamment de couper la viande sur son assiette. Comme d'habitude, Thelma proposa de le faire à sa place et, comme toujours, à contrecœur, la vieille dame accepta ce service.

— Vous êtes une bonne petite, dit-elle doucement en l'observant.

— J'ai quarante-quatre ans, madame Mannerheim, dit Thelma en riant. Je ne suis plus une enfant. Voulez-vous un peu plus de beurre sur votre pomme de terre ?

— Pouvez-vous vous asseoir et parler un petit moment, Thelma ?

— Oh ! mon Dieu, madame Mannerheim, je ne crois pas maintenant ; c'est que nous sommes plutôt occupés.

— Un peu plus tard, peut-être ? Je voudrais vous parler de quelque chose.

— Bien sûr, madame Mannerheim. Un peu plus tard.

A dix heures trente, le restaurant se vida et Marian lui fit signe qu'elle pouvait partir. Mais avant de retirer son uniforme, Thelma alla s'asseoir à la table de la vieille dame.

— De quoi voulez-vous me parler, madame Mannerheim ?

— De vous, Thelma. Ça vous ennuie ?

La serveuse rit et brossa d'un air gêné ses cheveux mal coiffés.

— De moi ? Il n'y a pas grand-chose à dire, madame Mannerheim.

— Je voulais savoir comment vous allez, Thelma.

— Oh, comme toujours, madame Mannerheim.

— Et ce frère dont vous m'avez parlé, qu'est-ce qu'il devient ?

— Arthur ? Ça va, merci. Il ne gagne pas des millions au magasin, mais il vit avec ça.

Et Thelma détourna la tête ; ses lèvres étaient pâles.

— Vous vous faites toujours du souci pour lui, n'est-ce pas ? La dernière fois que nous en avons parlé, vous vous tracassiez de le savoir si malheureux, obligé qu'il était de s'occuper de ce *drugstore*.

Thelma ne répondit rien.

— Vous aimez beaucoup votre frère, n'est-ce pas ? dit encore la vieille dame.

— Je crois que oui. C'est tout ce qui me reste depuis la mort de papa, madame Mannerheim. Vous savez, toutes ces choses que je vous ai racontées sur lui l'autre soir — eh bien, ce n'est pas si grave que ça. Il est jeune ; il ne peut pas s'empêcher de se mettre dans de mauvais cas ; vous savez ce que c'est.

— Bien sûr.

La vieille dame toussa et la toux rendit un bruit creux dans la robe de crêpe flottante.

— Vous voulez encore un peu d'eau ?

— Non, ça va très bien. Enfin ce n'est pas tout à fait exact, corrigea-t-elle en essayant de rire. Pas tout à fait exact, Thelma. Pour la première fois, je me sens *vraiment* vieille. J'ai été si malade ces derniers temps... Quelquefois, je pense que l'heure est venue...

— Oh ! madame Mannerheim ! Les larmes coulèrent de nouveau.

— Voyons, ne vous faites pas de mauvais sang. C'est différent de penser à la mort quand on a mon âge. Mais ce que je voulais que vous sachiez, Thelma, je veux dire au cas où il m'arriverait quelque chose, c'est que vous m'êtes très sympathique et que je veux vous aider. Savez-vous de quoi je parle ?

— Non.

— Je parle d'argent, Thelma. Je suis ce qu'on appelle une riche vieille veuve, avec plus d'argent que de bon sens. J'ai une nièce en Californie, et il faudra que je lui laisse quelque chose, ne serait-ce que parce qu'elle est de ma famille, mais elle se moque éperdument de moi. Quoi qu'il en soit, je voulais que vous sachiez que je me suis occupée de vous.

Une expression se fit jour sur le visage de Thelma, faite à la fois de stupéfaction et d'anxiété.

— Vous vous êtes occupée de moi ?

— Dans mon testament. Vous avez été une bonne amie pour moi, Thelma, au cours de ces quelques années. Je vous suis reconnaissante. Quand je mourrai, vous pourrez quitter cet endroit et faire ce que vous voudrez. Quant à votre frère...

La main tremblante de Thelma se porta à sa gorge. Arthur !

— Oh ! madame Mannerheim, vous n'êtes pas obligée de faire ça...

— Mais j'en ai envie, Thelma, j'en ai vraiment envie. Ce sera un legs considérable, croyez-moi. Je ne sais pas pourquoi je suis si riche ; depuis la mort de mon mari, l'argent semble ne faire qu'augmenter. Il m'a permis d'être à l'aise ; et maintenant je veux qu'il vous rende heureuse.

Mme Mannerheim semblait avoir du mal à respirer ; elle agrippa son estomac et ferma les yeux.

— Madame Mannerheim...

— Ça va passer, Thelma, ça va passer... dit-elle en rouvrant les yeux sur un regard ferme et brillant. Je n'en ai pas pour longtemps, Thelma. Je rêve de ma mère qui porte une longue robe blanche avec des fleurs. Est-ce que vous croyez aux rêves ?

— Je n'en sais rien, murmura Thelma Tompkins tout en se demandant si elle n'était pas en train d'en faire un.

***

Il n'était que onze heures dix lorsque Thelma arriva chez elle. Arthur se tenait assis, jambes croisées, devant le poste de télévision ; à son air somnolent et chiffonné, on devinait qu'il était planté là depuis des heures. N'importe quel autre soir Thelma eût montré son indignation ; ce soir-là, elle décida d'aborder la question en douceur.

— Pour l'amour du Ciel, Arthur ! A quelle heure as-tu fermé la boutique ?

— Oh ! il y a juste un petit moment, dit Arthur d'un ton maussade.

— Tu ne peux pas continuer à fermer si tôt, Arthur, tu ne peux vraiment pas te le permettre. Tu sais ce que papa disait toujours : on fait des tas d'affaires après dix heures du soir...

Arthur ne répondit pas. Il enfouit son menton imberbe dans le col couvert de sa chemise jusqu'à dissimuler la moue de sa bouche, fronça les sourcils et passa la main dans ses cheveux blonds coupés court. Il faisait plus enfant que jamais lorsqu'il boudait ; Thelma avait du mal à croire qu'il avait près de trente-cinq ans.

— Arthur, j'ai quelque chose à te dire.

— Écris-moi une lettre.

— Ne sois pas désagréable. C'est quelque chose d'important. Plus important que la télévision.

— Qu'est-ce que tu as fait, tu t'es fait flanquer à la porte ?

— Arthur, c'est de *toi* qu'il s'agit.

Le pronom personnel attira son attention. Il diminua le volume du son et se tourna vers sa sœur.

Elle lui annonça la nouvelle. Il l'écouta avec une attention qu'il avait rarement accordée à aucun de ses discours, se retenant d'interrompre son récit par les questions acerbes dont il était coutumier. Lorsqu'elle eut terminé, toute retenue l'abandonna et, comme un ressort relâché, il s'affala dans le fauteuil.

— A combien penses-tu ? dit-il d'un ton rêveur. Combien, Thelma ?

— Je n'en sais rien. On raconte toutes sortes d'histoires sur elle. Son mari était dans la conserverie, mais il est mort, oh, il y a des années. Pourtant, elle a dû investir l'argent, c'est pour ça qu'il y en a tant. Et elle a l'air si malade, la pauvre vieille dame...

— C'est ça l'ennui, murmura son frère. Si elle mourait bientôt, mettons d'ici deux mois, il y a une ou deux affaires auxquelles je m'intéresse.

— Arthur !

— Ne t'excite pas, je ne souhaite rien de mal à ta copine. Mais si elle est vraiment aussi malade que tu le dis...

— Je ne veux même pas *penser* à cet aspect de la question. C'est tellement agréable de savoir qu'un jour...

— Ouais, bien sûr, un jour, fit Arthur Tompkins. Quel âge dis-tu qu'elle a ?

— Je ne sais pas exactement. Quatre-vingt-dix ans, peut-être plus.

L'homme sourit, de son visage enfantin. Il tendit la main et éteignit le poste de télévision, mais il continua de fixer des yeux l'écran vide et gris comme s'il y voyait toujours des images.

***

Deux mois se passèrent au cours desquels, soir après soir, Thelma Tompkins continua d'observer la table d'angle ; de son côté, la vieille dame qui, depuis longtemps, avait conquis des droits de squatter, arrivait dans la salle de restaurant à des heures fantaisistes. Les derniers restes de couleurs disparaissaient lentement de ses joues et sa démarche vacillante s'accentuait de plus en plus. Marian, celle qui était chef de rang, assistait au déclin de Mme Mannerheim et poussait des gloussements inquiets, non pas pour la vieille dame, mais à cause de son sens de l'ordre.

— Non, mais *regardez-moi* cette vieille chose, disait-elle. J'ai peur qu'elle ne s'effondre au beau milieu du dîner. A son âge elle devrait bien aller vivre dans une maison de retraite ou quelque chose comme ça.

Thelma ne répondait pas. Elle était devenue plus attentionnée que jamais pour la vieille dame, étalant sa serviette sur ses genoux, lui coupant son rosbif en tout petits morceaux, remplissant elle-même son verre d'eau. Mais tout en redoublant d'efforts pour lui faire plaisir, elle n'ignorait pas que la bienveillance innée qu'elle lui portait était gâchée depuis la nouvelle que lui avait annoncée Mme Mannerheim. Elle savait maintenant que ce n'était pas uniquement de la bienveillance, qu'il entrait dans sa sollicitude un but égoïste. Toutefois, Thelma n'éprouvait ni honte, ni sentiment de culpabilité ; elle se devait aussi de penser à Arthur. Elle était responsable de l'affection qu'elle lui portait.

Mais elle n'aurait pas pu éviter ce qui allait suivre. Tandis que les mois se succédaient et que la silhouette minuscule de Mme Mannerheim s'amenuisait, Thelma s'aperçut qu'elle était incapable d'empêcher ce qu'elle avait craint autrefois de voir devenir un souhait non formulé. *Pourquoi la vieille dame ne mourait-elle pas ?*

Mme Mannerheim ne mourait pas. Chaque fois, on avait l'impression que le feu de la vie se retirait de son corps recroquevillé, mais quoi qu'il en soit, il continuait de couver. Une fois, elle s'écroula sur la table, exactement comme l'avait redouté Marian, mais elle se remit de son évanouissement. Pendant une semaine, elle fut trop malade pour se rendre du troisième étage où était sa chambre jusqu'au restaurant, au rez-de-chaussée, et Thelma lui monta chaque soir un plateau, s'attendant chaque fois en ouvrant la porte à trouver la vieille dame inanimée à jamais. Mais Mme Mannerheim était vivante, sinon en bonne santé ; elle souriait crânement, sa tête minuscule immobile, sur l'oreiller.

Le printemps s'écoula, puis l'été ; le froid hivernal fit à nouveau son apparition dans la ville, glaçant le sang et les vieux os, apportant la maladie et la mort aux gens âgés dans les chambres d'hôtel et les pensions. Mais chaque soir, la table d'angle était occupée.

— J'en ai marre d'attendre, dit Arthur un matin.

— Arthur !

— Oh, ça va, Thelma. Tu en as aussi marre que moi. Tu te mets à détester cette vieille femme.

— La détester ? Qu'est-ce que tu racontes ? Mais voyons, je l'aime beaucoup.

— Bien sûr, c'est ce que tu te répètes. (Il se mit brusquement à rire.) Mais tu ne parles plus d'elle comme autrefois. C'est comme si tu n'aimais pas en parler. Et je suis sûr qu'elle te fait marcher à la baguette.

— Ne sois pas ridicule !

Thelma n'osait pas regarder son frère. Comment avait-il pu deviner ? Elle sentait effectivement qu'il y avait une certaine tension entre elle et la vieille dame. Mme Mannerheim s'était mise à se plaindre sans arrêt, discutant la qualité de la nourriture, accusant Thelma d'indolence et même, une fois, d'avoir assaisonné la note. Un soir, elle avait été si fâchée contre la serveuse qu'elle avait sciemment oublié son pourboire habituel de vingt-cinq *cents*. Mais ce n'était que trop naturel, pensait Thelma ; quand les gens sont vieux et malades, ils deviennent irritables...

— Je le vois à ton visage, dit Arthur en se penchant en avant de manière insinuante. Tu te mets à détester la vieille un peu plus chaque jour. Elle n'en finit pas de mourir, n'est-ce pas ?

— Je refuse de t'écouter !

— Ça fait presque huit mois maintenant. Qu'est-ce qui te fait croire qu'elle ne va pas vivre jusqu'à cent ans ?

— Mais elle est si malade...

— Alors pourquoi n'est-elle pas morte ?

— Arthur !

— Pourquoi ne pas l'aider un peu, Thelma ?

Il avait laissé échapper ces mots. A en juger par la surprise que manifestait son visage, il n'avait manifestement pas choisi son moment. Mais il avait dû mûrir cette pensée longtemps sans l'exprimer. Thelma était trop hébétée pour répondre, mais il prit son silence pour de l'intérêt et poursuivit :

— Ce serait facile. Vraiment facile. Et le pire, Thelma, c'est que ça ne serait même pas *mal*. Pense aux souffrances de la vieille dame, malade comme elle l'est. Une vieille femme comme ça, elle accueillerait avec joie un peu de paix. Et tu peux la lui donner, Thelma, très facilement.

— Je ne t'écoute pas ! dit Thelma avec véhémence.

Mais elle se contenta de fermer les yeux.

— Tu pourrais agir si facilement. Personne ne le saurait jamais. Je t'aiderais, Thelma. Je te montrerais comment opérer de façon vraiment simple. Tous ceux qui connaissent la vieille dame pensent qu'elle est prête à passer de l'autre côté. Personne ne se méfierait.

— Arrête !

Il lui sourit.

— Et tu sais comment nous pourrions nous y prendre, Thelma ? Avec la nourriture. La nourriture que tu lui sers tous les soirs. Une vieille dame comme ça, jamais elle ne le remarquerait ; leur goût s'émousse dans l'état où elles sont. Rien-qu'un-tout-petit-peu de poudre dans chaque plat, Thelma, rien qu'un tout petit peu, soir après soir, jour après jour...

— Tu es fou ! Tu es absolument fou, Arthur !

— Bien sûr, bien sûr. Écoute seulement ce que je te dis. J'ai plein de trucs dans mon arrière-boutique, Thelma, tout ce dont nous avons besoin. Il te suffirait d'en mettre une pincée dans la nourriture tous les soirs, ce serait facile, n'est-ce pas ? Alors ce n'est pas vrai ?

Thelma s'extirpa de son fauteuil. Quand elle sortit de la pièce, elle haletait comme si elle s'était débattue pour échapper à un ouragan.

Arthur ne la suivit pas. Il alluma le poste de télévision et resta silencieux pendant le reste de la matinée. Dans l'après-midi, il se rendit au *drugstore* et en revint après minuit. Juste avant l'heure de se coucher, il dit :

— Pauvre vieille dame malade. Ce serait une œuvre charitable, Thelma.

Puis il alla dormir.

***

Pendant un mois, Arthur ne souffla plus mot de son idée. Thelma attendait qu'il en reparlât, mais il s'en gardait bien. Finalement ce fut elle qui fut obligée de prendre l'initiative :

— Pauvre Mme Mannerheim, dit-elle.

— Quoi ?

— Elle a l'air si mal. Elle peut à peine marcher. Quelquefois, quand je la vois souffrir, je pense que tu avais raison, Arthur, à propos de cette œuvre charitable. Je veux dire...

Arthur n'était pas bête. Il ne sourit pas, ne prit même pas un air suffisant. Il se contenta de hocher la tête, d'un geste sobre, gloussa pour marquer son approbation, puis attendit quelques minutes avant de dire :

— Et si, ce soir, je te rapportais quelque chose du *drugstore*, Thelma ? Pour Mme Mannerheim ?

— D'accord, dit Thelma. Son ton rêveur laissait à penser qu'elle avait à peine entendu.

***

Jeff, le cuisinier, se contenta de hocher la tête à l'intention de Thelma lorsqu'elle entra dans la cuisine ; il savait que Mme Mannerheim était arrivée ; il lui tendit le plateau, et Thelma le plaça sur le chariot.

Elle s'arrêta dans l'office minuscule d'où partait l'escalier qui menait à la salle de restaurant et souleva le couvercle d'une des assiettes. Elle prit dans la poche de son tablier la petite enveloppe et saupoudra le rosbif d'une quantité infime de poudre. Puis elle remit le couvercle en place et poussa le chariot par le côté jusqu'à la table d'angle.

Elle n'avait manifesté aucune nervosité en accomplissant cet acte, mais alors qu'elle attendait près de la table de Mme Mannerheim pendant que la vieille dame s'efforçait péniblement d'apporter quelque nourriture à son faible corps, les doigts de Thelma tremblaient tellement qu'elle fut obligée de les dissimuler sous son tablier.

Il n'y eut aucune réaction de la part de la vieille

dame. Elle mangea sa viande avec ce même manque d'intérêt mécanique dont elle faisait toujours preuve.

Lorsque Mme Mannerheim s'en alla, Thelma fit tomber dans sa poche le pourboire de vingt-cinq *cents*, où il resta près de la petite enveloppe de poison.

Le lendemain soir, ce fut tout aussi facile.

Ainsi que le troisième soir et le quatrième.

Mais Mme Mannerheim ne mourut pas.

— Je ne comprends pas, dit Arthur. Elle n'avait même pas l'air en plus mauvais état ? Pas de nausées ? Rien de ce genre ?

— Non. Mais il est bien difficile de remarquer le moindre changement chez elle, Arthur. Je veux dire, elle a l'air si malade tout le temps.

— Eh bien, calme-toi. Il vaut mieux s'en tenir à de petites doses ; nous ne pouvons pas prendre de risques.

— Oui, Arthur.

— Regarde ce que j'ai apporté, lui dit-il en souriant. Un trésor.

Elle lui prit le paquet des mains et gloussa de plaisir. Cela venait du *drugstore* et c'était du parfum ; le prix de vente était encore inscrit au crayon gras sur la boîte.

Le lendemain soir, Mme Mannerheim ne descendit pas dîner et Thelma espéra brusquement que l'épreuve était terminée. Mais la vieille dame réapparut au repas suivant et parla seulement de s'être endormie la veille à l'heure du dîner et d'avoir rêver de sa mère dans une longue robe blanche.

Une autre semaine s'écoula et Mme Mannerheim ne mourait toujours pas.

— Es-tu *sûr* que c'est du poison ? demanda Thelma à son frère.

Elle ne craignait plus maintenant de prononcer le mot, elle n'était qu'avide de réussir.

— Bien sûr que j'en suis sûr ! Mais nous devrions

peut-être augmenter un peu la dose. Cela doit forcément l'achever bientôt...

— Mais non ! Mais non ! Elle ne semble pas se porter plus mal qu'avant, Arthur. Quelquefois je pense qu'elle va vivre indéfiniment...

— Nous ne pouvons pas attendre indéfiniment. Augmente la dose, ordonna sévèrement Arthur.

Thelma augmenta la dose. Tous les autres soirs, la poudre allait dans la nourriture de la vieille dame. Pendant deux autres semaines, quatorze repas légèrement assaisonnés de poison, la santé de Mme Mannerheim parut s'améliorer : les rêves d'un avenir doré commencèrent à s'étioler, à devenir indistincts et Arthur se mit à exprimer le doute qui grandissait dans l'esprit de Thelma.

— Et si elle changeait d'avis ? Et si elle modifiait son testament ?

— Ne dis pas ça, Arthur !

— Ça peut arriver ! Tu m'as dit comme elle était mauvaise avec toi quelquefois. Et si elle décidait que tu n'es pas tellement sa copine, après tout ? Et si elle se disputait avec toi ?

— Ça ne peut pas arriver, c'est impossible, sanglota Thelma.

— Tout peut arriver ! hurla son frère, la haine dans les yeux, la haine dans la voix.

— Je ne laisserai pas une telle chose se produire, promit Thelma. Je ne la laisserai pas se produire, Arthur.

***

Lorsqu'elle arriva au restaurant ce soir-là, le feu de la détermination brûlait dans son cœur. Finies les petites doses, finie l'extermination lente, Thelma voulait quelque chose de définitif, de concluant.

A dix heures, Mme Mannerheim n'était pas arrivée.

— Où est-elle ? demanda Thelma au chef de rang qui haussa les épaules. Où est Mme Mannerheim ce soir, Marian ?

— Comment veux-tu que je le sache ? dit Marian avec mauvaise humeur. Vrai, on croirait que la vieille dame est propriétaire du restaurant. Elle s'est probablement endormie encore une fois...

— Je devrais peut-être m'en assurer, je devrais peut-être l'appeler par le téléphone intérieur ?

— Il y a des tables dont vous devez vous occuper, ne l'oubliez pas.

— Mais elle est peut-être vraiment malade ? Elle a peut-être besoin d'aide.

— Oh ! pour l'amour du Ciel, vous me rendez malade. Très bien, téléphonez-lui, je me moque bien que les clients aient faim.

Thelma se rendit dans le hall d'entrée de l'hôtel et décrocha un téléphone intérieur. Dans l'appartement de la vieille dame, la sonnerie retentit deux fois, puis Mme Mannerheim répondit d'une voix à peine audible. Non, tout allait bien, dit-elle, mais elle n'avait pas faim. Pouvait-on lui monter un petit quelque chose ? Non, ce n'était pas nécessaire. Mais ce n'était pas du tout un dérangement, dit Thelma, un sandwich, du thé, quelque chose... Eh bien, rétorqua Mme Mannerheim, un peu de thé serait fort agréable.

La serveuse alla à la cuisine et mit de l'eau chaude dans un pot. Puis elle plaça une tasse et une soucoupe sur le plateau et prit deux sachets dans la réserve. Elle se dirigea vers l'ascenseur de l'hôtel et appuya sur le bouton du troisième étage.

Lorsqu'elle entra dans la chambre, Mme Mannerheim ne se leva pas de son fauteuil et lui dit :

— Vous êtes une bonne petite. J'étais trop fatiguée pour descendre ce soir, je n'ai pas grand faim.

— Je comprends, dit Thelma.

Elle tourna le dos à la vieille dame et posa le

plateau sur la table, près de la porte, plaça les sachets de thé dans le pot fumant et mit la main dans la poche de son tablier.

La poche était vide. Elle avait oublié le poison.

— Vous n'avez pas apporté le lait ? dit la vieille dame en se mettant péniblement debout. Vous n'avez pas apporté le lait, Thelma ?

— Non, répondit Thelma avec colère, j'ai oublié le lait, madame Mannerheim.

— Je ne peux pas supporter le thé sans lait, Thelma. Pourriez-vous aller m'en chercher un peu ?

Thelma se retourna brusquement et regarda la vieille dame d'un air furibond :

— Je n'ai pas de lait, madame Mannerheim. Vous pouvez le boire sans lait !

— Mais *je ne peux pas*, gémit la vieille dame, je ne peux vraiment pas. J'ai toujours pris du lait dans mon thé, déjà quand j'étais toute petite. Vous savez ce que c'est, une habitude comme celle-là...

— Je ne sais pas, je ne sais pas ! s'exclama Thelma. Je ne sais pas ce que c'est ! Je n'ai pas eu toujours ce que je voulais, madame Mannerheim. Pouvez-vous comprendre ça ?

— Voyons, Thelma...

— J'ai été obligée de travailler pour obtenir ce que je voulais, madame Mannerheim. Vous croyez que je suis serveuse parce que ça me plaît, parce que le restaurant est mon home ? Vous croyez que j'aime les cuisines grasses, les assiettes sales, les vieilles dames qui se plaignent...

Mme Mannerheim parut choquée. Puis elle se redressa avec dignité :

— Vous ne devriez pas me parler comme ça, Thelma.

— Je vous parlerai comme ça me plaira.

La vieille dame resta bouche bée.

— Vous êtes une vilaine fille mal élevée, Thelma. Vous n'êtes pas du tout la personne que je pensais.

Et si vous croyez que je vais le supporter, vous vous trompez. Je vais téléphoner à mon notaire à l'instant même pour modifier mon testament...

— Ne touchez pas à ce téléphone, cria Thelma tandis que la vieille dame tendait la main vers le combiné et elle stoppa son geste en posant lourdement la main sur le poignet osseux.

— Voulez-vous arrêter tout de suite, horrible enfant !

— *J'ai quarante-quatre ans* ! hurla Thelma, incapable de se dominer ou de penser davantage. Et elle se jeta sur la vieille dame comme un animal se jetterait sur sa proie ; un instinct primitif la guida vers la gorge, la trachée-artère, source d'air et de vie. Mme Mannerheim ne résista pas au-delà d'une légère pression des doigts de Thelma. Elle semblait si prête à mourir, si bien préparée, que son corps ratatiné devint mou avant même que les mains rouges de Thelma se fussent refermées autour de son cou avec la force nécessaire pour la tuer. La mort survint si rapidement chez Mme Mannerheim que Thelma l'agrippait toujours lorsque la porte s'ouvrit derrière elle et que la femme de chambre poussa le hurlement qui donna le signal des ennuis.

***

La chose importante, se disait Thelma, c'était Arthur. Indéfiniment elle se répéta son nom, mais jamais une seule fois à voix haute, jamais une seule fois pendant toute l'épreuve de l'arrestation, de l'emprisonnement et des interrogatoires interminables.

Si elle en vint à parler d'Arthur, ce fut bien à cause de ce que lui apprit cet homme grand, fort et grisonnant du commissariat de police.

— Mais pourquoi a-t-il fallu que vous la tuiez ?

demanda-t-il. Pourquoi n'avez-vous pu attendre ? Une vieille dame malade comme ça...

— Malade ? répéta Thelma qui se mit à rire. Elle n'était pas malade...

— Mais si, elle était malade, très malade. On a fait une autopsie et on le sait. Elle était atteinte d'une infection parasitaire, dangereuse chez une femme de son âge. La seule chose probablement qui la maintenait en vie était le traitement qu'elle suivait. De petites doses d'arsenic.

Case of the kind waitress.
Traduction de Nicolète et Pierre Darcis.

GARANTI SANS DOULEUR

par JAY STREET

Ce lundi-là, Marvin Geller arriva à son cabinet en pensant que son existence était morne et conventionnelle. La veille, à une soirée, il s'était trouvé avec un explorateur, un acteur et un sergent des Marines. Ses oreilles gardaient encore l'écho de leurs exploits triomphants. Et maintenant, devant la porte d'acajou, il ne retrouvait plus la même fierté à lire les lettres dorées proclamant la fonction qui était la sienne en ce monde.

Il poussa un soupir, mit la clef dans la serrure et entra dans son cabinet.

Ni son installation étincelante d'une blancheur immaculée, ni le nouveau mélangeur qui lui donnait en huit secondes un amalgame parfait d'alliage et de mercure, ni son fichier si bien tenu n'arrivèrent à le rendre d'humeur moins sombre. Il réussit pourtant à sourire à Mlle Forbes, lorsqu'elle arriva à son tour pour prendre son travail.

— Vous avez Mme Holland ce matin, dit-elle gaiement. Vous devez lui faire des radios de son incisive du milieu. Et je dois aussi vous rappeler l'abcès à la molaire de M. Feuer.

— Bien, merci, fit le dentiste d'un air vague.

— Quelle belle journée, n'est-ce pas ? Je suis venue à pied ce matin. Et vous, vous êtes-vous bien amusé hier soir ?

— Oui. Très bonne soirée. Et ce M. Smith, a-t-il rappelé après mon départ hier soir ?

— Mais oui, dit Mlle Forbes tout en feuilletant le carnet de rendez-vous. J'ai eu beau lui dire que vous n'aviez pas une minute de libre aujourd'hui, il a insisté et m'a dit qu'il passerait ici de toute façon.

— Curieux individu ! Enfin... dit Marvin en prenant une blouse blanche propre. Au travail.

A mesure que la journée s'avançait, l'humeur de Marvin s'améliora ; il s'absorba dans des problèmes variés, l'incisive de Mme Holland, la molaire de M. Feuer, la gingivite de Mlle Beech, la dent de sagesse mal plantée de M. Conroy. Passé midi, il se sentit presque aussi convaincu qu'il l'avait toujours été de la haute valeur de sa profession. Mais l'aventure ? Ce n'est pas là qu'il la trouverait.

A une heure, Mlle Forbes vint lui dire :

— Ce monsieur est revenu, vous savez, ce Smith. Et ce qu'il y a de drôle, c'est que Mme Fletcher vient juste d'annuler son rendez-vous il y a quelques minutes. Vous *pouvez* donc le recevoir si vous voulez.

— Bon. Faites-le entrer.

M. Smith se trouvait être un homme court, trapu, aux épaules carrées, à la figure assez marquée. Sa poignée de main était musclée. Son sourire figé découvrait une denture mal soignée. Il regarda le fauteuil d'opération d'un air vaguement perplexe, mais il tourna aussitôt vers le docteur de petits yeux noirs et rusés où nulle trace de crainte ne se lisait.

— Veuillez vous asseoir, dit Marvin. Avez-vous quelque chose de précis, ou venez-vous juste pour un contrôle ?

— Eh ben, voilà, Doc, je vais vous dire. J'ai une

espèce de douleur sourde là derrière, dit Smith d'une voix rauque en se fourrant dans la bouche un doigt épais.

Marvin examina la mâchoire dans le fond et trouva tout de suite une grosse carie à la seconde molaire. Et il y avait encore pas mal de petites choses qu'il nota avec intérêt.

— Alors, Doc, le verdict ?

— Vous avez plusieurs caries. La plus sérieuse est à la seconde molaire ; c'est elle qui vous fait mal.

— Est-ce que vous aurez à fraiser ?

— Oui, un peu, mais ça ne sera rien.

— Me racontez pas ça ! On m'a déjà fait le coup du sans douleur. (Il pinça fortement les lèvres, puis les détendit d'un sourire.) D'ailleurs, je ne suis pas venu me faire fraiser une dent. J'ai seulement pensé que le mieux, c'était de me présenter comme patient. Désolé de gâter votre petit plaisir.

Marvin le regarda bouche bée ; il comprenait que l'homme disait la vérité. C'était bien ça : il n'avait pas l'air d'un patient, avec son air insolent, sa manière de se vautrer sur le fauteuil et de balancer négligemment le bras articulé du bloc opératoire.

— Je ne vous saisis pas bien, monsieur Smith. Que voulez-vous donc ?

— Oh ! Juste faire avec vous un petit bizeness, Doc, dit Smith avec un geste vers les classeurs. Un de mes amis veut monter un petit cabinet de dentiste et j'aimerais bien vous acheter vos fiches.

Marvin restait abasourdi.

— Mais enfin, arriva-t-il à dire, ce sont mes fiches personnelles ; elles ne sont pas à vendre.

— En général, peut-être pas, dit Smith dégageant dans un sourire ses mauvaises dents. Mais dans le cas particulier, vous ferez peut-être une exception. Mettons pour mille dollars.

— Mais vous êtes fou ? s'exclama Marvin en

secouant vigoureusement la tête. Votre ami a des choses une conception tout à fait fausse. Ces fiches ne peuvent servir à personne : ce ne sont que des cartes où figure l'état des dents de mes clients passés et présents. Et elles ne sont sûrement pas à vendre.

— Je vois ce que c'est, Doc, dit Smith avec un large sourire. Disons donc deux mille et j'emporte le total avec moi.

— Mademoiselle Forbes ! cria Marvin.

— Ça va, ça va, ne vous énervez pas. Si vous avez besoin d'un peu de temps pour réfléchir, prenez-le. Je reviendrai demain. Mais je serais vous, Doc, je prendrais mon offre au sérieux. Mon copain peut devenir plutôt mauvais.

Mlle Forbes entrait.

— Oui, docteur ?

— Tout va bien, dit l'homme, j'allais partir. Et merci pour l'examen, Doc. La prochaine fois, je vous laisserai peut-être me plomber cette dent. Je n'arrive même plus à apprécier un bon steak.

L'homme une fois parti, Mlle Forbes considéra les mains tremblantes du dentiste.

— Quelque chose qui ne va pas, docteur ?

— Oh ! non, rien ; c'est un cinglé, dit-il en rajustant sa blouse blanche.

— Faites entrer M. Feuer et restez là pour prendre une radio.

***

A dix heures, le lendemain matin, Mlle Forbes entra au moment où il terminait un pansement.

— Je lui ai dit que vous étiez occupé, docteur.

— A qui ça ?

— M. Smith ; il est au téléphone.

Avec un soupir, Marvin pria son client de l'excuser. Il sortit dans l'antichambre et prit le combiné posé sur le buvard du bureau.

— Salut, Doc, fit la voix rauque de Smith. Vous avez eu le temps de réfléchir à mon offre ?

— Je n'y ai même pas pensé. Les cartes ne sont pas à vendre.

— Écoutez-moi bien. Je vous fais une dernière offre. Trois mille. Je passerai chez vous à cinq heures trente avec l'argent.

— Non ! cria Marvin furieux. Ce n'est pas la peine de venir, monsieur Smith. A moins que vous ne vouliez que je m'occupe de votre carie. Sinon, vous perdez votre temps.

— Bien sûr, Doc, que vous pouvez me plomber ma dent ; elle m'a fait bougrement mal aujourd'hui. Je vous verrai à cinq heures trente.

Marvin passa le reste de la journée à se demander ce que tout cela voulait dire. Il se le demanda pendant trois plombages, une extraction et un laborieux curetage de racine. Finalement, à cinq heures et quart, il souhaita le bonsoir à Mlle Forbes qui s'en allait.

L'homme court et trapu arriva quelques minutes plus tard à son rendez-vous et s'installa sur le fauteuil.

— Vous avez réfléchi, Doc ?

— Oui. Seulement, nous ferions mieux de nous occuper d'abord de cette dent, avant qu'elle ne vous cause vraiment des ennuis.

— Comme vous voudrez, Doc.

Marvin lui mit dans la bouche le petit miroir.

— Vous verrez, ce ne sera pas long. Quelques minutes de fraisage et je vous ferai un plombage provisoire. Vous reviendrez dans deux jours et je terminerai le travail.

— Ça me va.

Marvin fixa la fraise sur le bras de l'appareil et s'absorba dans son travail sans plus se soucier des motifs que pouvait avoir l'homme assis dans le fauteuil. Pour lui, tous les patients se ressemblaient : des bouches ouvertes, et à l'intérieur des problèmes à résoudre. Il travaillait vite et avec méthode, fraisant avec précision, préparant de manière experte la cavité où il insérerait le pansement.

— Voilà, dit-il enfin. J'avais raison ou tort, monsieur Smith, pour la douleur ?

— Pas mal, Doc. Pas mal du tout. Et pour vous montrer ma gratitude, je vais moi aussi faire le reste sans douleur.

Ce disant, il fouillait dans sa poche d'où il retira une enveloppe encore plus épaisse que celle de la veille.

— Il y a là trois sacs, Doc. Et c'est tout à vous.

— Je regrette que vous m'ayez si mal compris, monsieur Smith. Ce n'est pas seulement une question d'argent.

M. Smith ne souriait plus du tout.

— Je craignais que vous me disiez ça, Doc. J'espérais vous opérer sans douleur et je vois que ça ne marche pas.

Il remit la main dans sa poche et l'en ressortit avec quelque chose de plus dangereux qu'une enveloppe, un vilain petit automatique qui paraissait tout à fait à sa place là où il était.

— Et maintenant ? poursuivit-il. Vous voyez à quoi ça sert d'être têtu. Si vous m'aviez écouté, vous seriez de trois mille dollars plus riche. Comme ça, vous n'aurez plus rien. (Il agita les doigts de sa main libre.) Allez, Doc, ces fiches. Et toutes.

— Mais c'est impossible, s'écria Marvin, l'œil fixé sur le petit trou rond de l'arme. C'est du vol !

— D'accord, c'est du vol. Maintenant, donnez-moi ces fiches, de A jusqu'à Z. Et pas de bêtises, hein ?

Marvin fit demi-tour, le cœur battant. Il tira du classeur les deux longs casiers marqués « FICHES

CLIENTS » et les apporta à Smith. L'autre en prit un sous chaque bras et dit avec une grimace.

— Merci, Doc. Mon ami sera bien content.

Il visait toujours Marvin de son automatique, en reculant vers la porte.

— Et merci pour votre travail. Je me réjouis déjà du steak de ce soir.

Marvin fixa un moment d'un œil vide la porte qu'il avait refermée, puis il se précipita dans l'antichambre et décrocha le téléphone.

— Allô, allô, mademoiselle. Passez-moi la police.

Quand la voix sèche du sergent de garde, à l'autre bout, lui demanda ce qu'il voulait, il lui répondit qu'il désirait parler à quelqu'un de la brigade criminelle.

Il y eut un déclic, puis une autre voix dit :

— Lieutenant Gregg à l'appareil. Que puis-je faire pour vous ?

— Écoutez-moi, lieutenant. Je m'appelle Marvin Geller. Je suis dentiste et j'ai mon cabinet dans le Brooks Building sur la 5e Avenue. Un de mes clients vient juste de me voler mes fiches sous la menace d'un revolver...

— Ce n'est pas ici qu'il faut vous adresser pour ça, monsieur.

— Non, non, attendez ! Y a-t-il eu un meurtre récemment ? Un cadavre que vous n'avez pas pu identifier ?

— Où voulez-vous en venir ?

— Vous ne comprenez donc pas ? Cet homme a essayé de m'acheter mes fiches, et comme je ne voulais pas les vendre il me les a prises de force. Si vous avez trouvé un cadavre récemment, ça veut peut-être dire que l'homme essaie d'empêcher qu'il soit identifié.

— Ne bougez pas, s'écria Gregg, soudain excité. Nous arrivons tout de suite.

*
* *

Le lieutenant était un gros homme à la mâchoire carrée, qui parut pourtant impressionné par l'installation du dentiste. Il s'assit avec précaution sur le fauteuil et dit.

— Je vous écoute. Pourquoi êtes-vous si sûr qu'il y a eu meurtre ?

— Mais voyons, ça arrive tout le temps : des corps broyés ou brûlés jusqu'à être méconnaissables, mais qu'on identifie souvent grâce à leurs dents. Tous les dentistes gardent une carte de leurs patients — et les dents sont encore plus personnelles que les empreintes digitales. C'est vrai ou non ?

— D'accord, je ne dis pas. Mais ce n'est pas parce qu'un truand vous fauche vos fiches..

— Alors pourquoi m'a-t-il offert pareille somme ? Un de mes patients doit avoir été sa victime. Peut-être l'assassin a-t-il trouvé sur lui une de mes cartes. Et si on ne pouvait pas identifier le cadavre, peut-être n'y aurait-il même *pas* d'enquête criminelle. Vous devez être de mon avis. *Avez-vous* trouvé récemment un corps non identifié ? ajouta Marvin en se passant la langue sur les lèvres avec nervosité.

— Oui, fit Gregg en se frottant la joue. En effet, il y a trois jours. A côté de la Route 21, dans les buissons. Un corps d'homme, réduit en cendres, probablement brûlé à l'essence.

— Alors, ce doit être un de mes patients. Tout ce que vous avez à faire, c'est de faire la tournée de tous mes clients et de voir celui qui manque. Vous aurez votre victime — et il ne vous restera plus qu'à trouver votre assassin.

— M. Smith ?

— Naturellement.

Le détective secoua la tête.

— Ce ne sera pas si commode. Maintenant qu'il

a les fiches il doit être Dieu sait où, mais loin. Pouvez-vous me le décrire ?

— Très exactement ; jusqu'aux dents ! Mais je pense pouvoir faire mieux, ajouta Marvin avec un sourire triomphant. Peut-être puis-je vous dire où le trouver !

— Où ça ?

Le visage du dentiste rayonnait de contentement.

— Je ne crois pas que vous aurez beaucoup de difficultés. Il vous suffira de donner sa description à tous les dentistes de la région. Il viendra se jeter dans vos bras. Et cela parce que, une fois que j'ai compris qu'il ne mijotait rien de bon, je lui ai fraisé sa mauvaise dent jusqu'au nerf. Ensuite, j'y ai mis un pansement dont l'effet — je le sais — ne peut pas durer plus de dix minutes, un quart d'heure.

— Aïe, aïe, aïe ! fit le détective, comme si c'était lui qui avait mal.

— Aïe, c'est le mot, dit Marvin en grimaçant joyeusement. Il n'aura jamais eu si mal de sa vie et il va avoir rapidement besoin de se faire soulager. Vous n'avez qu'à être prêt à le cueillir. D'accord ?

— D'accord, répondit le lieutenant avec un large sourire.

Quand le policier serra la main de Marvin, celui-ci aperçut un commencement de carie à son incisive latérale.

— Je vous reverrai bientôt, Doc, dit Gregg.

— Je n'en serais pas autrement surpris, répondit Marvin avec quelque malice.

The painless method.
Traduction de Marc Flury.

INTERLUDE POUR MEURTRE

par PAUL TABORI

Le haut-parleur toussa et une voix féminine affectée dit : « Mesdames et Messieurs, nous avons le regret de vous informer que le vol 167 en direction de Montréal sera retardé de quatre-vingt-dix minutes... »

Par le panneau vitré de la salle d'attente du premier étage, je contemplai l'aire d'embarquement. La femme était optimiste, me dis-je. Je voyais les mécaniciens fourmiller sur les ailes du Super-Constellation. Tout donnait à penser que nous étions bloqués à Orly pour le reste de la nuit. Un moteur était complètement démonté. Et on s'attaquait au second. A moins que l'on obtînt un avion de secours.

Je jetai un coup d'œil à ma montre ; il était cinq heures vingt. Le crépuscule d'automne envahissait peu à peu l'aéroport. Une demi-douzaine de projecteurs avaient été allumés autour de l'avion en panne.

Pendant un bref moment, je me demandai si je ne ferais pas bien de prendre un taxi pour me rendre à Paris — à quelque trente minutes de là. Peut-être aurais-je la chance de trouver Martine chez elle. Mais il se pouvait aussi qu'elle n'y fût pas. Et puis on ne tombe pas sans se faire annoncer chez une petite amie que l'on n'a pas vue depuis six mois. Qui plus est, j'étais en route depuis six heures du matin et je n'étais pas en forme pour une nuit de plaisir. Aussi repoussai-je la tentation en soupirant. Avec un peu de chance, j'en aurais fini avec ce que j'avais à faire au Canada en moins d'une semaine — et si ce n'était pas le cas pour Martine, Paris serait toujours là pour m'accueillir.

Je me tournai vers le kiosque à journaux qui se trouvait au fond de la salle d'attente quand le premier bouchon de champagne sauta derrière la cloison. Certains de mes amis prétendent que j'ai des dons de deuxième vue en ce qui concerne le Moët et Chandon ou la Veuve Cliquot, sans parler du Roederer ou du Sillery. Ils prétendent que je suis capable d'en déceler l'année rien qu'à l'oreille. Ce qui, je dois le reconnaître, est légèrement exagéré. Le premier *plop* fut suivi par d'autres. Après le sixième, je cessai de compter. Je me rapprochai négligemment de la cloison. A en juger par le brouhaha qui régnait, ce devait être une party. Comme j'avais du temps devant moi, l'idée me sourit de m'y rendre sans y être invité ; je m'élançai derrière cette cloison.

Je ne m'étais pas trompé. Le long des fenêtres, il y avait une longue table abondamment chargée derrière laquelle se tenaient six garçons. J'ai atterri et je suis parti d'Orly quarante ou cinquante fois, aussi n'ignorais-je pas que cette pièce faisait normalement partie de la salle d'attente, avec des fauteuils et un poste de télévision. Maintenant, on l'avait transformée en quelque chose de différent. Elle était en forme de L ; la partie courte du L se terminait par un escalier qui menait à la salle d'attente principale, au rez-de-chaussée. Au fond, on avait installé un magnétophone sur une petite table ; il y avait aussi deux micros et un bon nombre de projecteurs portatifs. Tout ceci sentait la réception officielle. Je me demandais si le premier ministre du moment — j'en avais perdu le compte, comme d'habitude — se rendait quelque part en avion. Mais il n'y avait pas d'agents de la sûreté dans les parages — du moins personne que je pusse identifier comme tel — or, j'ai un certain flair pour reconnaître les policiers.

Il n'y avait encore que trois personnes dans la pièce. L'une d'entre elles, un grand type maigre vêtu d'un costume criard se détourna de la table, un verre de champagne à la main. Ses yeux profondément enfoncés s'éclairèrent et il m'adressa la parole d'un ton où se mélangeaient la surprise et le plaisir bien simulé.

— Ça alors ! Si ce n'est pas Adam Venture en personne...

— Salut, Burt, lui dis-je. (Burt Bachalor était le correspondant parisien du journal londonien *Globe*.) Tu vas quelque part ?

— Non. Je ne fais que traîner, répondit-il en disant son verre. Où étais-tu fourré depuis dix ans ?

— Ça ne fait pas dix ans. Seulement six mois. Je me suis occupé de pétrole.

Il frissonna, sans trop de tact.

— Ça ne m'étonne pas, dit-il. Tu as trouvé quelque chose ? Chipé quelques concessions ?

Je fis signe au garçon le plus proche qui me tendit un verre. C'était du Veuve Cliquot — une bonne année d'ailleurs. Je bus et me sentis beaucoup mieux.

— Tu es descendu à l'endroit habituel ? s'enquit Burt.

— Non — je ne suis qu'en transit. Je pars pour Montréal dès qu'ils auront fini de trafiquer notre avion.

Il me regarda avec de petits yeux.

— J'y suis, s'écria-t-il. Sa Majesté t'a engagé comme garde du corps ! Comment as-tu pu accepter cette offre, Adam ? Je sais que tu es toujours prêt à accepter de basses besognes — mais à ce point...

Je n'avais pas la moindre idée de ce qu'il racontait et le lui dis. Mais quand Burt, qui par ailleurs est un homme des plus raisonnables, a une idée, il s'y tient, même s'il se trompe lourdement.

— Allons, Adam, dit-il. Mets-toi à table.

Je tendis mon verre pour qu'on me le remplît.

Pendant un moment, je jouai avec l'idée de laisser Burt se mettre le doigt dans l'œil. Je ne savais pas qui était Sa Majesté ni pourquoi elle avait besoin d'un garde du corps. Si je me taisais, Burt finirait par me fournir le renseignement. Mais cela risquait d'être long, aussi lui dis-je :

— C'est *toi* qui vas *me* mettre au courant.

Il regarda tout autour de lui d'un air soupçonneux, mais avant qu'il ne pût parler, une foule de gens envahit la pièce. Vous savez comment cela se passe dans ces sortes de réunions — à un certain moment il n'y a que deux ou trois personnes, la minute d'après la pièce est comble. Une femme au nez d'épervier et à l'œil perçant fonça sur Burt et l'entraîna au loin. Je la reconnus — Ginette Latour : elle écrivait des échos fielleux et brillants pour le *Miroir*. Sans doute s'agissait-il d'une réunion très importante car Ginette ne se déplaçait que pour le dessus du panier.

Coincée entre la table et l'un des projecteurs portatifs, je m'occupai de mon verre. Il y avait là André Daumon, le critique théâtral ; sur son petit nez pointu, son pince-nez lançait des éclairs. Je repérai aussi le gras M. Grosbeck, chef de service à l'U.N.E.S.C.O ; il se tenait aux côtés d'un des plus fameux modèles de Balmain, une grande fille spectaculaire, qui devait à sa seule myopie son air de dédain aristocratique ; il y avait plusieurs autres dames qui s'autorisaient de leur fière lignée pour paraître excessivement démodées ; je reconnus encore Granard, le jeune metteur en scène qui suivait comme une ombre une jeune starlette d'Europe centrale dont la photo apparaissait plus souvent sur les couvertures de magazines que sur l'écran. Une réunion importante, me dis-je, et une liste d'invités bien étrange. Que faisaient là le directeur de la *Comédie* et le sous-secrétaire du Ministre des Beaux-Arts ? Je ne connaissais ni l'un ni l'autre de vue, mais Granard, qui se tenait debout derrière moi, expliquait qui était qui à sa petite amie et il ne se contentait pas de chuchoter.

Je ne risquais pas de me faire remarquer ; il devait y avoir d'autres resquilleurs. Il y en a toujours. M'étant ainsi rassuré, je fis remplir mon verre pour la quatrième fois. Oui, décidai-je, c'était une réunion splendide ; rien que du meilleur champagne.

Quelqu'un me donna un coup dans les côtes. Un jeune en chandail et blue-jeans qui se posta juste derrière le projecteur.

Un grand type en tenue sombre faisait de la place juste en face et installait le micro. Un autre manœuvrait une caméra. Le rideau allait se lever d'une minute à l'autre, me dis-je. Et je me demandais qui allait être la vedette.

Il y eut tout d'un coup des applaudissements et la foule s'ouvrit. Un homme âgé et trapu parut, béret basque et veste de velours. Il tenait une canne au lourd pommeau d'or massif ; rasé de près, les lèvres minces juste entrouvertes en un froid sourire, le large ruban noir de son monocle lui donnant un air bizarrement pirate, il fit une vraie entrée. Et maintenant je comprenais de quoi Burt parlait. Personne ne pouvait se tromper sur cette mâchoire carrée, ces doigts ornés de bagues, cette présence royale. Ce roi gouvernait beaucoup plus qu'un pays.

A Paris, il n'y avait qu'un homme que les Français surnommaient Sa Majesté. Il devait ce surnom aux initiales de son nom — Serge Maillot. S. M. Les initiales apparaissaient surmontées d'une couronne stylisée, sur l'affiche de tous les films qu'il produisait, écrivait, mettait en scène, et dans lesquels il jouait. La même marque de fabrique était imprimée sur les affiches et les programmes de son propre théâtre qui se dressait depuis trente ans boulevard Haussmann. Cet emblème se retrouvait à peu près sur tout ce qui lui appartenait. De mauvaises langues faisaient même courir le bruit que ses slips eux-mêmes en étaient marqués.

Mais un moment après l'entrée royale, j'avais cessé de penser aux sous-vêtements chiffrés de Sa Majesté, ou à la raison de cette réunion au champagne. Escortée de deux jeunes gens une jeune femme avait suivi Serge Maillot. Ses cheveux couleur de miel avaient des reflets roux ; elle portait un manteau de vison sur un tailleur de voyage de coupe sévère. Un bracelet en or orné de fétiches tintait sur son poignet gauche. Je la connaissais beaucoup mieux que Burt, que M. Grosbeck ou que n'importe qui d'autre présent à cette réunion. Elle s'appelait Martine, et moins de sept mois auparavant, j'avais voulu l'épouser.

***

Quand je fis la connaissance de Martine, elle dansait à la Boule Blanche. Même auprès des beautés sélectionnées des boîtes de nuit, Martine tranchait. Bref elle était sensas, aux pommes. Une vraie beauté.

Je n'ai que trente-cinq ans, mais Martine étant ce qu'elle était, tout ça me donnait l'impression d'en avoir vingt — ce qui est très agréable pour tout homme. Quand je pensais à elle, j'employais un vocabulaire d'étudiant. Elle ne buvait que du champagne et, à l'aube, quand la représentation se terminait, elle se rendait directement chez elle dans son petit hôtel de la rue Lhomond. Elle aimait les hommes, mais, comme elle me l'expliqua, elle ne pouvait pas se les permettre — pas avant d'être devenue la tête d'affiche du Casino de Paris ou du Tabarin. Pour Dieu sait quelle raison, elle ne portait pas les Folies Bergères en très haute estime.

Et apparemment, elle n'avait pas une très haute opinion de moi, non plus. Elle m'autorisa à lui tenir la main et quand je lui eus proposé de lui payer des leçons de danse acrobatique, elle m'embrassa. Mais je ne fus pas autorisé à lui rendre son baiser. Un mois avant que je fusse appelé au Moyen-Orient, mon exaspération était telle que je la demandai en mariage. Elle fut charmante, mais elle me répondit qu'elle n'était pas encore prête pour le mariage. Et de toute façon, pouvais-je me permettre de l'épouser ? Je lui garantis que oui, et c'est alors qu'elle me demanda combien de temps je pourrais m'offrir ce luxe. Tout ce que je pus obtenir d'elle, ce fut l'assurance qu'elle « réétudierait la question » à mon retour de Bahrein. Elle ne promit même pas de m'écrire.

Et voilà maintenant qu'elle apparaissait, aussi jolie que d'habitude, aux côtés de Sa Majesté, Serge Maillot, roi non couronné du monde du spectacle français, qui avait au moins soixante-dix ans, qui s'était marié quatre fois, et toujours avec une femme de dix ou vingt ans plus jeune que lui. J'éprouvai un fourmillement prémonitoire. Je n'eus pas longtemps à attendre avant que cette prémonition ne se fît certitude.

Maillot se tenait debout, face à la foule qui était devenue un auditoire. Son visage vigoureux portait quelques rides de vieillesse. Puis le sous-secrétaire s'avança. Le grand type en costume sombre ajusta le micro à la hauteur voulue. Les lampes s'illuminèrent. La caméra fut centrée sur les personnages les plus en vue. Levée de rideau.

— *Cher Maître*, commença le sous-secrétaire en glissant les pouces sous les revers de sa veste dans la pose classique des orateurs modernes, et chère Mme Maillot...

Il regarda Martine et Martine sourit — légèrement et modestement comme il convient à une jeune épousée. Je me demandais depuis combien de temps ils étaient mariés. Je ne parvenais pas à me souvenir du statut marital de Sa Majesté lorsque j'étais parti. Était-il divorcé ou sur le point de l'être ? Mais de telles choses s'arrangent facilement et rapidement lorsqu'on s'appelle Serge Maillot.

— ... C'est un grand jour pour la France, poursuivit le sous-secrétaire qui paraissait bien lancé pour un bon quart d'heure de laïus, un jour de fierté, mais aussi de tristesse. Vous conduisez notre immortel Molière dans le Nouveau Monde. Molière et son successeur direct, son héritier spirituel — c'est vous-même que j'ai cité...

Il y eut des applaudissements. Maillot inclina gracieusement la tête. Martine sourit. Le sourire était devenu un rien mécanique ; d'ici une minute ou deux, si elle le conservait, il se changerait en grimace.

— ... Nous sommes fiers que la Compagnie Serge Maillot traverse l'océan pour présenter la fleur du théâtre français à nos frères canadiens. Les grands États-Unis, eux-mêmes, au cours de cette tournée de trois mois, auront la possibilité d'apprécier la quintessence de la culture française...

Le sous-secrétaire continua de ronronner. J'en profitai pour me rapprocher du premier rang de l'auditoire. Je suis robuste, mais capable de me déplacer en douceur. Je ne tardai pas à me trouver à deux mètres de Serge Maillot et guère plus loin de Martine. Son sourire s'était figé et craquerait d'un instant à l'autre. J'espérais qu'il n'en serait rien avant que toutes les photos ne fussent prises. On avait mis toute la gomme — actualité, télévision, sans compter les photographes. Et d'où j'étais, je voyais dans la branche la plus courte du L deux jeunes gens surveiller un magnétophone.

Quand le sous-secrétaire eut fini, ce fut le tour du directeur de la *Comédie* qui parla brièvement et fort bien, assurant Sa Majesté que les bons vœux de tout le théâtre français l'accompagneraient pendant son voyage qui serait certainement comme lui-même, fabuleux.

— Vous avez dit, un jour, mon cher Serge, conclut-il, qu'il fallait que toutes les comédies se terminent par un mariage parce que c'était là le commencement de toutes les tragédies. Je suis sûr que vous désavoueriez ce mot depuis votre mariage avec Martine qui est l'un des plus brillants joyaux de votre remarquable compagnie d'artistes.

Nouveaux applaudissements. Le sourire de Martine se glaça un peu. Peut-être rougit-elle également ; je ne savais pas distinguer exactement ce qui était dû au fard de ce qui était couleur naturelle. Quoiqu'il en soit, Serge enveloppa ses épaules d'un bras protecteur et elle inclina la tête pour lui adresser un regard d'adoration totale.

Et maintenant, c'était au tour de la vedette du soir. Maillot retira son bras du vison de Martine, fit passer sa canne dans la main gauche et agrippa le micro de sa main droite. Sous le feu des projecteurs, son monocle lança des éclairs.

Il obtint le silence immédiatement quand, de cette voix célèbre qui quelquefois couinait volontairement, il commença :

— Excellence, mes amis, je...

Son visage, ce grand visage qui était apparu sur des milliers d'écrans, sous des centaines de déguisements tout en restant toujours reconnaissable, ce visage se convulsa soudain. Pendant un moment, on eut l'impression que chacun de ses muscles était devenu indépendant, comme si tous ses nerfs se tordaient pour se libérer. Puis Maillot s'écroula en avant avec fracas, entraînant le micro avec lui. D'où je me tenais, je vis le mollet nu de sa jambe gauche car son pantalon s'était soulevé dans sa chute. Les muscles de son mollet tressaillaient convulsivement ; puis la jambe se raidit et resta totalement, horriblement immobile.

Ce fut vraiment affreux pendant une minute ou deux. Les femmes hurlèrent. Deux d'entre elles s'évanouirent. Pas Martine. Elle se tenait debout près du mur, à un mètre ou deux du corps, recroquevillé et tassé, qu'elle regardait avec de si grands yeux qu'on ne voyait plus qu'eux dans son visage. La caméra continua de ronronner, les flashes jaillirent. Puis il se produisit une ruée en avant. C'est alors que je m'avançais. Je savais que si je ne le faisais pas, nous aurions sur les bras une panique de premier ordre. Les foules, qu'elles se composent d'académiciens ou de plombiers, réagissent de la même façon devant un accident ou une mort brutale. Elles veulent en voir le plus possible, s'approcher toujours plus près.

Je me frayais un passsage à grand renfort de coups de coude. Je levai les bras et hurlai aux gens dans le meilleur français de rester tranquille et de ne pas bouger. Cela eut un certain effet. L'inspecteur Jeannot que je connaissais vint me rejoindre et je me sentis soulagé. Il était responsable de la police de l'aéroport et il fit venir un docteur.

Un homme d'un certain âge, portant le ruban rouge de la Légion d'honneur à la boutonnière, ne tarda pas à se faufiler dans le petit espace vide autour du micro tombé. Il s'agenouilla, se livra à un examen rapide, releva la tête vers Jeannot.

— Il est mort, dit-il.

Dans un silence soudain et haletant qui suivit la confirmation de ce qui était assez évident, un bruit démentiel éclata — un rire bruyant, hystérique. Je pivotai sur moi-même. C'était Martine, le corps adossé au mur, qui laissait échapper ces éclats de rire hoquetants et fous qu'on eût pu prendre pour des cris d'agonie. Tandis que je m'avançais rapidement vers elle, elle se mit à glisser vers le sol. Je la rattrapai à mi-course. Elle ne parut pas surprise de me voir. Elle riait toujours tout en tentant de dire quelque chose.

— Tu sais... tu sais ce qu'il a dit ?

— Martine !

Elle s'accrochait à moi ; ses doigts minces enfoncés dans mon bras.

— Il m'a dit : « Les autres... c'étaient mes femmes. M... mais, tu seras ma veuve... »

Et brusquement elle devint toute molle dans mes bras et je fus heureux de la voir enfin évanouie.

Entre-temps, une demi-douzaine des hommes de Jeannot s'étaient matérialisés. Ils encadraient la foule pour la faire sortir de la pièce ; j'entendis l'inspecteur présenter ses excuses et dire qu'il serait nécessaire de retenir tout le monde un petit moment. Sous la conduite des policiers, les notabilités et les badauds traversèrent la salle d'attente principale et pénétrèrent dans le restaurant dont, heureusement, l'autre extrémité n'était pas encore ouverte au public. Je déposai Martine dans un fauteuil et ramassai une poignée de glace dans un seau sur la longue table. Mais tandis que je m'apprêtais à la lui appliquer sur la nuque, Jeannot retint ma main.

— Cela peut attendre, dit-il. Il vaut mieux que nous enlevions d'abord la dépouille de M. Maillot.

La pièce était déjà vide — exception faite des deux agents, de Jeannot, du docteur, de Martine inconsciente et de moi-même. Et bien entendu, il y avait aussi le corps étalé raide par terre. Quelqu'un avait redressé le micro. Les projecteurs jetaient toujours leur lumière crue sur la scène. A l'extérieur — j'en pris conscience au moment même — un avion faisait mouvement jusqu'au point de décollage.

Les deux agents soulevèrent le corps et le portèrent sur le divan, à la tête de l'escalier. Tandis qu'ils le déposaient avec respect, quelque chose tomba sans bruit sur le sol recouvert d'un tapis. Jeannot et le docteur se tenaient près de la fenêtre et parlaient à voix basse ; je me penchai dès que les agents se furent retournés et je ramassai l'objet. Il était carré, d'environ douze centimètres de côté, plat, et avait la forme d'un étui à cigarettes. Mais ce n'en était pas un. Pour commencer, un mince fil argenté était fixé à l'une de ses extrémités. C'était, je le compris presque immédiatement, la batterie d'un sonotone.

Le fil s'était manifestement brisé quand Maillot était tombé. Je m'avançai vers le divan. Un premier regard ne me permit pas de détecter l'autre morceau du fil. Puis quelque chose luit faiblement. Sous le regard curieux des agents, je soulevai le large ruban noir du monocle. La vanité des acteurs ! pensai-je. Le fil du sonotone était fixé à l'intérieur du ruban ; les derniers centimètres se mélangeaient encore aux épais cheveux blancs de Maillot et s'enroulaient autour de son oreille. Il devait en avoir terriblement besoin pour avoir porté cet appareil même sous cette forme camouflée. Tandis que je suivais le fil d'un doigt hésitant, je m'arrêtai soudain, car je venais de toucher l'oreille gauche de Maillot. J'hésitai. Bien que ce fût horrible, il fallait que je m'en assure. Pendant un petit moment, je posai le bout du doigt sur la joue du mort, juste sous sa pommette. La chair était fraîche et lisse sous mon doigt.

— Eh, que faites-vous là, monsieur Venture ?

Je m'étais si peu attendu à la voix de Jeannot et celui-ci parlait si près de moi que je sursautai.

— J'attendais mon avion, dis-je. Je m'étais joint à la réunion — comme ça.

Mais on ne peut pas rouler Jeannot. Nous avions travaillé du même côté de la barrière dans l'affaire de l'héritière de Boston qui avait disparu du Georges V sans laisser de trace ; il me connaissait comme un citoyen raisonnable et honnête. Mais cela ne me donnait aucun privilège.

— Vous savez très bien que ce n'est pas cela que je voulais dire, fit-il avec un léger reproche dans sa voix douce. Je voulais dire... en ce moment. Vous n'êtes pas censé toucher les corps, aussi célèbres soient-ils.

Je lui montrai la batterie. Il la prit entre ses doigts courts tachés de nicotine. Son regard suivit le fil comme l'avait fait le mien.

— *Tiens*, le docteur ne m'a pas dit ça... Docteur Varnel, s'il vous plaît ? appela-t-il en élevant la voix.

Le docteur, d'un certain âge et plein de dignité, vint se joindre à nous.

— Serge Maillot était-il sourd ? demanda-t-il.

— Non, bien sûr que non, dit le docteur un peu sèchement. Un peu dur d'oreille certainement, mais seulement de l'oreille gauche. Je ne vois pas ce que cela...

— Vous avez établi la cause du décès ? interrompis-je cavalièrement — mais il fallait que je justifie ma présence.

— Oui, c'est incontestablement un accident cardiaque. Après tout le *Maître* avait soixante-neuf ans, et bien qu'il fût remarquablement bien portant...

Cette fois, c'est Jeannot qui l'interrompit.

— Qu'est-ce qui vous tracasse, monsieur Venture ? demanda-t-il.

J'hésitai. Qu'est-ce qui me tracassait au juste ?

— J'ai envoyé chercher l'ambulance, dit l'inspecteur d'un ton dégagé. On va porter le corps à l'hôtel Maillot.

— Pas d'autopsie ? demandai-je.

— Voyez-vous une raison de la pratiquer, monsieur Venture ?

Je respirai profondément. Je me mêlais de ce qui ne me regardait pas mais, après tout, on n'avait toujours pas annoncé l'avion pour Montréal. J'allais peut-être rester là toute la nuit.

— Oui.

Jeannot fit alors une chose caractéristique. Il fit signe aux deux agents qui avaient écouté notre conversation avec intérêt bien que sans comprendre.

— Emmenez Mme Maillot dans une des salles d'attente des huiles, leur dit-il. Demandez à une hôtesse de s'occuper d'elle. Et bouclez-la.

J'avais oublié Martine sur le moment. Je jetai un coup d'œil de son côté. Elle venait d'ouvrir les yeux et regardait autour d'elle, ahurie. Je résistai au désir de la rejoindre. Accuser une femme d'inconstance au moment où elle vient de devenir veuve, ce n'est pas de très bon goût.

— Allez-vous garder toute cette foule ici ? demandai-je à Jeannot. Du restaurant, montait un murmure de mécontentement qui pouvait très bien se transformer en quelque chose de plus vigoureux. Burt et quelques autres journalistes avaient déjà fait plusieurs tentatives pour envahir la pièce en forme de L, tentatives repoussées chaque fois vigoureusement par l'agent de garde près de la cloison.

— Cela dépend, dit Jeannot.

— De quoi ?

— De ce que vous allez dire, monsieur Venture. Et vous feriez mieux de parler rapidement. Il y a là dedans une demi-douzaine de personnes qui pourraient devenir fort désagréables si elles étaient retenues sans motif valable.

— Il n'y a aucune raison de les retenir, dis-je, sauf les techniciens qui ont manipulé les instruments de télévision et de radio.

Il me lança un regard soutenu, puis il s'éloigna et je restai seul avec le docteur et la dépouille de Sa Majesté. Je me souvins de la remarque de Burt à propos de Serge Maillot et de son garde du corps. Pourquoi donc aurait-il eu besoin d'un garde du corps ? Et pourquoi Burt avait-il supposé que l'on m'avait choisi pour faire ce travail ? Je voulais quelques réponses à ces questions.

Le docteur s'éclaircit la gorge.

— Cela est tout à fait invraisemblable, dit-il en secouant la tête. Voilà trente ans que je suis le docteur de Maillot et je peux vous affirmer...

Avant que je n'eusse pu placer un mot, Jeannot revint. Son visage était figé ; je compris à ce symptôme qu'il avait essuyé des reproches et que cela ne lui avait pas plu.

— Et maintenant, s'il vous plaît, monsieur Venture ? fit-il sèchement, qu'est-ce qui vous tracasse ?

— Avez-vous jamais vu un homme se faire électrocuter ? demandai-je.

Son regard se rétrécit :

— Non, pourquoi ?

— Il se trouve que j'ai observé Maillot au moment où il est mort...

— C'est ridicule, dit le docteur.

— Oui, admis-je. Comme il est ridicule aussi que l'oreille gauche de Serge Maillot ait été brûlante lorsque je l'ai touchée tout à l'heure par hasard !

Le docteur Varnel me regarda avec de grands yeux ; puis il se précipita vers le corps immobile étendu sur le divan. Il se redressa, l'air étonné.

— Il y a une légère différence de température, annonça-t-il. Mais rien d'extraordinaire. Il n'y a certainement aucune chaleur...

— C'est normal, fis-je remarquer. Plus de dix minutes se sont écoulées depuis que je l'ai touchée.

— Donc, nous devons vous croire sur parole ? demanda Jeannot, non sans quelque ironie.

— Non. Pas du tout. Une autopsie permettrait de se rendre compte des changements physiologiques survenus à la fois dans l'oreille et dans le cerveau.

— Est-ce exact, docteur Varnel ? demanda l'inspecteur.

Le vieux docteur haussa les épaules avec impatience.

— Peut-être, dit-il. Mais bien entendu, l'effet d'une forte secousse électrique n'est pas très différent de celui d'une hémorragie cérébrale...

— Mais vous avez dit que c'était un accident cardiaque, lui rappelai-je.

— Les symptômes donnaient à penser à une paralysie cardiaque, dit-il. Mais on ne peut pas être sûr...

— ... Sans autopsie, dis-je en finissant sa phrase.

Jeannot me regarda, puis regarda le docteur :

— S'il y a le moindre doute raisonnable... fit-il avant de s'interrompre, brusquement pensif. Mais comment un tel choc aurait-il pu se produire ? On m'a dit que le micro et tout le matériel avaient été examinés.

— Oui, fis-je. (Et tout soudain le doute que j'avais eu devint une véritable révélation.) Mais après tout, Maillot a apporté un certain matériel — sur sa personne.

Jeannot mit la main à sa poche et en sortit la batterie du sonotone. Il la retourna dans la main et découvrit la petite charnière permettant de l'ouvrir. Tandis que le docteur Varnel reculait, refusant de se joindre à l'opération, je me penchai sur la petite boîte.

A l'intérieur, il y avait un arrangement délicat de fils et de cylindres de la grosseur d'un crayon. Ils étaient tous noircis, et le centre était une masse informe de métal, sans doute fondu sous l'action d'un énorme dégagement de chaleur.

Jeannot et moi échangeâmes un regard ; puis nous nous rendîmes tous les deux près du divan. L'inspecteur retira le sonotone de l'oreille du mort, puis prenant dans sa poche une lime à ongles, il l'ouvrit. A l'intérieur, il y avait une masse de carbone noirci et de métal informe. Sans mot dire, il plaça le sonotone ainsi que la batterie sur la table, auprès du magnétophone. Puis il se tourna vers le docteur Varnel.

— Je suis obligé de demander une autopsie, dit-il calmement. Bien sûr, il faudra qu'elle soit effectuée à la morgue de la police. Vous avez le droit d'y assister...

Le docteur s'occupait toujours de son orgueil professionnel blessé.

— Mais pourquoi ? demanda-t-il. Quelle raison...

— Il y a une forte probabilité, j'en ai bien peur, qu'il y ait eu meurtre, lui expliqua gentiment Jeannot.

***

Le docteur Varnel parti et le corps enlevé, nous restâmes seuls, Jeannot et moi. Je m'avançai vers la longue table et me versai une nouvelle coupe de champagne. Il était tiède et plat, exactement comme mon humeur. Tout cela avait commencé par un pressentiment, un éclair d'observation, suivi par un bref sentiment de joie de ne pas m'être trompé. Mais la joie avait disparu, et je savais que je n'aurais pas dû mettre mon nez dans cette affaire. Il y avait la charmante veuve. Je ne voulais pas la voir — pas maintenant. Elle avait sûrement une raison parfaitement valable de ne pas m'avoir attendu. Mais je ne voulais pas connaître cette raison.

— Alors, Venture, dit Jeannot, que savez-vous de cette affaire ?

— Rien d'autre que ce que je vous ai dit. Et je ne vois toujours pas pourquoi vous l'appelez meurtre. Il peut s'agir d'un accident.

— Un accident très bizarre. Si toute cette installation était dangereuse, pourquoi n'y a-t-il pas eu d'ennuis lorsqu'on l'a essayée ? Ni pendant le speech du sous-secrétaire ?

— Je ne suis pas expert en électronique, fis-je en haussant les épaules.

— Mais apparemment, vous êtes capable de reconnaître un homme qui a été électrocuté — quand vous en rencontrez un. (Le sourire de Jeannot était amical, mais cela ne voulait pas dire que ses sentiments fussent de même.) Parfait — dites-moi comment ça s'est passé et pourquoi ?

C'était terriblement injuste et il le savait :

— Il n'y a qu'une seule personne susceptible de vous répondre, dis-je avec chaleur. C'est le meurtrier.

Il m'effleura l'épaule :

— Je vous présente mes excuses, fit-il.

— Nous savons quelques petites choses, dis-je un peu apaisé. Le sonotone et la batterie ont été soumis à un courant électrique de très haut voltage qui a dû être transmis d'une façon ou d'une autre par le micro ou son support.

— Jetons un coup d'œil à l'installation.

Nous examinâmes le micro, mais en vain. Il n'y avait rien d'anormal — aucune trace de chaleur, aucun fil, aucune partie métallique fondue. Je suivis le fil qui menait au magnétophone. Tout paraissait parfaitement en ordre. Je fis passer quelques douzaines de mètres de bandes sur lequel le discours du sous-secrétaire et l'allocution du directeur de la *Comédie* avaient été enregistrés, cela marchait parfaitement bien.

— Donc, ce n'était pas le micro, fit Jeannot déçu.
— Je ne sais pas, dis-je. Nous devrions peut-être demander aux experts. Vous ne les avez pas laissés partir, n'est-ce pas ?
— Mais ce sont les dernières personnes que je veuille interroger.
— Pourquoi ?
— Si vous avez raison, expliqua-t-il, je pense qu'ils seraient tous suspects.
— Raison de plus pour les interroger tous.
— Non, fit-il en secouant la tête. Je ne veux pas de ça. Pas avant d'avoir une explication raisonnable sur la façon dont Serge Maillot est mort. Parce que si l'un d'entre eux sait, il ne va certainement pas nous fournir le renseignement.

Jeannot réfléchit pendant un moment en mâchonnant sa lèvre inférieure. Il se dirigea vers le téléphone placé dans un coin, sur un petit support peint en blanc.

— Camp est-il là ? demanda-t-il. L'inspecteur Jeannot a besoin de le voir... Oui, c'est urgent... Quand ? reprit-il après une courte attente. Pourriez-vous monter à la salle d'attente des départs, au premier étage... Non, immédiatement... Nous avons terriblement besoin de votre aide.. Bien sûr, c'est une question de police... Merci. Merci à vous. (Il reposa le combiné et se tourna vers moi.) C'est André Camp, responsable de la section radio-communication d'Orly. Un vrai devin, mais il n'aime pas être dérangé.
— Personne n'aime le meurtre, dis-je pour dire quelque chose. Je ne savais pas que Serge Maillot avait des ennemis.

Jeannot en leva les mains au ciel.
— Tout homme qui réussit, toute célébrité s'attire des inimitiés. Vous devriez le savoir. Et Maillot avait un vrai don pour se faire des ennemis. Des centaines d'acteurs, qu'il avait saqués, des aspirants-

auteurs dont il avait rejeté les manuscrits, des techniciens de cinéma et des employés du studio avec qui il se montrait impoli — il savait se montrer parfaitement impoli. Il avait eu quatre femmes : pensez à toutes celles qu'il avait rejetées, à tous les maris qu'il avait rendus fous.

— C'est un miracle, dis-je, qu'il ait vécu aussi longtemps.

— Ça lui réussissait d'avoir des ennemis, dit Jeannot. Et puis il y a son dossier de guerre... Vous savez qu'il avait gardé son théâtre ouvert pendant toute l'occupation nazie. Il a fait trois films également. Il disait que c'était pour maintenir vivante la culture française. Mais d'autres avaient une explication moins jolie. Immédiatement après la libération, il a été enlevé une nuit par quelques jeunes résistants. Ils l'ont emmené dans un cimetière où une centaine des leurs étaient enterrés, tous exécutés par les Allemands. Il a été obligé de leur rendre hommage à genoux. Cela l'a terriblement secoué et pendant un an ou deux, il s'est retiré. Des ennemis ! Je ne saurais pas par où commencer si je voulais en faire la liste...

Nous entendîmes des pas rapides dans l'escalier ; un homme grand et mince fit irruption dans la pièce.

— Écoutez, Jeannot, commença-t-il. Je suis responsable de la sécurité de mon aéroport. Vous ne pouvez pas me faire venir comme ça...

— Si vous pouviez seulement nous dire ce que vous pensez de ceci... fit Jeannot, aucunement troublé, en lui tendant le sonotone et la batterie.

Camp les regarda et sa pomme d'Adam s'agita :

— N'importe quel imbécile pourrait vous répondre. A quoi jouez-vous ?

Jeannot l'interrompit :

— Serge Maillot est mort dans cette pièce, il y a moins d'une heure ; nous pensons qu'il s'agit d'un meurtre. A propos, je vous présente M. Venture, un de mes amis. Il a bien voulu... m'aider.

Le petit temps d'arrêt avant le dernier mot ne me plut pas, mais Camp n'y prêta pas attention.

— Mais enfin... commença-t-il d'un ton impatient.

— Vous êtes un génie, répliqua Jeannot d'un ton tout à fait naturel. Aussi si vous voulez bien pencher votre grand esprit sur notre petit problème...

Camp émit un grognement irrité et désigna les tubes de la grosseur d'un crayon :

— Ces petites choses sont des transistors. Et je n'ai pas la moindre idée de ce qu'ils font dans une batterie de sonotone...

— Et ceci ? fit Jeannot en lui tendant le sonotone lui-même.

Camp l'inspecta brièvement :

— Même chose, dit-il, mais ils ont été diablement esquintés. Probablement un court-circuit.

— Qu'est-ce qui pourrait occasionner un court-circuit dans un sonotone ? demandai-je.

— Rien théoriquement, dit-il en haussant les épaules. Le voltage est si bas — il faut qu'il le soit pour des raisons de sécurité — qu'un court-circuit est fort improbable. Bien entendu, je ne suis pas spécialiste de ces machins-là. Mais il est tout à fait évident que, d'une façon ou d'une autre, la batterie tout comme l'appareil lui-même ont été soumis à un très haut voltage.

— Nous y avons pensé, dis-je. Mais tout le matériel a été mis à l'épreuve — le micro, le magnétophone, les projecteurs — et tout semble fonctionner parfaitement.

Camp se gratta la tête. Il semblait plus intéressé que furieux. Soudain, sans un mot, il se mit au travail. Il démonta le micro, examina les câbles des projecteurs portatifs, inspecta même la caméra. Son visage s'éclairait de plus en plus. Jeannot et moi l'observions dans un silence respectueux. Quand il revint vers nous, toute trace de son impatience initiale avait disparu.

— Voilà qui est très intéressant, dit-il. Vous avez raison. Rien dans ce matériel n'aurait pu causer la mort de qui que ce soit. Il rayonnait comme s'il était enchanté de ce résultat totalement négatif.

— Voilà qui est merveilleux, dit Jeannot. Peut-être Maillot a-t-il été tué par un individu venu de l'au-delà. Ou par quelque rayon de la mort. A moins... qu'il ne soit mort d'indigestion.

— Ne plaisantez pas, Jeannot, dit Camp en dirigeant vers lui un long index osseux. Vous devriez toujours être sérieux en présence d'une intelligence. Peut-être d'une grande intelligence. Vous n'êtes pas d'accord, Jeannot ?

— Vous n'avez pas regardé le magnétophone, lui dis-je.

Camp me jeta un regard rapide et pénétrant :

— Non, reconnut-il, c'est exact. Je suis peut-être comme cet homme qui cherche partout sa clef sauf dans la poche où il a l'habitude de l'y mettre, parce qu'il a peur. Si la clef n'y est pas, il est perdu, vous comprenez ? Mais je peux avoir aussi d'autres raisons, acheva-t-il en riant.

Et il continua de rire. Cet homme était différent des autres parce qu'il était passionné, résolu. Il était l'image même du scientifique devant un problème.

— Que savez-vous des transistors, monsieur Venture ? demanda-t-il en se dirigeant vers le magnétophone et en enfonçant la touche « reproduction ».

— Pas grand-chose, dis-je.

— Ce sont des appareils diablement intelligents. On peut les utiliser à la fois pour envoyer et recevoir des impulsions électriques. Les ondes de son, les ondes le lumière, les ondes électriques. Les possibilités sont loin d'avoir été épuisées. Pour le moment, on s'en sert, par exemple, pour enregistrer le cycle d'incubation de l'œuf du pingouin royal — afin de découvrir comment les êtres humains pourraient s'adapter à un froid intense. Les transistors constituent aussi la partie la plus importante des fusées interplanétaires et...

— Voyons, Camp, interrompit Jeannot, Serge Maillot n'était ni un pingouin ni un aéronaute. Je ne vois pas...

La voix sucrée du sous-secrétaire nous parvint par le haut-parleur du magnétophone. Camp réduisit le son jusqu'à ce qu'il ne fût plus qu'un murmure.

— Vous allez comprendre en temps voulu, dit-il avec dignité. Évidemment je peux me tromper complètement... ajouta-t-il sur un ton exaspérant.

Nous attendîmes en observant.

***

Nous étions assis en cercle, le caméraman, son assistant, les quatre jeunes électriciens qui s'étaient occupés des projecteurs, le grand type en costume sombre qui se révéla être un metteur en scène de la télévision, les ingénieurs du son responsables du magnétophone, Martine et moi.

Camp nous avait quittés aussitôt après nous avoir prouvé que sa théorie était exacte, ce qui était bien dans son caractère. Le résultat final, l'application pratique ne l'intéressaient pas. Il avait laissé à Jeannot et à moi-même le soin de faire le test.

Martine était déprimée, mais elle avait surmonté sa crise de nerfs. Elle était assise auprès de moi, et ne m'avait pas dit un mot. Je préférais qu'il en fut ainsi.

Debout au centre du cercle, les mains dans les poches, Jeannot se balançait sur ses talons.

— Je suis désolé de vous avoir retenus, dit-il, mais il y a un certain nombre de questions que nous désirons tirer au clair à propos de la mort de M. Maillot.

— Qu'y a-t-il à tirer au clair à propos d'une crise cardiaque ? demanda le metteur en scène qui s'appelait Riret.

— Ce n'était pas une crise cardiaque, dit Jeannot d'une voix douce. C'était un meurtre.

Les yeux de Martine s'ouvrirent tout grands et je crus qu'elle allait hurler et s'évanouir, mais on avait dû la bourrer de calmants ; elle se raidit seulement un peu et se pencha en avant ; on devinait sous le fard la pâleur de son visage en forme de cœur. Les autres personnes présentes montrèrent une certaine incrédulité ou de la curiosité ; deux d'entre elles laissèrent échapper un murmure de stupéfaction.

— Mais, dit le caméraman, tout a été filmé. Si vous voulez que nous développions le film et que nous le projetions...

— Le film ne permettrait pas de voir le meurtrier, dit l'inspecteur, seulement la victime.

Un des ingénieurs du son se mit à ricaner — pure réaction nerveuse. L'autre lui adressa un regard de reproche.

— Pourrions-nous savoir comment M. Maillot a été tué ? demanda le metteur en scène. Si, toutefois, nous devons accepter cette version osée.

— Je pense que nous pouvons vous le montrer, dit Jeannot en sortant de sa poche le sonotone et la batterie qu'il balança au bout de ses doigts.

C'était le signal pour moi. Je me levai et m'avançai vers le magnétophone. A chacun de mes pas, je sentais les yeux de toute l'assistance posés sur moi. Je jetai un coup d'œil à Jeannot, il hocha la tête et je mis le magnétophone en marche et nous entendîmes la voix désincarnée du directeur de la *Comédie*, dont la diction trop précise semblait, dans le silence, irréelle.

... « Je suis sûr que vous désavoueriez ce mot

depuis votre mariage avec Martine qui est l'un des plus brillants joyaux de votre remarquable compagnie d'artistes... »

Martine émit un son étouffé. La bande magnétique se déroulait. Applaudissements. Murmure de voix allant en faiblissant.

« Excellence, commença Serge Maillot, mes amis. Je... »

Et à ce moment-là, silence. Silence pendant plusieurs mètres de bande, suivi brusquement par un véritable vacarme — hurlements, cris, — et la remarque à peine audible du docteur Varnel : « Il est mort. »

Le silence se fit également lorsque je stoppai le magnétophone et retournai auprès de Jeannot.

— Mais qu'est-ce que c'est que ça ? s'écria le caméraman. Vous nous aviez dit que vous nous montreriez de quelle façon Serge Maillot avait été tué. Tout ce que nous avons entendu, c'est...

— Nous pouvons repasser la bande, dit l'inspecteur. Mais peut-être préférez-vous me croire sur parole. Tout se trouve sur cette bande magnétique. La fin du speech du directeur général, les applaudissements, puis les quelques paroles que Maillot a prononcées...

— Après cela, silence complet, fit remarquer le metteur en scène TV, dont le visage trahissait la surprise.

— Oui, reconnut Jeannot, le silence. Et pourtant le magnétophone était branché. Pourquoi n'avons-nous pas entendu le bruit sourd du corps de Maillot tombant à terre ? Pourquoi ce trou soudain ?

— Ne nous le demandez pas, fit l'un des jeunes techniciens, nous ne saurions pas vous répondre.

— Je ne vous le demande pas. Mais nous pouvons essayer de faire repasser la bande. Cette fois, nous nous livrerons à une démonstration plus complète.

Il jeta un coup d'œil autour de lui comme s'il

cherchait quelqu'un, comme s'il faisait un choix. Puis il posa son regard sur l'un des jeunes ingénieurs du son, un homme trapu aux cheveux noirs.

— Si ça ne vous ennuie pas, dit Jeannot en lui tendant la batterie et le sonotone, voulez-vous glisser ceci dans votre oreille... C'est ça... Vous ne risquez rien, je vous le promets.

Le jeune homme hésita, puis obéit. Je retournai auprès du magnétophone et attendis le signal de Jeannot. Il mit longtemps à venir. Je jetai un coup d'œil derrière moi. Martine regardait fixement l'inspecteur. Les autres donnaient l'impression d'attendre que l'on accomplît devant eux un tour de salon particulièrement exceptionnel. Je ne pouvais pas voir le jeune homme brun parce que Jeannot me le cachait.

Enfin l'inspecteur me fit signe. Nous entendîmes une fois de plus les louanges du directeur de la *Comédie*, les applaudissements, le brouhaha, puis les paroles de Maillot. Mais cette fois, il n'alla pas loin. Une chaise s'écroula à grand bruit, je bondis en avant. Un jeune homme blond venait d'arracher le sonotone de l'oreille de son collègue. Dans son autre main, il tenait un pistolet. Son visage fin et expressif était défiguré par une affreuse grimace qui ressemblait assez à l'expression dernière de Serge Maillot.

— Alors, dit-il d'une voix rauque, vous l'avez trouvé, le pot aux roses. De vrais petits malins ! C'est moi qui ai fait le coup ! Ce salaud méritait de mourir plus de cent fois. Il a chassé mon père de sa compagnie. Les Boches l'ont envoyé dans un camp et c'est là qu'il est mort.

— Posez-moi ce pistolet, dit calmement Jeannot.

— Elle m'a aidée, dit le jeune homme en braquant son arme vers la poitrine de Martine. C'est elle qui a changé la batterie. Je voulais le tuer, mais elle m'a aidé. Elle voulait sa mort, elle aussi.

Martine secouait la tête en signe de dénégation ; elle était livide.

Jeannot se déplaça rapidement, très rapidement, mais pas tout à fait assez. Le pistolet fit feu, puis le jeune homme tourna les talons — et l'on entendit ses pas bruyants dans l'escalier. Je n'étais qu'à quelques mètres derrière lui, mais au rez-de-chaussée, je me heurtai à une femme grasse qui venait de quitter le comptoir des parfums. J'entrevis la tête blonde ; mon jeune gars traversait le hall en courant ; il passa devant des voyageurs groupés devant l'une des portes de départ, ouvrit la porte de verre et s'élança sur l'aire d'embarquement. Le temps que j'arrive dehors, deux agents s'étaient joints à moi. J'eus l'impression confuse d'un autobus faisant une embardée, de gens qui criaient, de freins qui grinçaient ; quelque part au loin, engloutisssant tout, on entendait le fracas des moteurs d'avion que l'on mettait au point. Tandis que j'évitais l'autobus, je vis le jeune ingénieur traverser en courant l'aire d'embarquement. Il avait une bonne centaine de mètres d'avance sur moi. Je courus aussi vite que je pus, mais ne gagnai guère de terrain. Les agents non plus. Il y avait des lumières éblouissantes sur la piste où l'on travaillait toujours sur le Super-Constellation. Lorsque je ne fus plus qu'à cinquante mètres de l'ingénieur, je fus ébloui par les projecteurs et obligé de ralentir. Aussi ne le vis-je pas se précipiter dans le faisceau lumineux. Je n'entendis que le cri qu'il lança — un cri aigu qui n'en finissait plus — tandis qu'il se précipitait dans les hélices qui l'écorchèrent vif. Il fut probablement tué sur le coup, aspiré par l'air des pales qui tourbillonnaient.

***

— Oui, nous savons tout à son sujet, disait Burt

tandis qu'assis, l'un en face de l'autre, nous continuions à boire du champagne dans le salon. (Il nous semblait qu'une année s'était écoulée depuis notre rencontre alors que le drame s'était joué en une heure.) Il s'appelait Demaine. Ce qu'il a dit à propos de son père est exact, bien que Maillot n'ait pas pu prévoir ce qui lui arriverait quand il le congédia en 1942. Le vieux Demaine était un ivrogne. Naturellement, le fils négligeait ce facteur, ce qui lui permettait de vivre avec cette idée fixe de vengeance...

— Pauvre diable, fis-je.

Je me sentais vide et épuisé. Je revoyais le joli visage de Martine se glacer d'effroi tandis qu'on l'emmenait. Que l'accusation de Demaine se révélât exacte ou non, cela semblait ne pas avoir d'importance. Très vraisemblablement, c'était exact. Mais il appartenait à Jeannot de le découvrir. Je pensai qu'elle avait épousé le vieux bonhomme pour son argent et qu'elle aurait voulu s'en débarrasser au plus vite.

— Mais comment s'y est-il pris ? demanda Burt. Jeannot n'a pas voulu me le dire, et si tu pouvais l'expliquer avec des mots simples à un pauvre type de mon espèce...

— Je ne suis pas spécialiste, dis-je avec lassitude. C'est Camp qui a découvert le pot aux roses. Ce qu'a fait Demaine était assez simple. Il a remplacé la batterie par trois transistors — ou peut-être a-t-il chargé Martine de le faire, s'il est vrai qu'elle est impliquée dans cette affaire. Les transistors servaient de récepteur. Dans le magnétophone, il avait placé une autre série de transistors — qui servaient d'émetteurs. Tout ce qu'il avait à faire était de couper le magnétophone, et de brancher l'émetteur. Les transistors de la batterie du sonotone et ceux du magnétophone étaient naturellement synchronisés...

— Pour l'amour du Ciel, protesta Burt. Je t'ai demandé de m'expliquer les choses avec des mots simples. Ce que je veux savoir, c'est avec quoi il a tué Maillot.

— Avec le son, fis-je. Du son à haute fréquence. Tu sais que l'oreille humaine ne peut enregistrer que certaines fréquences. Si l'on émet au-dessous de ces fréquences, on n'entend rien. On peut émettre au-dessus, grâce à un petit système comme celui que Demaine avait bricolé, et si ces fréquences sont suffisamment fortes, elles peuvent tuer. C'est pourquoi il y avait un temps mort sur la bande magnétique. Le son à haute fréquence avait été transformé en chaleur en passant par la batterie du sonotone. C'est cette chaleur qui a fait fondre une partie de la batterie et du sonotone lui-même. Et si je n'avais pas par hasard touché l'oreille de Maillot...

Burt ouvrit la bouche pour poser, je suppose, cinquante autres questions. Mais, au-dessus de nos têtes, le haut-parleur toussa et une voix masculine dit : « Les voyageurs à destination de Montréal, Vol 167, sont priés de se rendre à leur appareil... Les passagers pour Montréal, Vol 167... »

Je ramassai mon sac de voyage, descendis, franchis la porte de verre et m'enfonçai dans la nuit.

An interlude fort murder.

Traduction de Nicolète et Pierre Darcis.

A TRAVERS LE MUR

par MIRANDA WALLACE

Du rez-de-chaussée, le fracas d'une pile d'assiettes s'écrasant sur le plancher tira Abigail Stevens d'un labyrinthe de rêves confus. Elle s'assit sur son lit en prenant garde de ne pas déplacer sa jambe brisée. Mais le sang lui battait violemment dans la tête et dès qu'elle eut pris la position verticale, un vertige la saisit : elle retomba en arrière sur ses oreillers.

« Ils m'ont encore droguée », songea-t-elle avec amertume. Épuisée par des semaines de terreur et de douleur physique, elle demeurait étendue, sans force, les yeux clos, essayant de ne pas penser, de ne rien ressentir. Au début, elle avait pleuré, elle avait supplié, elle avait promis avec ferveur tout ce qu'elle possédait pour qu'on lui rendît la liberté. Elle n'avait obtenu d'eux que rires et moqueries : ils savaient que Bella hériterait de tout au moment de sa mort. Il n'y en avait plus pour longtemps. Ils attendaient seulement son trentième anniversaire, c'est-à-dire le moment où elle entrerait en possession de la fortune énorme que lui avait léguée son grand-père.

Lorsqu'elle entendit des pas derrière la porte de

sa chambre, Abigail rassembla les forces qui lui restaient et se mit à respirer de façon audible et à un rythme régulier, laissant ses lèvres entrouvertes pour mieux donner l'illusion d'un profond sommeil. Une clef tourna dans la serrure, la porte s'ouvrit. Ils traversèrent la chambre et vinrent s'arrêter tous les deux à côté du lit.

— Toujours morte pour le monde, prononça Ralph avec complaisance. Elle ne nous a guère causé d'ennuis ces derniers temps, pas vrai ? Elle s'éteint comme une bougie qu'on souffle et elle dort le tour du cadran. Nous aurions dû adopter cette méthode bien plus tôt.

— J'ai l'impression que tu lui as donné une dose un peu forte, reprit Bella de mauvaise humeur. Veux-tu donc qu'elle meure avant le 11 juillet et que tout l'argent du vieux aille à Princeton ?

Bella s'était penchée si près qu'une mèche indocile de ses cheveux vint toucher le front d'Abigail qui eut beaucoup de mal à empêcher ses paupières de se contracter.

— Regarde, Ralph, comme elle est maigre, et ce teint bleuâtre, dit encore Bella avec une note d'inquiétude dans sa voix sèche. Je ne l'avais pas remarqué jusqu'à présent. Nous ferions peut-être mieux d'abandoner les stupéfiants pendant quelque temps et de l'alimenter plus souvent. Nous ne sommes encore qu'en mai, tu sais...

— Comme tu voudras... répondit aimablement Ralph.

Abigail se souvenait de l'époque où la vie conjugale de Ralph et de Bella était une lutte constante pour la suprématie : à ce moment-là elle plaignait sa demi-sœur d'être liée à un mari aussi arrogant et tyrannique que Ralph Stoddard. Depuis quelque temps, Ralph était devenu d'une déférence écœurante en toutes choses. « Comme tu l'as décidé, Bella. »

« Fais ce que tu veux, chérie. » « Si c'est ce que tu désires, c'est d'accord, bébé. »

Tout en agissant de la sorte, il doit préparer le moment où Bella sera, elle aussi, écartée de son chemin, de sorte qu'il récoltera tout l'argent pour lui seul, songea brusquement Abigail ; cette idée ne lui était pas encore venue. Dans ce cas, Bella n'avait pas beaucoup plus longtemps à vivre qu'elle-même. Sans doute se retrouveraient-elles bientôt dans l'autre monde, peu après le 11 juillet. Elle dirait alors à Bella « Eh bien ? Que pouvais-tu espérer d'autre ? Comme on sème, on récolte — et celui qui vit par l'épée périra un jour par l'épée. »

Abigail demeurait toujours étendue très calme et respirait comme dans le plus profond sommeil, mais elle tournait et retournait dans sa tête cette éventualité de la mort de Bella. C'était la première pensée qui lui fût agréable depuis deux mois. Cela lui conférait en même temps une sorte d'excitation étrange et — sans aucune raison logique — une petite lueur d'espoir. Peut-être ai-je trop vite abandonné la partie, songeait-elle maintenant. La trahison de Bella m'a bouleversée, m'a mise hors de combat. La fracture de ma jambe m'a achevée et placée à leur discrétion. Je n'ai même pas tenté de trouver une issue.

Comme si les pensées d'Abigail s'étaient transmises instantanément à sa demi-sœur, Bella dit à Ralph d'un ton préoccupé.

— C'était assez facile de la garder ainsi endormie la plupart du temps. Si nous la laissons s'éveiller, il nous faudra la surveiller en permanence.

— Ne te tracasse pas trop, répliqua tranquillement Ralph. Que peut-elle faire avec une jambe cassée ? Tu peux être sûre qu'elle ne va pas se risquer à sauter une deuxième fois, même si elle en a l'occasion. Elle ne sait même pas manœuvrer ses béquilles comme il faut. Avec sa porte fermée à clef et ses fenêtres condamnées, elle restera ici jusqu'à ce qu'on la sorte les pieds devant.

— Oui, je sais, dit Bella. Pourtant...

— Oh ! je me rends compte que c'est parfaitement stupide dans les circonstances actuelles — mais j'ai toujours eu un peu peur d'Abigail. Même quand nous étions petites. Elle était différente de nous autres. Je pensais qu'elle détenait une sorte de pouvoir, un don... En somme un genre de force magique, je crois.

— C'était parce qu'elle était plus âgée que toi, répondit Ralph. Les enfants s'imaginent des choses comme cela.

— Non. C'était autre chose, insista Bella. Elle racontait constamment des choses bizarres, elle prédisait des événements qui semblaient absolument impossibles et qui se réalisaient.

— Quel genre d'événements ?

— Eh bien, par exemple, elle faisait souvent des concours, proposés dans des journaux ou à la radio. Elle disait tranquillement qu'elle gagnerait le premier prix, et elle le gagnait. Une fois, elle a gagné une énorme boîte remplie de centaines de sucres d'orge : ce fut un événement dans tout le quartier ! Père était très fier d'elle et l'appelait « Le Cerveau ». Mère disait qu'elle n'était pas plus forte que nous autres, mais qu'elle avait de la chance. Abigail, de son côté, affirmait que ce n'était ni de l'intelligence, ni de la chance. Elle expliquait que c'était sa volonté d'obtenir les prix qui était plus forte que celle de n'importe qui. Elle ordonnait aux prix de venir à elle.

— Ça devait être une combinaison d'intelligence et de chance : ce n'était certainement pas de la magie, déclara encore Ralph.

Bella dit :

— Elle est effrayante. Si ce n'était cette respiration bruyante, on la croirait morte. Viens, aide-moi à la réveiller, j'espère que nous y arriverons.

Abigail se laissa faire assez longtemps avant de donner signe de vie. Quand à la fin elle ouvrit des yeux languissants, elle se rendit compte que Bella et Ralph avaient eu une sacrée frousse. Cela lui fit plaisir et lui donna encore un peu plus d'espoir. Elle se promit de secouer son défaitisme et de rendre à ces misérables gredins la monnaie de leur pièce. « Leur pièce ? Mon propre argent ! » rectifia-t-elle avec un humour sinistre.

Le lendemain matin, à la fin d'un breakfast moins frugal que d'habitude, Abigail prononça doucement, comme si elle pensait tout haut pour elle-même :

— Lousos ne va pas tarder à venir me voir. Elle arrive toujours vers la fin de mai ou le début de juin.

A mi-chemin de la porte, Bella, le plateau du breakfast entre les mains, s'arrêta puis fit demi-tour avec une expression de surprise sur sa figure en lame de couteau.

— Qui est Lousos ? demanda-t-elle.

— Ma camarade de chambre au collège, une très chère amie, expliqua Abigail.

— Oh ! elle ne viendra pas vous voir cette année, décida Bella très nettement. Je vais lui écrire aujourd'hui même et lui expliquer que vous avez eu une attaque cérébrale et que vous ne pouvez voir personne en dehors de la famille.

— Lousos n'en sera pas découragée pour autant, déclara Abigail pleine de confiance. Elle va au contraire se faire un devoir de me faire une visite si je suis dans une mauvaise passe.

— Elle est donc aussi bête que son nom est ridicule ! conclut Bella qui de sa vie ne s'était jamais gênée pour aider son prochain. Qui a jamais entendu parler d'une fille qui s'appelle Lousos ? Et, de toute façon, comment ça s'écrit ?

Abigail épela le nom :

— C'était le nom de jeune fille de sa mère, ajouta-t-elle. Sa mère était d'une famille très distinguée.

Bella, dont la famille n'était nullement distinguée et qui avait de tout temps jalousé Abigail pour son grand-père fortuné, eut un grognement de dérision en quittant la chambre avec le plateau, et claqua la porte derrière elle.

Abigail savait bien que les choses n'en resteraient pas là : elle ne le souhaitait d'ailleurs pas. De fait, peu de temps après, Bella revint avec du papier à lettres et un stylo.

— Puisque c'est ainsi, vous allez écrire à cette personne nommée Lousos pour lui dire qu'il ne faut pas qu'elle vienne cette année. Dites-lui que vous avez été très malade, que votre sœur et votre beau-frère vous emmènent ces jours-ci à l'étranger pour consulter un grand professeur.

Abigail secoua la tête faiblement.

— Il m'est impossible d'écrire aujourd'hui une lettre qui tienne debout. Je me sens toute drôle, mon esprit vagabonde et je ne peux fixer ma pensée.

— Tant mieux, déclara Bella. Si vous écriviez une lettre trop bien tournée, cette Lousos penserait que vous êtes en bonne santé. Vous n'avez qu'à écrire ce que je vous ai dit et ensuite tout ce qui te passera par la tête, de façon à remplir à peu près une page. Peu importe ce que vous raconterez. Mettez-vous au travail tout de suite, pour que je puisse poster la lettre en allant au supermarché. Je ne veux pas la voir débarquer ici : il faut la prévenir à temps.

Abigail désirait aussi voir partir la lettre dès que possible. Ralph était absent à cette heure-là : Abigail estimait préférable qu'il ne voie pas la lettre. Ralph avait l'esprit plus vif que Bella. Son intelligence n'était pas de tout premier ordre, mais il possédait un certain instinct animal qui l'avantageait en face de n'importe quel adversaire. Elle achevait sa missive quand Bella revint pour la troisième fois, habillée pour aller faire ses courses. Bella prit la lettre et la lut attentivement.

« Chère Lousos,

J'ai été malade longtemps et mes idées déraillent. Ma sœur Jerene et son mari vont me conduire chez un docteur de l'autre côté de la mer. Nous partons incessamment et nous serons sans doute absents longtemps. Je serai désolée de ne pouvoir vous recevoir, car j'attends toujours votre visite avec grand plaisir.

Il y a un gros oiseau sur la pelouse et je crois qu'il est en train de chanter Lousos ! Lousos ! Lousos !

Combien je voudrais que vous soyez là.

Affectueusement,

Abigail. »

— Qui est Jerene ? demanda Bella. Abigail eut un regard perdu.

— Jerene ? Je ne pense pas connaître quelqu'un de ce nom. Et vous ?

— Oh ! ça ne fait rien, décida Bella. Si vous ne vous souvenez même pas du nom de votre propre sœur, elle pensera que vous avez réellement perdu les pédales. Et cette histoire d'oiseau ? Vous ne pouvez pas entendre de cet étage un oiseau qui serait sur la pelouse, quelle que soit sa chanson — surtout avec vos fenêtres hermétiquement closes ! D'ailleurs je ne vois pas comment un oiseau chanterait Lousos ! Lousos ! Lousos ! Bon... Eh bien, tant mieux. Vous avez fait ça très bien, Abigail !

Avec un petit sourire de satisfaction, Bella plia la lettre, la glissa dans l'enveloppe dont elle colla le rabat et qu'elle affranchit. Abigail n'osa pas respirer jusqu'à ce que, depuis la fenêtre où elle s'était transportée sur ses béquilles, elle eut la satisfaction de voir Bella jeter la lettre dans la boîte du carrefour avant de poursuivre son chemin vers le supermarché. Elle avait eu très peur que Ralph ne revînt avant que la lettre ne fût en sécurité et qu'il demandât à la lire.

***

Deux jours plus tard, dans la banlieue de Minneapolis, les demoiselles Meadows, Catherine et Louise, jouissaient du soleil printanier sur la véranda de leur confortable villa, lorsque le facteur leur délivra la lettre.

— C'est Abigail, quel bonheur ! s'exclama Louise en déchirant hâtivement l'enveloppe. Je lui ai écrit plusieurs fois ce printemps et je n'ai pas eu un mot de réponse. Cela ne lui ressemble guère.

Elle lut la lettre, puis la relut, un pli soucieux entre les sourcils.

— Cathy, c'est la lettre la plus étrange que j'aie jamais reçue, dit-elle. La pauvre Abigail doit avoir entièrement perdu l'esprit pour écrire une telle lettre.

Elle tendit le pli à Catherine et Catherine à son tour lut et relut l'extraordinaire épître.

— Pourquoi t'appelle-t-elle Lousos ? Je veux dire, est-ce une vieille plaisanterie entre vous ? Ou quelque chose de ce genre ?

— Elle ne m'a jamais appelée ainsi, répondit Louise. Elle m'appelle toujours Lou. Et le nom de sa demi-sœur est Bella. Abigail ne lui a jamais donné le nom de sœur. Elles ne s'entendaient pas. Elles s'arrangeaient pour ne pas se rencontrer, ce qui n'était pas difficile, Bella vivant en Californie et Abigail à New York. Oh ! pauvre Abigail ! Quelle que soit sa maladie, son esprit en est certainement troublé. Je suis vraiment inquiète à son sujet. Elle aurait dû m'écrire plus tôt. Même en partant dès aujourd'hui pour New York, je la manquerais sans doute. Elle dit qu'ils partent immédiatement.

Catherine relisait la lettre pour la troisième fois.

— Lou, écoute-moi. Ne crois-tu pas que cette lettre soit écrite dans une sorte de... de code ? Cela signifierait qu'Abigail est en danger et qu'elle demande du secours : mais elle est obligée de cacher son jeu parce qu'elle est malade, seule et qu'elle ne peut empêcher sa demi-sœur de lire son courrier.

— Cathy, quelle idée !

— Tout de même. Regarde les lettres qu'elle a ajoutées à ton nom, pas seulement une fois, mais six fois : s.o.s. Lou, c'est un appel au secours : S.O.S. Venez à l'aide !

— Oh ! Cathy, c'est une idée folle. Voyons, Abigail avait la domestique la plus dévouée du monde, une fille qui sert dans la famille depuis des années. Abigail aurait donné sa lettre à poster à Nelly. Elle aurait demandé à Nelly tout ce dont elle aurait pu avoir besoin. Pas à Bella, bien sûr.

— Nelly est peut-être morte. Ou bien, c'est la demi-sœur qui l'a chassée lorsque Abigail a été trop malade pour pouvoir se défendre, insista Cathy.

Louise demeura un moment silencieuse, réfléchissant sérieusement aux paroles de sa sœur. Puis elle secoua la tête.

— Tu regardes trop la télévision, Cathy, répliqua-t-elle. S'il s'agissait seulement des trois lettres que la pauvre Abigail a ajoutées à mon nom je donnerais quelque créance à votre version, selon laquelle mon amie est actuellement en danger. Mais toute cette lettre est absurde : elle n'a aucun rapport avec ce qu'était Abigail. Il faut que son esprit soit tout à fait désaxé pour oublier jusqu'au nom de Bella. D'ailleurs, si elle avait l'esprit sain, elle n'envisagerait jamais d'aller à l'étranger avec Bella et son mari. Elle haïssait positivement Ralph Stoddard et malgré l'inimitié qu'elle portait à Bella, elle la plaignait d'avoir épousé ce garçon. Oh ! pauvre Abigail !

Louise se leva brusquement et rentra dans la maison. Catherine s'abstint de la suivre, sachant qu'elle préférait rester seule. La lettre d'Abigail étant restée sur la table, Catherine la relut pour la quatrième fois.

Du tréfonds de sa mémoire, le nom de Jerene faisait vibrer une corde. Où avait-elle déjà entendu prononcer ce nom ? Ce n'était pas un nom banal. Elle était sûre de n'avoir jamais connu personnellement quelqu'un qui le portât. Pourtant elle avait l'impression que ce nom avait une signification pour elle...

Au bout d'un certain temps, elle se secoua. Lou avait sans doute raison : la lettre d'Abigail n'était que le produit d'un esprit désaxé. Après tout, Abigail était l'amie de Lou. Lou était mieux placée qu'elle-même pour se faire une opinion.

Elle remit la lettre dans son enveloppe et décida de penser à autre chose. Un peu plus tard, elle rentra à son tour dans la maison et se mit avec courage à consolider les étagères de l'office, bien qu'elles n'en eussent nul besoin. Elle entendait Louise pleurer dans sa chambre : après l'avoir supporté aussi longtemps que possible, elle se décida à monter et à frapper à la porte de sa sœur. Louise était étendue en travers de son lit, elle sanglotait doucement en serrant un objet dans sa main — une clef à laquelle était attaché un ruban bleu chiffonné.

— Abigail et moi, nous avons échangé nos clefs le jour où nous avons obtenu notre diplôme de sortie du collège, expliqua-t-elle entre deux sanglots. Elle m'a donné cela en me disant, « Ma maison est la tienne, Lou. Que je sois là ou non, je veux que tu utilises cette clef lorsque tu passeras près de chez moi. » Je lui ai remis de même une clef de notre maison en ajoutant que j'espérais qu'elle s'en servirait souvent.

— C'est d'ailleurs ce qui s'est passé, approuva vivement Catherine.

— Oui, mais j'ai bien peur que tout cela soit du passé, conclut Louise. Ô pauvre, pauvre Abigail !

Et elle se reprit à pleurer.

Catherine fit un mouvement vers sa sœur avec l'intention de la prendre dans ses bras, mais elle était si énervée qu'elle heurta la lampe de chevet qui bascula sur l'oreiller manquant de peu la tête de Louise. Celle-ci, surprise, se releva aussitôt. Ses lèvres s'entrouvrirent comme si elle voulait prononcer un mot, mais le mot ne vint pas. Louise et Catherine se regardèrent et l'explication jaillit brusquement. Ensemble elles s'écrièrent « Eh bien, Jerene ! »

— J'avais complètement oublié ! dit Louise doucement.

— Moi aussi. Et je savais pourtant que ce nom avait une signification, ajouta Catherine. Quand tu es revenue à la maison, après tes années de lycée, tu avais l'habitude de prononcer ce nom chaque fois que quelqu'un te heurtait accidentellement ou si tu te blessais d'une façon ou d'une autre. Jerene... quelque chose... N'avait-elle pas commis un crime ?

— Jerene Watson... C'était une femme de ménage, dans la petite ville où se trouvait notre lycée. Elle travaillait le soir à nettoyer les bureaux. A cette époque, à plusieurs reprises, on a découvert le corps d'un employé, qui avait travaillé tard, effondré sur sa table, assommé. Elle a tué comme ça trois hommes et une femme, avant qu'on ait l'idée de la soupçonner. Car elle n'était qu'une petite femme d'apparence paisible. Quand on l'a arrêtée, elle a déclaré qu'elle n'avait absolument rien contre ses victimes. Elle voulait seulement mettre un peu d'émotion dans une existence trop monotone. Son nom est devenu une sorte de mot de passe parmi les filles du lycée. Chaque fois qu'on se cognait dans une porte ou qu'on se faisait marcher sur le pied, on s'en prenait à la responsable « Gare à toi, Jerene ! » comme si elle l'avait échappé belle.

***

Abigail interrogea sa demi-sœur sans tourner la tête vers elle, continuant à fixer intensément le mur à l'autre bout de la pièce :

— Bella, avez-vous jamais lu la Bible ?

— Non, jamais, répondit brièvement Bella. Et si c'est le début d'un appel au meilleur de moi-même, vous pouvez économiser votre salive. Vous avez lu la Bible et ça vous a fait quoi ? Pour l'instant, je suis en meilleure forme que vous !

— Oh ! la Bible est un livre très intéressant, fit Abigail d'un air rêveur. J'oserais même croire qu'un athée endurci serait de mon avis. Elle est pleine de vérités peu connues qui peuvent vous ouvrir des perspectives fascinantes. La plupart de nous traversent la vie les yeux fermés à tout, sauf à l'évidence : mais si nous étendions la main, si nous laissions courir notre imagination, si nous avions assez de foi pour saisir les rapports entre les choses, nous pourrions apprendre à nous élever vers une beauté qui nous échappe trop souvent parce que nous avons la stupidité de nous contenter de peu. Nous ferions pénétrer le miracle dans notre vie de tous les jours.

— Je ne comprends rien à ce que vous racontez et je suis sûre que vous n'y comprenez rien vous-même, coupa Bella d'une voix dure.

Mais elle se sentait mal à l'aise et, en dépit de la répugnance qu'elle avait à poursuivre cette conversation avec Abigail, elle avait l'impression qu'elle devait s'y contraindre. Aussi demanda-t-elle d'un ton sarcastique.

— Quels merveilleux miracles avez-vous réussis ces temps derniers ?

Abigail ne répondit pas : elle n'avait apparemment pas entendu la question. Elle demeurait assise, fixant le mur de ses yeux agrandis, un sourire d'attente sur les lèvres, la respiration rapide et comme oppressée. En la voyant dans cet état, Bella sentit un frisson courir tout le long de sa colonne vertébrale.

— Mais qu'est-ce que vous regardez ? finit-elle par demander, avec une intonation entre l'irritation et la peur.

Elle dut répéter la question deux fois avant qu'Abigail eût un sursaut pour lui répondre.

— Bella, dit-elle doucement, quand vous regardez ce mur, qu'est-ce que vous voyez ?

— Je vois un mur, évidemment. Un simple mur de chambre à coucher, peint en beige. C'est tout ce que je vois et vous ne voyez rien de plus.

— Oh ! non, Bella. Je vois quelque chose d'autre... Je vois une porte. J'ai travaillé pour cela pendant des semaines et maintenant, ça y est. Je me disais : si je veux une porte dans ce mur, si je la veux assez fort, un jour viendra où en levant mon regard sur le mur, je verrai la porte. Et ce jour, c'est aujourd'hui. Tout à l'heure, c'était un mur de chambre très ordinaire, comme vous venez de le dire : mais pendant que je le fixais en désirant si intensément voir apparaître la porte, la porte est apparue.

— Vous êtes folle, cria Bella en fureur, ou plutôt vous essayez de me rendre folle. Il n'y a pas de porte là et vous le savez très bien !

Abigail la considéra avec un air de pitié.

— Pauvre Bella, vous portez des œillères. Toute beauté sera à jamais hors de votre atteinte.

Bella se précipita au rez-de-chaussée pour raconter cette conversation à Ralph qui en rit à perdre haleine.

— Je ne voudrais pas que tu sois absent si longtemps, dit-elle à son mari d'un ton de reproche. J'ai peur de rester seule avec elle.

— Bébé, tu n'es plus une enfant ! répondit Ralph. De quoi pourrais-tu avoir peur ? Il n'y a pas plus inoffensif qu'Abigail. Je ne peux pas rester tout le temps à la maison. Je ne suis pas le genre de type à demeurer les pieds dans mes pantoufles. Mais il n'y a aucune raison pour que tu te croies obligée de t'enfermer ici. Assure-toi seulement que tout est bouclé et va te promener aussi longtemps que tu voudras. Nous n'avons plus à tenir le coup que pendant quelques semaines, de toute façon. Après quoi, à nous la fortune et l'univers entier pour en profiter ! ajouta-t-il avec un geste emphatique des bras et le visage rayonna d'une joie anticipée.

— Je pense que tu as raison. J'ai besoin de me changer les idées, déclara Bella. Cet après-midi, je vais faire le tour des bijouteries de luxe de New York pour me faire une idée de ce que je pourrai acheter quand j'aurai l'argent. J'ai toujours désiré un pendentif avec un diamant en forme de perle sur une chaîne de platine. Un gros diamant. Environ cinq carats. Et bien d'autres choses encore.

Bella passa un après-midi agréable dans les magasins de la 5e Avenue. Elle revint à la maison plus tard qu'elle ne l'avait envisagé. Lorsqu'elle franchit la porte d'entrée et pénétra dans le vestibule, elle entendit les pas impatients de Ralph qui allait et venait dans la salle de séjour : il attendait son dîner. « Eh bien, qu'il attende ! » pensa Bella en savourant sa petite vengeance car elle savait qu'il ne lui adresserait pas le moindre reproche : Ralph ne pouvait mettre la main sur le magot que par son intermédiaire. Consciente de son importance — et de son élégance — elle lui lança un « hello » condescendant en montant se changer à l'étage.

L'instant d'après, elle redescendait comme une flèche en psalmodiant le nom de Ralph d'une voix rauque, le masque blafard de la terreur plaqué sur son visage.

— Qu'y a-t-il ? demanda Ralph. Tu as l'air de quelqu'un qui...

— Elle est partie ! hurlait Bella sauvagement. Abigail... Elle a disparu ! J'ai déverrouillé sa porte, je suis entrée, juste pour me rendre compte. Elle n'est plus là !

— Impossible, fit Ralph sèchement. Bien sûr qu'elle est là ! Où pourrait-elle être ?

Mais il se précipita, grimpant l'escalier quatre à quatre avec Bella sur ses talons. Ensemble, ils se ruèrent dans la grande chambre à coucher, inondée par les rayons du soleil couchant. La porte de la salle de bain contiguë était ouverte : d'où ils étaient, ils pouvaient voir tous les coins et recoins des deux pièces. De toute évidence, Abigail n'était pas là.

Soudain, Bella montra d'un doigt tremblant l'un des murs : elle se mit à crier et à balbutier de façon incohérente.

— Regarde ! Regarde ! Ses béquilles ! Il y avait une porte, comme elle l'a dit. Elle est sortie par cette porte. Je ne pouvais pas la voir, mais il y avait une porte. Après avoir passé la porte, elle a jeté ses béquilles. Elle n'en avait plus besoin. Elle s'en est servi jusque-là, puis elle les a laissées.

Ralph regardait l'endroit indiqué par Bella, les béquilles à terre, croisées l'une sur l'autre contre la plinthe. Bella continuait à balbutier :

— Elle avait raison, vois-tu ? Elle avait vu la porte. Elle est sortie par cette porte. Ralph, où peut-elle être maintenant ? Ralph ?

Ralph se tourna vers elle avec un horrible juron. Son visage était blanc de rage.

— J'attends que tu me le dises, hurla-t-il. Je ne crois en rien à ton histoire de porte dans le mur. Tu as manigancé tout ça. Tu as voulu m'emberlificoter, n'est-ce pas ? Me raconter des sornettes sur ses pouvoirs surnaturels pour profiter de mon absence de ce soir et la faire passer au travers des murs. Si tu crois pouvoir m'évincer et garder le magot pour toi seule ; tu es aussi folle qu'Abigail ! Allez ! maintenant, c'est le moment de parler !

— Ralph, je ne sais absolument pas où est Abigail. Je te le jure ! J'ai quitté la maison aussitôt après toi. A ce moment elle était encore dans sa chambre. J'ai fermé toutes les portes à clef en partant....

Il la frappa, si fort qu'il la projeta, chancelante, contre le mur. Elle se mit à pousser des cris stridents et Ralph la saisit à la gorge.

— Vas-y, maintenant, raconte ce qui s'est vraiment passé. Encore un mensonge et c'est le dernier que tu auras l'occasion de prononcer !

Bella se débattit frénétiquement contre son étreinte. En même temps, elle tentait désespérément de le convaincre ; mais elle ne disait pas ce qu'il voulait entendre. En dépit de la difficulté avec laquelle elle s'exprimait, Ralph devait bien se rendre à l'évidence : elle s'en tenait à la même explication — la porte invisible dans le mur. Sa colère monta, ses mains continuèrent à se serrer sur la gorge de Bella. A la fin, épuisée, elle tomba comme une masse sur le plancher.

Ralph demeura un moment debout, considérant à ses pieds le corps sans vie. Puis il s'effondra lourdement dans un fauteuil et couvrit son visage de ses mains.

— C'est fichu ! Tout est fichu ! pleura-t-il. Il ne pensait pas à Bella. Il regrettait la fortune perdue. Il l'avait eue à portée de la main. Elle lui brûlait déjà les doigts. Et maintenant elle s'enfuyait hors de son atteinte, pour toujours. Il lui faudrait trouver un métier, recommencer à travailler : il resterait sous les ordres d'hommes plus intelligents et plus capables que lui — et cela jusqu'à la fin de ses jours. Il hurlait comme un gamin en colère, complètement anéanti par ses sentiments où se mêlaient la fureur, la frustration, le regret amer...

Il n'entendit pas la sonnette de l'entrée, ni les pas dans la pièce où il était, avec le corps de Bella allongé sur le sol auprès de son fauteuil. Le poids d'une main lourde sur son épaule le fit bondir. Il se trouva face à face avec trois hommes.

— Nous sommes de la police, dit l'un d'eux. Nous venons sur plainte de Mlle Abigail Stevens, pour vous arrêter vous et votre femme et vous inculper de séquestration, refus d'assistance médicale et tentative de meurtre. Mais apparemment, il y a maintenant contre vous des charges encore plus sérieuses...

Ralph Stoddard écoutait d'un air morne et il les laissa sans résistance lui passer les menottes aux poignets et le pousser en avant.

Pourtant, au moment de quitter la pièce, il tourna la tête et eut un dernier regard interrogateur vers la surface du mur, au-dessus des béquilles entrecroisées. Il s'était trompé sur Bella. Elle n'aurait jamais libéré Abigail. Et Abigail était effectivement libre, puisqu'elle avait prévenu la police. Mais comment avait-elle pu s'évader ? Y avait-il réellement une porte invisible, après tout ? Abigail possédait-elle vraiment des recettes magiques comme Bella le craignait ?

Il traînait les pieds derrière les policiers, secouant lentement la tête, complètement ahuri.

A touch of magic.
Traduction de Gersaint.

LA PEUR POUR COMPAGNE

par Bryce Walton

Herbert Morrison fut placé dans la cellule 227, Quartier des condamnés à mort. Les autres membres du club le plus exclusivement fraternel du monde l'accueillirent avec chaleur et confiance. Chacun se présenta, donna le numéro de sa cellule, indiqua brièvement la date à laquelle il avait quitté le monde libre. Mais Morrison ne se nomma même pas.

Plus tard, Hennessey dont la cellule était voisine cogna au mur.

— Pourquoi garder des secrets, Prof ? dit-il à Morrison. Nous n'avons pas de secrets, au Quartier. Nous savons qui tu es et pourquoi tu y es.

Morrison — taille moyenne, trente-huit ans, sec — détonnait étrangement dans le décor : cage de ciment et d'acier de dix sur quatre, couchette nue, commode, cuvette, le tout éclairé nuit et jour par une impitoyable ampoule bleue.

— Je ne pensais pas que ma vie passée ait de l'importance pour ceux qui sont ici, dit-il.

— Mon pote, nous sommes tous dans le même sac, ici. Jusqu'au bout, dit Hennessey.

Le gardien affable, le lieutenant Jim « Pops »

Lafferty, annonça joyeusement à Morrison que son avocat l'attendait dans la cellule des visites ; Morrison répondit :

— Je ne veux pas le voir.

Pops Lafferty avait enlevé la barre de sécurité de la porte et se préparait à introduire la clef dans la serrure. Il s'arrêta, incertain, ahuri.

— Mais, votre avocat, Herbie. C'est sans doute pour un sursis.

— Oui, c'est certainement un sursis, je le sais, dit Hennessey.

Holt, le Noir qui chantait des hymnes, Deering, De Baca, Ferrari, Montenez, Jorgenson, Stein, Moseby, Chandler, tous reprirent le refrain. Morrison obtiendrait sûrement un sursis. Mais Morrison s'obstina :

— Dites, je vous prie, à Me Berg, que je ne désire pas le voir.

Un silence incrédule s'abattit sur tout le Quartier. Pops Lafferty était encore debout, sa clef pointée vers la porte de la cellule.

— Vous pouvez lui dire aussi, ajouta Morrison, de ne pas perdre son temps à revenir. Je ne veux pas le voir.

Pops se retira à reculons en hochant la tête.

— Il changera vite, Pops, dit Hennessey. Il fera ce qu'il faut.

Mais les semaines passèrent et Morrison refusait de voir son avocat. Le Quartier savait, sans comprendre, qu'il se désintéressait du sursis. Morrison gardait son attitude de détachement. Il ne participait pas aux rites compliqués du Quartier de la Mort. Il en ignorait les règles et semblait même refuser de se reconnaître comme membre du club. En raison du délicat équilibre sur lequel reposait la vie du Quartier et de la profonde interdépendance qui y régnait, l'attitude révolutionnaire et irrespectueuse de Morrison suscita la rancune, la crainte, et, finalement, la haine.

Mais ce que ses codétenus haïssaient le plus, c'était le dédain qu'affichait Morrison au sujet de leur illusion la plus sacrée, le faux espoir d'un sursis ou d'une commutation de peine.

Quand le temps se fût réduit à moins d'une heure pour De Baca et que celui-ci s'accrocha aux barreaux de la porte de sa cellule comme une croix loqueteuse et mouillée en répétant qu'il n'obtiendrait rien, qu'il n'obtiendrait certainement rien, tous les habitants du Quartier lui crièrent avec véhémence qu'il aurait un sursis.

— Tiens bon, mon gars, dit Holt, tu l'auras, ce sursis.

— Tu l'obtiendras, fit Jorgenson.

— Regarde-moi, dit Holt.

— Il va arriver, assura Deering.

— D'un instant à l'autre, le téléphone va sonner, dit Stein.

— Quarante minutes, chuchota De Baca.

— Écoute-moi ! hurla Hennessey, le visage collé aux barreaux, le regard flamboyant. Je te dis que tu l'auras, ce sursis, mon pote.

De Baca parut se détendre un peu, ou plutôt s'affaisser contre la porte, le visage luisant comme une feuille morte mouillée.

— Ça s'est déjà vu qu'il arrive juste une minute avant, fit Moseby.

Hennessey cogna au mur, cria à Morrison :

— Hé ! Prof ! Dis-le-lui, dis-lui qu'il l'aura, ce sursis !

Morrison qui, jusque-là, n'avait rien dit, s'approcha de la porte de sa cellule et regarda, en face de lui, le visage décomposé de De Baca. Finalement, il dit :

— A ta place, je ne compterais pas dessus, De Baca.

Il y a toutes les chances pour que tu n'aies pas de sursis.

Le Quartier se mit à jurer, à vitupérer Morrison, et à rassurer De Baca.

— Ne l'écoute pas, petit.

— Ne t'inquiète pas, Mex. J'entends la sonnerie du téléphone.

De Baca avait les yeux fixés sur Morrison qui ne paraissait nullement froid et insensible. Au contraire, son visage rayonnait d'une grande compassion.

— Quelle est ton idée quand tu affirmes que je n'aurai pas de sursis ? demanda De Baca.

— Il y a trop de chances contre, voilà tout, répondit Morrison. Ce n'est pas de cette façon que...

— La ferme ! cria Hennessey.

D'autres demandèrent à Morrison de garder pour lui son opinion.

De Baca cria et hurla lorsqu'on l'entraîna vers l'ascenseur. Personne ne comprenait ce qu'il disait. Un pasteur le suivait en chuchotant des mots latins. Tous, chacun à sa manière, lui dirent au revoir. Tous, sauf Morrison. Mais plus tard Hennessey dit :

— Tu as réussi, Prof. Je ne peux pas te voir, mais tu as sûrement l'air satisfait.

— J'ai réussi quoi ?

— A le démolir en racontant qu'il n'aurait pas de sursis.

— Bien quoi ? fit Morrison, il ne l'a pas eu.

— Mais il fallait qu'il croie qu'il l'aurait.

— Je ne suis pas d'accord, dit Morrison. Je crois que ce qui l'a le plus démoli, c'est le mensonge qu'il se faisait à lui-même au sujet de ce sursis.

— Tu ne lui as même pas dit au revoir ! cria Deering.

— A quoi bon ? répondit Morrison. De Baca était déjà mort !

*
* *

Morrison vit partir De Baca, puis Moseby, puis Deering. Les semaines succédaient aux semaines et Morrison les vit attendre et attendre, perdre de plus en plus leur qualité d'êtres humains, pour être finalement emportés et descendus dans l'usine du meurtre. Étendu sur sa couchette, il réfléchissait. C'était un rite, le rite du sacrifice. On ne mourait pas brusquement sur la chaise. Il y avait un plan longuement et soigneusement élaboré pour écraser les hommes jusqu'à ce qu'ils ne soient plus des êtres humains et qu'ils deviennent ce que la société leur demande d'être, des boucs émissaires, des animaux destinés au sacrifice et que l'on immolait sur l'autel.

On avait mis Morrison dans le Quartier, mais il n'accepterait pas qu'on se serve de lui. Il attendait et attendait encore. Il regardait l'attente des autres et ne pouvait s'empêcher de s'identifier à ceux-là qui attendaient, organisaient et acceptaient tout, même lorsqu'ils prétendaient refuser, acceptaient leur rôle de bouc émissaire. Morrison ne voulait pas être un bouc émissaire. Il ne voulait pas accepter ce rôle. Une résistance muette, mais puissante, s'édifiait rageusement en lui. Elle couvait, grandissait, trouvait sa justification. Et avec cette justification, sa colère allait grandissant.

Morrison lutterait. Il lutterait de toutes ses forces vives et il lutterait jusqu'à la fin. Sa haine se fixa sur Pops Lafferty.

Allongé, Morrison avait attendu, regardé et écouté, tandis qu'on entraînait De Baca, puis Deering, puis Moseby jusqu'à la Chambre Verte. Il avait regardé Pops Lafferty les accompagner au long du couloir comme un doux berger conduisant les moutons au boucher.

Et lorsque Morrison fermait les yeux, qu'il dormît

ou non, il les voyait entraînés, et ils étaient Morrison, et Morrison était De Baca, et Deering, et Moseby. Il voyait les dix-sept témoins et les trente-trois gardiens qui le regardaient et il voyait Sutherland, le médecin de la prison et Harlon McElvoy, le directeur, qui le regardaient et il entendait McElvoy dire : « Faites-le entrer dans la salle. »

Cinq gardiens de prison le portaient dans la salle car Morrison s'imaginait comme les autres incapable de marcher. Comme eux il n'était pas vraiment un mouton, mais un être humain conscient, incapable de tenir le rôle du mouton, réduit à quelque chose qui n'était déjà plus humain, mais encore horriblement supérieur au mouton destiné à la boucherie. On le portait dans la chambre à gaz, on l'attachait au fauteuil. Il ne luttait ni ne protestait parce qu'il était un animal destiné au sacrifice. Cinquante secondes plus tard, le pasteur, jugeant qu'il n'était plus de ce monde, se mettait à prier.

On lui attachait d'abord le poignet droit, puis le gauche. On lui serrait les chevilles. Les gardiens sortaient et les portes d'acier se refermaient bruyamment. A travers une paroi vitrée de la salle, il voyait les témoins qui l'examinaient avec solennité. Mais il ne pouvait en réalité distinguer que des ombres car, en cet instant, il était incapable même de savoir où il était et ce qui se passait. Le faible bruit des pastilles de cyanure qui tombaient dans un seau d'acide sous sa chaise pouvait être n'importe quel bruit. Cela n'avait plus d'importance. Les fumées qui s'élevaient et lui humectaient le visage n'avaient aucune signification. Le brusque mouvement en arrière de sa tête était motivé par un instinctif désir profond et désespéré de vivre, mais il n'avait aucune conscience nette de ce qu'il faisait.

Quelqu'un disait : « C'est fini, Messieurs. »

Morrison s'assit brusquement sur sa couchette. Il

frissonnait et la sueur assombrissait le gris de son uniforme.

« Non, chuchota-t-il. Ils ne me le feront pas, à moi. Ce n'est pas une manière décente de s'en aller. »

***

Ils se trouvèrent dans le couloir pour une heure de gymnastique et, devant Morrison, Hennessey qui exécutait des flexions de genoux, demanda :

— Qu'est-ce que tu racontais, qu'on ne devait pas avoir envie de vivre ?

— Je n'ai pas dit cela, répondit Morrison.

— Tu l'as dit.

— Non. J'ai dit, je crois, que prolonger sa vie n'était pas le plus important. J'ajoute maintenant que c'est exactement ce qui se passe dans une salle de torture.

Il prononça ces mots sans fanfaronnade ni emphase, ni même sur un ton dramatique.

— Alors, qu'est-ce qui est le plus important ?

Morrison fit encore trois flexions puis se redressa. Il transpirait abondamment mais il avait le souffle bon. Il lui fallait rester en bonne condition pour ce qu'il avait à faire.

— La manière dont on vit et dont on meurt, répondit-il. A ce point de vue, nous ne sommes pas tellement différents de ceux qui sont au dehors, Hennessey. Tous s'avancent vers la mort, mais elle est lointaine. Ou en tout cas elle le paraît. Et lorsqu'elle est proche, au moins leur est épargnée l'horreur inégalable de savoir quand, où et comment ils mourront. Ils peuvent même prétendre qu'elle ne viendra jamais. Nous ne pouvons pas jouer le même jeu qu'eux et essayer de nous en faire accroire. Nous n'arrivons qu'à nous torturer.

— Je crois que tu as le cerveau bien fêlé, mon vieux.

***

Pops Lafferty, à cause de son hypocrisie infinie, absorbait presque toute l'attention de Morrison. Alors que les autres gardiens étaient d'une honnêteté raisonnable et directe dans leur rôle d'exécuteurs et ne prétendaient pas que les condamnés du Quartier étaient autre chose que des salauds, Pops Lafferty se glorifiait de la réputation d'être le seul gardien décent qu'ait jamais eu le Quartier. Pops faisait partie intégrante de la tradition du Quartier et on le traitait avec le respect réservé d'habitude aux saints.

Ce jour-là, Morrison ne faisait pas la gymnastique dans le couloir. Pops, avec un sourire timide, s'approcha pour lui dire :

— Mieux vaut te garder en bonne forme, Herbie.

— Je suis en très bonne condition, répondit Morrison que l'on devait conduire quinze heures plus tard vers la Chambre Verte. Il est peu probable que je perde maintenant ma forme.

Le Quartier se mit à grommeler et le travail des muscles se relâcha.

Pops lissa de la main ses cheveux gris frisés, mais quand il toucha le colt 38 dans l'étui attaché à son ceinturon Sam Brown, sa main s'en écarta brusquement comme au contact d'un objet brûlant.

— Il ne faut pas penser à cela, Herbie. Restez en forme et attendez le sursis.

— Il ne veut pas de sursis, Pops, dit Hennessey, ironique.

— Ne parlez pas ainsi, Hennessey, dit Pops.

— Ne vous inquiétez pas tellement à notre sujet, fit Morrison. C'est une telle perte d'énergie, étant donné ce que nous sommes et tout le reste, Pops.

De toute façon, je suis en bonne forme. Je pourrai marcher jusqu'au bout du chemin et mon appareil respiratoire fonctionne très bien.

— La ferme ! s'écria Hennessey.

Tout le Quartier gronda.

Le sergent Callaham sortit de l'ascenseur en balançant la trique qui insufflait la vie aux condamnés qu'il frappait avec enjouement.

— Sautez, les gars ! Pas de flemme ! Je veux voir de la bonne sueur pendant une heure.

Il appuya sa trique sur l'estomac de Morrison.

— Montrez-nous que vos jambes sont toujours solides, Morrison. Vous voulez vous faire porter demain dans le couloir ?

— Vous n'aurez pas à me porter, répliqua Morrison.

— Vous voulez passer ces dernières belles heures dans la solitude, Morrison ? Vous voulez que demain on vous tire du trou ?

— J'aimerais mieux pas, dit Morrison.

***

Il n'y a au Quartier ni nuit ni jour. Un peu plus tard, Hennessey dit : Pops est le seul type réglo qui ait jamais travaillé au Quartier, Prof. Qu'est-ce que tu as contre lui ?

— Ce bon vieux Pops, fit Morrison. Le poignard et le sourire. Il apporte aux types la goutte dans la dernière tasse de café. Il nous passe constamment des bonnes choses et tolère toutes sortes d'infractions. Il n'a même jamais essayé un *snake-shake* sur aucun de nous.

— Je suis sûr que c'est à son honneur. Mais un *snake-shake*, c'est quoi ?

— Un dépouillement complet de la personne, pour la connaître à fond. Ce n'est pas le genre de Pops. Il a tellement l'air d'aimer son travail, dit

Morrison. Il fait briller la pomme avec tant de soin avant de la manger !

— Il faut bien quelqu'un pour faire le boulot au Quartier. Nous sommes heureux d'avoir Pops...

— Nous sommes dans un pays de liberté, répliqua Morrison. Je suis sûr que rien n'obligeait Pops à prendre ce poste. Couché ici, je me pose la question, Hennessey... De quelle espèce d'homme est celui qui choisit pour carrière de nous conduire à la chambre à gaz ?

***

Un jeune pasteur du nom de McCann vint une fois encore voir Morrison. Et cette fois, celui-ci accepta l'entrevue. Ses yeux brillaient, sa peau était tendue, luisante, sur les os de son visage aigu.

— Rien de neuf ici, dit-il. Mais je ne voudrais pas que vous me croyiez ennemi de la religion.

— Je souhaiterais que vous me parliez plus en détail de vous-même, dit McCann.

— Je me trouve ici en application du code social du châtiment, dit Morrison. En offrande expiatoire, pour le péché... Qui se sert de l'épée périra par l'épée... La terre ne peut être purifiée du sang que l'on y verse que par le sang de celui qui l'a versé...

— Vous croyez que le meurtre est moralement un crime, Herbert ?

— Si la société considérait le meurtre comme un crime, nous ne serions pas ici, vous et moi. Il ne pourrait y avoir de Quartier de condamnés à mort. Je ne vois pas de différence entre le meurtre commis par un individu et celui qui est commis par l'État.

— Nous serons tous pardonnés, affirma McCann.

— Cela paraît être notre seule chance, approuva Morrison.

***

Comme d'habitude, Pops sortit de l'ascenseur en fermant la porte avec précaution pour épargner la sensibilité de ceux dont il avait la charge. Il longea le couloir, souriant à droite et à gauche, jetant ici une plaisanterie familière, là un murmure de sympathie, gardant avec tact son quant à soi en passant devant d'autres cellules. Son mielleux désir de plaire s'était considérablement accru à mesure qu'approchait l'heure de Morrison. A la porte de la cellule de celui-ci, il souleva la barre de sûreté.

— Votre avocat est là, dit-il d'une voix encourageante qui fit se redresser Morrison. C'est votre dernière chance. J'ai idée que c'est un sursis.

— Il ne veut pas de sursis, intervint Hennessey.

— N'allez-vous pas le voir cette fois, Herbie ? insista Pops en introduisant la clef dans la serrure de la porte.

— Si, répondit Morrison. Je veux dire adieu à Berg.

Dans le Quartier, on respira plus facilement. Morrison se convertissait. Ils le regardèrent, pleins d'espoir, tandis qu'à sa manière curieusement détachée il sortait dans le couloir et s'éloignait, pensif, à travers les taches de soleil qui s'allongeaient sur le sol de ciment.

— Il faut avoir la foi, dit Pops. On ne sait jamais.

Lorsque Pops ouvrit la porte de l'ascenseur, Morrison lui demanda :

— A combien d'hommes avez-vous dit adieu pour la dernière fois, Pops ?

Les paupières de Pops battirent.

— Nous ne pensons pas à cela, Herbie.

L'un des deux gardiens qui attendaient dans l'ascenseur prit en charge Morrison tandis que l'autre signait le registre de sortie. Une seconde porte d'acier s'ouvrit et se referma derrière eux. Ils descendirent à peu près cinq étages jusqu'au rez-de-chaussée, dans l'ascenseur automatique, actionné par les prisonniers.

Morrison avait étudié la disposition des lieux. L'ascenseur était le seul endroit où logiquement il pouvait agir, le seul endroit où ce qu'il se proposait d'accomplir pourrait être autre chose qu'un geste futile, sans signification.

Ils sortirent de l'ascenseur et parvinrent à un tournant du couloir. A soixante centimètres l'une de l'autre il y avait deux autres portes rivetées. Morrison hésita et regarda celle de gauche. Son estomac se contracta. Une goutte de sueur lui coula dans le dos et déclencha un mouvement nerveux.

— Anxieux, mon gars ? demanda un garde en souriant. Il y a pas de quoi.

Le plus jeune dit, avec un sérieux ironique :

— Je suis assez nouveau ici mais, d'après ce que j'ai vu, les dernières heures paraissent filer à toute vitesse. Vous passerez par ici avant même de vous en rendre compte, Morrison.

Morrison approuva.

— Le temps prend parfois de la valeur quand il diminue. Comme le dollar pendant l'inflation. Puis il s'adressa en souriant au gardien plus âgé, un homme qui avait largement dépassé la cinquantaine :

— L'âge a le même effet, l'avez-vous remarqué ? Plus on vieillit, plus le temps passe vite.

Le sourire du gardien d'âge mûr disparut.

— Avance, dit-il.

Ils franchirent avec Morrison la porte de droite et la rotonde du bloc nord. Ils traversèrent la vaste cour, passèrent devant le hall du réfectoire et sous la passerelle où un garde, armé, suivit Morrison d'un regard attentif.

— Combien de condamnés le vieux Pops Lafferty

a-t-il accompagnés pour leur dernière promenade ? demanda Morrison.

— Quelle importance ? répliqua l'aîné des gardiens.

— Il a peut-être un dada en ce qui concerne les nombres, dit le plus jeune. Les nombres favorables, les nombres néfastes... Comme mon cousin.

— Je n'ai jamais vu un troupeau d'animaux aussi tordus que vous autres condamnés, grogna l'aîné.

Ils franchirent une autre porte puis un poste de contrôle et se dirigèrent vers une porte de verre étincelant, à l'épreuve des balles.

— Peut-être croit-il qu'il est sur un nombre favorable, dit le jeune garde. Et qu'à la dernière minute il aura un sursis comme Tony Curtis dans le film[1]. Peut-être même une révision de procès. Alors il sera déclaré innocent. Et quand on l'aura libéré, il découvrira que son oncle lui a laissé dix millions de dollars plus un yacht avec à bord Brigitte Bardot... Qu'est-ce qu'il y a de tordu dans tout cela ?

— Il y a plus de quinze ans que Pops travaille au Quartier, dit l'aîné. Je pense donc qu'il a conduit des tas de condamnés à la Chambre Verte.

— Un type consacré, en somme, dit Morrison.

***

Ils suivirent un couloir en pente et Morrison fut enfermé dans une petite salle lugubre en forme de tourelle, divisée par une cloison. Une lumière crue éclairait le côté où se trouvait Morrison de sorte que lorsqu'il s'assit il put à peine reconnaître le visage anguleux et nerveux de l'homme qui était de l'autre côté de l'épais écran de grillage tendu sur des barreaux gros comme le doigt.

Maury Berg sortit des papiers de sa serviette de

1. « L'Étrangleur de Boston », de Richard Fleischer (1968).

la même façon, pensa Morrison, que Néron avait dû tâtonner pour chercher une partition avant de jouer son dernier morceau de cithare.

— Dieu ! Je ne le trouve pas, je n'arrive pas à mettre la main dessus, chuchota Maury. Et il ne nous reste que quelques heures.

— Je suis venu seulement pour vous faire mes adieux, dit Morrison et pour que vous sachiez que je vous suis reconnaissant de tout ce que vous avez essayé de faire pour moi.

— J'aurais pu vous obtenir des sursis. Un habeas corpus. Il y a la Cour Fédérale et la Cour d'État et...

— Je ne veux pas jouer leur jeu, interrompit Morrison. Tout cela tient de la torture et du rite. Mais je ne suis pas volontaire et je n'ai pas joué le jeu.

— Je vais l'obtenir, ce sursis ! cria Berg.

— J'ai vu, j'ai même expérimenté ce que l'on ressent à retarder ainsi l'inévitable, Maury. Je ne le veux pas.

— Signez cela, Herbie. Signez !

Morrison hocha la tête en un geste de refus.

— Espèce d'idiot ! Vous ne savez pas ce qui se passe ! J'ai mis Lou Dutton sur votre affaire. Je vais vous dire qui est Lou Dutton. C'est le meilleur détective privé du pays ! Il n'accepte jamais un travail qu'il n'est pas sûr de mener à bien. Mais il lui faut un peu plus de temps. Je vous obtiens un sursis. Dutton trouve cet ignoble témoin qui a été acheté. Ce témoin oubliera qu'il a été payé, Herbie. Dutton pèse cent vingt kilos, et c'est un expert. Vous ne pouvez pas vous laisser aller et mourir ainsi.

— Pour un avocat de cour célèbre, vous êtes un piètre menteur. Comment y êtes-vous arrivé, Maury ?

Berg se frappa le front.

— Signez seulement ce papier.

— Je regrette de faire tache dans votre longue liste d'acquittements, Maury.

— Je pourrais me froisser si je ne comprenais pas que la tension qui règne ici vous rend fou. J'avais accepté cette affaire parce que je suis avocat. Pour le prestige de la victoire et par intérêt financier. Les jugements moraux ne sont pas mon affaire. Ils ne peuvent pas l'être, Herbie. C'est toujours un problème strictement légal. Mais, en ce qui vous concerne, c'est autre chose. Je sais que vous êtes innocent. J'en suis convaincu. Je ne peux pas laisser les choses suivre leur cours. Signez !

— Peut-être ne suis-je pas innocent, dit Morrison. Qui est innocent ?

— Seigneur ! chuchota Berg. Renoncer ainsi à lutter !

— Non, au contraire. Je lutte, Maury. J'ai l'intention de lutter jusqu'au bout !

— Je vous ferai sortir d'ici, Herbie.

— La culpabilité et l'innocence n'ont rien à voir avec ceux qui sont au Quartier, dit Morrison. C'est l'affaire de ceux qui nous ont fourrés ici. De vrais meurtriers sont libérés pour des raisons de procédure. Des hommes qui n'ont jamais tué sont les victimes du meurtre légalisé. Il faut tant de boucs émissaires, Maury ! J'ai été choisi dans le tas comme on sortirait un objet d'un panier à surprises. Il faut chaque année tant de cochonnets !... et tous les démons le suppliaient, disant : Si tu nous expulses, envoie-nous dans le troupeau de porcs... et les esprits impurs sortirent, s'en allèrent dans les porcs et le troupeau du haut de l'escarpement se précipita dans la mer où il périt sous les flots...

— Très bien, Professeur, très bien, Socrate ! dit Berg. Mais je ne renonce pas. J'ai encore dix heures.

Morrison, déjà, était à la porte.

***

Maury Berg, le visage blême, resta le regard fixé sur le mur implacable d'acier riveté. Il pensait au soleil du dehors, aux mouettes qui volaient dans le ciel. Il pensait à une chaude randonnée printanière dans sa décapotable ouverte, au long de l'autoroute 101, au-delà du mont Tamalpais couronné de nuages, après la baie San Rafael, où il verrait les vaisseaux prendre le large.

Pour la première fois de sa brillante carrière peut-être, il pensait à ce que ce devait être l'internement dans le Quartier, dans ce sombre mausolée élevé à la mémoire de Torquemada. Il pensa à l'impuissance, à l'attente lucide, à l'attente derrière des portes d'acier à double paroi, verrouillées par tant de serrures, gardées par des cerbères aux fonctions précises, à l'attente d'une mort dont on connaît l'heure et les modalités...

Il pensa au calme célibataire érudit nommé Herbert Morrison, professeur de littérature anglaise dans un petit collège de banlieue, la Gold Shield University. Il songea à cet individu pris soudain dans le cauchemar d'une action légale, séparé de tout ce qui lui était familier, isolé du reste des humains, plongé dans une incompréhensible mais concrète mixture de jurisprudence et jeté tout entier dans l'usine à faire des morts. Il revit cette silhouette abandonnée, par contraste infiniment petite et insignifiante, si ce n'est comme symbole, luttant contre un Goliath démesuré, victime des passions, des préjugés et des ambitions politiques de procureurs généraux, victime du besoin d'expiation du peuple pour ses péchés réels ou imaginaires, passés et futurs.

Il s'identifia, d'une façon proche et terrifiante à Morrison. Il se redressa. Il chancelait et ses lèvres s'ourlaient de gris. « David et Goliath », dit-il à haute voix. Puis il empoigna sa serviette et sortit en courant de la salle des visites.

***

Pops Lafferty, le sergent Callahan et un jeune gardien nerveux du nom de Rieves entrèrent dans la cellule de Morrison. Pops s'accroupit et, délicatement, remonta en l'enroulant la jambe droite du pantalon de Morrison. Callahan lui tendit un tube de crème à raser. Pops le prit et étendit un peu de crème sur le côté du mollet du condamné puis, adroitement, passa son rasoir sur un espace limité, à travers les courts poils noirs.

— Vous aurez ce sursis, dit-il.

— Tu l'auras sûrement ! crièrent Hennessey, et Holt, et Jorgenson, tous unis désespérément pour le rassurer.

Morrison était descendu voir son avocat. Cela signifiait qu'il avait changé. Il désirait un sursis. Il était un être humain.

— Que vous servirai-je, Herbie ? demanda Pops comme l'aurait demandé un garçon du Waldorf.

— Du fromage suisse sur du pain noir et une tasse de café noir, répondit Herbie.

Un léger murmure de désapprobation parcourut le Quartier.

— Vous savez que vous...

Morrison l'interrompit.

— Je sais que je puis avoir du canard de Bombay farci. Je n'en veux pas. Je désire seulement du fromage suisse sur du pain de seigle et du café noir.

Lorsque Callahan et Rieves sortirent de la cellule, Pops, comme il le faisait toujours, resta en arrière dans une atmosphère de secrète familiarité bien que, depuis des années, sa façon d'agir fût la même et que tous, y compris Callahan et Warden McElvoy, fussent au courant.

— Je vous apporterai un peu d'eau-de-vie dans ce café, Herbie.

— Ne risquez pas votre réputation en violant les règlements, dit Morrison. Pas d'alcool dans le café, Pops. Je le boirai pur.

— Venez, Lafferty, dit Callahan.

Pops sortit, traînant les pieds, perplexe, assujettit la barre de sûreté et ferma la porte de la cellule. McCann regarda à l'intérieur.

— Puis-je quelque chose pour vous, Herbert ?

— Je ne crois pas, répondit Morrison.

Holt entonna un hymne et plusieurs autres joignirent leur voix à la sienne.

— J'aurais voulu pouvoir vous aider, dit McCann.

— Il aurait fallu y travailler au-dehors, répondit Morrison. Allez parler au procureur et au juge qui m'ont fourré ici. Et au gouverneur. Et à tous les membres de la société qui les maintiennent dans leur fonction. Parlez-leur.

Le visage de McCann resta impassible.

— J'aurais voulu pouvoir vous aider.

Morrison hocha la tête.

— ... et je serai un fugitif, un vagabond sur la terre... et il adviendra que tous ceux qui me trouveront me frapperont...

— Le Seigneur n'a pas voulu que Caïn soit poignardé, dit McCann. Il a permis le passage de Caïn sur la Terre de Nod.

— On était alors plus tendre pour certaines choses, dit Morrison. On chassait le bouc émissaire homme, mais il y avait un sanctuaire.

— Vous citez des lois très anciennes et très primitives, Herbert. La loi du Talion. Cependant, même alors, le principe de punition « Œil pour œil » n'avait aucun caractère d'obligation. Il ne faisait que fixer la limite où devait s'arrêter le châtiment. Sans doute, on exigeait un châtiment exactement semblable mais...

— Je le sais, interrompit Morrison. Mais la conscience humaine peut être réduite par une société primitive, à un état purement primitif. Il y a un point où le seul moyen qu'a l'homme de sauvegarder sa dignité ou ce qui en reste, c'est de se battre comme un animal qui défend sa vie. Se battre comme une bête dans la jungle.

— Les hommes, ici, doivent avoir une armure de protection, acquiesça McCann. Chacun porte l'armure qui lui sied. Je souhaite que la vôtre soit bien celle qu'il vous faut, Herbert.

***

Puis ce fut le dernier acte du rite. C'était toujours le même rite et Morrison comptait dessus. Les gestes, dans le rite, ne variaient jamais. On ne pensait pas que ses actes à lui pussent comporter aucune différence. La seule chance de Morrison était dans son aptitude à faire intervenir l'inattendu.

Les condamnés chantaient encore des hymnes. McCann suivait Callahan et Rieves. Pops marchait en avant comme il le faisait toujours, à croire que sa bonté facilitait le passage du fatal chemin.

La porte de la cage d'ascenseur s'ouvrit. Les deux gardiens qui s'y trouvaient s'avancèrent jusqu'au mur opposé tandis que Callahan et Rieves entraient derrière Morrison. Pops appuya sur un bouton. La porte de l'ascenseur s'ouvrit, Pops entra, se retourna, attendit Morrison.

L'inattendu les stupéfia. Ils furent tous cloués au sol quelques secondes et ces quelques secondes suffirent. Aucun d'eux ne pensait que Morrison fut encore un être humain capable d'initiative personnelle. Ils ne pensaient même pas qu'il fût une personne. Il était un symbole, un chiffre, un bouc promis au sacrifice.

Morrison le savait et il avait résolu qu'il ne serait

pas objet de sacrifice. Et le fait qu'il eût réalisé son projet équivalait à jeter une bombe au milieu d'un rite païen vital.

Les deux gardiens préposés à la cage de l'ascenseur restèrent pétrifiés cinq secondes contre le mur. Rieves, d'abord immobile, bondit, le visage figé comme un masque, tandis que Morrison lançait à Callahan un coup de pied à l'aine, sautait dans l'ascenseur et appuyait sur le bouton de descente. En même temps, il se retournait et enfonçait son petit poing dur dans le ventre de Pops Lafferty. Le visage de Pops prit une expression d'horreur outragée, de surprise et d'incrédulité. Il se pencha en avant, haletant, cherchant à tâtons son colt 38 ; il le toucha avec dégoût comme s'il s'était agi d'un objet répugnant et en cet instant, juste avant qu'il ne meure, son regard eut une autre expression, celle de la terreur.

Il semblait qu'il prenait conscience pour la première fois d'une horrible vérité sur lui-même.

Mais déjà Morrison avait enfoncé ses doigts dans la gorge de Pops, l'avait frappé de nouveau au ventre et il lui retirait son 38. Lorsque l'ascenseur arriva au niveau du troisième étage, il tira sur Pops un coup de revolver entre les yeux.

***

Bien entendu, Morrison continua à se battre quand l'ascenseur remonta et que la porte s'ouvrit. Il lutta jusqu'à ce qu'il eût perdu conscience à force d'être battu.

Quand il ouvrit un œil, l'autre étant fermé par l'enflure, il vit le directeur McElvoy penché sur lui. Quatre gardiens maintenaient Morrison sur une chaise de métal. Il avait la lèvre fendue, le visage tuméfié, plusieurs côtes cassées.

McElvoy, svelte et solide, les cheveux clairsemés,

tira une chaise en face de Morrison et s'y assit à cheval. Avec un sourire dur comme un couperet, il agita un papier devant le visage défiguré du condamné.

— Je ris, Morrison, et le vieux Pops, bien que mort, doit s'amuser lui aussi. Vous savez ce que c'est, Morrison ? C'est un sursis. J'allais le téléphoner quand vous avez abattu Pops Lafferty.

Morrison ne répondit pas.

— Mais c'est beaucoup plus qu'un sursis. Je venais de m'entretenir avec votre roquet légal au téléphone. Il y aura révision de votre procès. On a retrouvé le témoin. Il a déjà dénoncé le type qui a réellement tué la fille. Cela signifie que vous seriez sorti d'ici propre et net, Morrison.

Morrison ferma le seul œil dont il pouvait mouvoir la paupière. Sur son visage déformé, la sueur coula. Il ouvrit la bouche mais ne put rien dire. McElvoy éclata de rire.

— Mais vous nous reviendrez bientôt, Morrison. Vous reviendrez pour avoir tué Pops. Vous savez comment cela se passe ici quand on a buté un gardien, Morrison ? Vous avez idée de la vie qu'on y mène ? Vous le saurez, soyez tranquille.

***

Maury Berg s'employa auprès du jury et Morrison n'eut pas à subir un second procès pour meurtre puisque le véritable meurtrier avait signé une confession écrite. Le procureur signa la déclaration de non-culpabilité de Morrison en ce qui concernait le meurtre de Janice Turner, étudiante à la Gold Shield University. Les preuves contre le meurtrier qui avait avoué étaient nombreuses et incontestables.

Mais il n'y eut pour Morrison, l'homme condamné à tort, aucune des excuses habituelles de la part de l'État. Morrison était à ce moment jugé pour le meurtre de Pops Lafferty.

Que ce meurtre eût été prémédité ou qu'il fût dans une certaine mesure un homicide involontaire, peu importait car, en Californie, le meurtre d'un gardien de prison entraînait toujours obligatoirement la peine de mort.

C'est-à-dire, dans les circonstances ordinaires.

Mais les circonstances n'étaient pas ordinaires et Maury Berg appuya sur le fait que les circonstances étaient, non seulement extraordinaires, mais atroces.

Il s'était entretenu avec Morrison qui se trouvait de nouveau enfermé dans la prison de Marin County.

— Au moment même où je vous fais libérer, net et respectable, se lamenta Berg, vous perdez la tête. Je ne peux même pas plaider la folie, bien que vous ayez eu toutes les raisons de faire tout sauter, car c'est un gardien que vous avez tué. Un gardien... Un gardien...

— C'était la seule chose à faire, n'est-ce pas ? dit calmement Morrison. Pops me conduisait à la Chambre Verte. Que diable peut faire un homme lorsque quelqu'un veut le tuer ?

Berg bondit et ouvrit à toute volée la porte de la prison.

— Ça y est ! cria-t-il, la voix rauque. J'y suis !

***

Ce fut indubitablement la plaidoirie la plus dramatique, la plus sensationnelle, la plus convaincante de Maury Berg. Son jeu, devant un juge et un jury fascinés, fut vraiment celui d'un virtuose.

Sa description d'une expérience de caractère humiliant, sadique, et de la torture subie par un innocent dans le Quartier de la Mort fit blêmir tous les visages. Il attaqua et condamna le système légal qui avait poussé un innocent jusqu'au seuil de la mort, et ce fut accablant.

Si dans un pays de liberté il y avait un droit inaliénable du citoyen, c'était celui de se défendre de toutes ses forces contre les attaques portées contre sa personne.

— Qu'auriez-vous fait, vous tous, demanda-t-il, si vous vous étiez trouvés dans la position d'Herbert Morrison ? Vous êtes d'innocents citoyens libres. On vous soumet à un traitement auquel les porcs eux-mêmes sont rarement soumis. On vous traîne à la mort. Que faites-vous ? Vous vous battez. Vous luttez comme un animal de la jungle. Et Dieu fasse que ce droit à la lutte ne vous soit jamais refusé, ce droit de nous battre pour nous protéger, nous et ceux que nous aimons, de toutes les formes de la tyrannie.

Berg attaquait. Dans cette cour de justice, des dragons furent abattus. Il cita des sages du commencement de la sagesse humaine. Il cita Confucius :

— Les États oppresseurs sont plus féroces et plus dangereux que des tigres.

Son thème fut celui de l'innocence et de la légitime défense.

Le juge et le jury furent aisément ébranlés. Ils se sentaient coupables du traitement infligé à un innocent. Peut-être se reprochaient-ils ce qu'avaient pu subir tant d'autres innocents. La presse soutenait Berg et son client. Le public et l'opinion étaient, à une majorité écrasante, favorables à Morrison. Le verdict fut : « Non coupable. »

***

Quelques mois plus tard, Morrison se trouvait assis dans son deux-pièces, près de la Gold Shield University. Il avait pris une douche, fait un repas léger, passé sa robe de chambre, et il était devant une petite table, près d'une fenêtre ouverte. Il classait une pile de papiers d'un cours de littérature anglaise.

Il avait la vue fatiguée. Il ôta ses lunettes, se frotta les yeux et regarda par la fenêtre ouverte. Il pleuvait. Les feuilles humides, sur les buissons et les arbres, avaient un sombre reflet qui leur prêtait dans la nuit une vie profonde.

Bien que Morrison eût naturellement changé, sa vie était à peu près semblable à ce qu'elle avait été auparavant. Une bonne vie, calme et studieuse. Le fait d'avoir été déclaré coupable du meurtre d'une étudiante et les suites de cette condamnation s'accrochaient à sa conscience avec l'effet ténébreux et intangible d'un cauchemar qui s'éteint.

Il appréciait sa vie plus qu'auparavant et plus peut-être qu'il ne l'aurait fait sans cet interlude cauchemardesque. Et la tournure qu'avaient prise les événements l'obligeait, non point à se féliciter lui-même, mais à remercier on ne sait quel destin, de l'avoir rendu à cette vie.

La sonnerie du téléphone tinta. Morrison décrocha le récepteur.

— Allô ! fit-il.

— Vous êtes le professeur Herbert Morrison ? demanda sourdement une voix anonyme.

— Oui.

— Je suis un ami, un très bon ami de Pops Lafferty, dit la voix. Vous allez maintenant transpirer, Morrison. Vous ne saurez pas quand, mais vous saurez : une de ces nuits, je vais vous tuer.

Un déclic suivit, puis un bourdonnement. La communication était coupée. Morrison lâcha le récepteur. Il pensait, en regardant par la fenêtre, à ce qu'avait dit l'homme. L'ami de Pops paraissait savoir ce qu'il voulait. Morrison pourrait avertir la police et c'est sans doute ce qu'il ferait, mais on ne pourrait guère lui fournir un garde du corps permanent. Sa propre vigilance ne pourrait être effective vingt-quatre heures sur vingt-quatre. De plus, un vieil ami de Pops avait sans doute l'expérience de ces choses.

Morrison eut un geste pour baisser le store, mais il n'en fit rien. Il s'assit pour contempler la nuit et se versa dans un verre une double ration de scotch. Le monde, pensa-t-il, est plein de beauté et de terreur. « Qui se sert de l'épée périra par l'épée. » « ... œil pour œil, dent pour dent, main pour main, pied pour pied... »

Et il se dit, en reprenant le classement de ses papiers, que la compagne de ceux qui détruisent la vie serait toujours la peur.

An eye for an eye.
Traduction d'Amélie Audiberti.

TABLE

Dans Le Livre de Poche

Mystères 88 n° 6502

sous la direction de Jacques Baudou

Les dernières nouvelles du crime

Après *Mystères 86* et *Mystères 87*, voici ***Mystères 88***, avec 24 nouvelles toutes inédites de Max Allan Collins, Didier Daeninckx, Ed D. Hoch, Clark Howard, P.D. James, Hervé Jaouen, Arthur Lyons, Shizuko Natsuki, etc.

Un festival de grandes frappes à la française, d'escrocs à l'américaine, de psychopathes à l'anglaise, de natures très mortes à l'italienne et de chinoiseries à la japonaise...

Et si vous voulez tout savoir sur l'actualité du polar, les chroniques du roman, du cinéma, de la télévision et des interviews d'auteurs.

Également au catalogue du Livre de Poche policier, des œuvres de :

Bachellerie, Borniche, Agatha Christie, Jean-François Coatmeur, Peter Dickinson, Conan Doyle, Exbrayat, David Goodis, William Irish, P.D. James, Maurice Leblanc, Alexis Lecaye, Elmore Leonard, Gaston Leroux, Peter Lovesey,

Gregory Mcdonald, McGivern, Ruth Rendell, René Réouven, Pierre Siniac, Stanislas-André Steeman, Jim Thompson, June Thomson, Andrew Vachss...

et la série **« Alfred Hitchcock présente »**.

Composition réalisée par C.M.L., Montrouge.

IMPRIMÉ EN FRANCE PAR BRODARD ET TAUPIN
Usine de La Flèche (Sarthe).
LIBRAIRIE GÉNÉRALE FRANÇAISE - 6, rue Pierre-Sarrazin - 75006 Paris.

ISBN : 2 - 253 - 04758 - 9 30/3005/3